Zeit für Thermen und Bäder

Reisen zu den Quellen des Wohlbefindens

Rainer Hackenberg · Walter M. Weiss

BRUCKMANN

Inhalt

1 In der Wellnessabteilung der Therme Vals in Graubünden. 2 Kosmetika aus eigener Produktion der Therme in Salsomaggiore. 3 Wasserspeier im Römerbad des Hotels Nové Láznê, Marienbad. 4 Jugendstilfenster im Kurhaus Irma im slowakischen Pieštàny. 5 Alles bereit für das Badevergnügen im Spahouse in Bad Ragaz. 6 Dekordetail in der Sauna der Therme Meran. 7 Außenbecken von Reiter's Supreme Hotel in Bad Tatzmannsdorf. 8 Bodenmosaik im Eingangsbereich der Terme Berzieri in Salsomaggiore. 9 Brunnen im Rogner Bad Blumau. 10 Historische Badekabine im Centralní Láznê, Marienbad. 11 Fürstensuite im Hotel Quellenhof, Bad Ragaz. 12 Gastgarten des Atlantic Parkhotel in Baden-Baden.

Innenräume wie diese mit Mosaiken und Statuen verzierte Eingangshalle des Gellért, Budapests wohl berühmtestem Bad, verströmen nahezu sakralen Pathos. Vor fast hundert Jahren in schwelgerischem Jugendstil erbaut und vor Kurzem sorgsam und aufwendig renoviert, verkündet ein solcher Tempel der Badelust uns von Hektik und Stress geplagten Nachgeborenen die wohltuende Botschaft, dass geselliges Baden und Schwitzen viel mehr sein kann als ein nur zweckhafter Vorgang: nämlich ein sinnliches und meditatives Erlebnis, durch das nicht nur der Körper, sondern auch die Seele eine porentiefe Reinigung und Heilung erfährt. In warmem Wasser treibend verliert man jegliches Zeitgefühl. Übrig bleibt der Wunsch, die Welt draußen künftig öfter mal auf diese Art aussperren zu können und das Leben ganz ohne Aufregung, in Zeitlupe, verrinnen zu lassen.

Thermen und Bäder einst und heute
Willkommen an der Wiege von Gesundheit und Genuss

Aus dem Bademantel steigen und mit wohliger Gänsehaut in die warmen Fluten tauchen. Durchatmen, entspannen, das sanfte Kribbeln, vielleicht auch ein wenig Gesprudel und Gedüse genießen – womöglich im Adamskostüm, bei nasskaltem Winterwetter, nach einem langen Bürotag oder am Ende einer anstrengenden Arbeitswoche. Anschließend seine Muskeln den kundigen Händen eines Masseurs anvertrauen und schließlich, in weiche Decken gehüllt, einfach die Seele baumeln lassen. Oder mit aromatischen Düften und ätherischen Ölen, mit Fango, farbigem Licht, feinen Klängen, kalten Güssen oder heißen Steinen die Sinne stimulieren ... Was gibt es Schöneres als jenes Glück des Augenblicks, das ein Besuch im Thermalbad verheißt?

»Sanus per aquam« – gesund durch Wasser, kurz Spa: Wie wohl ein Bad in dem körperwarmen, heilenden Lebenselixier tut, wussten die Menschen seit frühesten Tagen. Schon die Etrusker und Griechen sprachen Thermalquellen magische Kräfte zu und verwandelten sie in Stätten, die gleichermaßen der Gesundung und dem Kult geweiht waren. Die Römer verfeinerten bekanntlich die Kunst des Kurens, indem sie riesige Baukomplexe schufen, die zunächst, je nach Art des Wassers, hygienischen oder medizinischen Zwecken dienen sollten. Mithilfe raffinierter Wand- und Unterbodenheizungen entwickelten sie ein Raumsystem, das den Grundrhythmus des Baderituals für alle Zeit festlegte: erst warme, dann heiße Luft, danach heißes, dann kaltes Wasser und schließlich die Beseitigung der ausgeschwitzten Schlackenstoffe – abrubbeln, massieren, einsalben und parfümieren. Paradeexemplare für ihre oft ungemein luxuriös ausgestatteten Thermenanlagen waren die des Caracalla und Diokletian in Rom. Aber auch nördlich der Alpen wollten die Legionäre und Siedler auf die daheim lieb gewonnene Gewohnheit nicht verzichten. Ob in der Hauptstadt am Tiber oder in den Provinzen: Ihre Bäder nutzten die Römer nicht nur in der Hoffnung auf Heilung, sondern auch

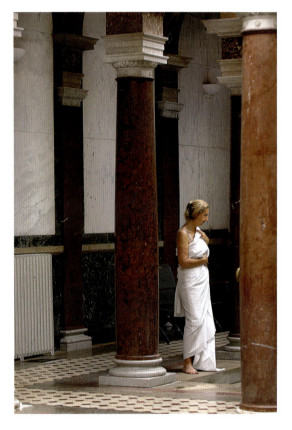

zum sportlichen Training, als Stätten der Begegnung und Unterhaltung, des lustvollen Müßiggangs sowie für geschäftliche oder politische Beratungen. Mancherorts bekamen die Gäste sogar Theateraufführungen und Gladiatorenkämpfe geboten.

Die frühen Christen empfanden solchen Hedonismus als heidnisch und lasterhaft. Sie erwiesen sich als rechte Bademuffel. Die heilige Agnes etwa starb ihren Märtyrertod 13jährig – ungewaschen. Dennoch überdauerte die Idee von der Nützlichkeit des ausgiebigen Badens die dunklen Jahrhunderte. Und schon im Hochmittelalter feierte sie vielerorts fröhliche Urständ. In den Städten propagierten unter anderem die Gilden den »Genuss heißen Wassers«, indem sie ihn ihren Mitgliedern »neben Mittag- und Abendessen« als probates Mittel zur Erholung empfahlen. Und wo sich die Heilquellen im Besitz der Kirche befanden, versprach der Klerus den Gläubigen für den Fall ihrer – meist kostenpflichtigen – Nutzung nicht selten die »volle Absolution sämtlicher Sünden«.

Beliebt war das Baden auch früh schon in Gebirgslanden. So gehörte etwa in der Schweiz die jährliche Fahrt zur Kur seit dem 15. Jahrhundert zum Freizeitrepertoire des bürgerlichen Standes. Wer sich die An- und Rückreise und die mehrwöchige Logis leisten konnte, begab sich im Frühjahr oder Herbst – nicht selten mitsamt dem Gesinde und einem Teil des Hausrats – in eines der »Bedli«, deren es in den Alpentälern zahlreiche gab. Auch dort standen längst nicht für alle Gäste gesundheitliche Gründe im Vordergrund: Das gemeinsame Bad in großen, gemauerten Wasserbecken oder in Hallen mit reihenweise hölzernen Bottichen war maßgeblich auch ein gesellschaftliches Ereignis. Mütter hielten nach potenziellen Ehemännern für ihre Töchter, Junggesellen und allein reisende Ehemänner nach amourösen Abenteuern Ausschau. Der Nürnberger Meistersinger Hans Foltz vermittelte in seinem um 1480 erschienenen »Puchlein« über die Kur in »naturheißen Bädern« ein

authentisches Bild vom Badewesen jener Zeit: Bis zu zehn Stunden pflegte man sich im heißen Wasser zu suhlen und die Zeit mit allerhand Lustbarkeiten zu vertreiben. Auf Holzschnitten finden sich schwimmende Tablette, überhäuft mit Speisen und Trinkkrügen. Manche Badegäste spielen Karten, andere singen oder lauschen Musikanten. Die erste der Foltz'schen »Regeln für die Kur« lautete denn auch: »... so du in ein Bad ziehest, sollst du schauen, dass dein Sekkel geladen sei mit Gold ...«

Um die Sinnhaftigkeit solchen Tuns medizinisch zu untermauern, analysierten und beschrieben vielerorts bereits im 16. Jahrhundert berühmte Ärzte und Naturforscher die flüssigen Schätze. Prominentester Balneologe war Paracelsus, der Mitteleuropas Mineralwässer und Quellen wie wohl kein anderer seiner Zeit kannte und als »Gottes eigene Composita« zur Linderung und Heilung von Gebrechen empfahl. Die Erkenntnis, dass die kollektiv genossenen Was-

1 Im Römerbad des Hotels Nové Láznê, Marienbad. **2** Majoliken im Budapester Gellért-Bad. **3** Nostalgisches Fassadenbild in Karlsbad. **4** Das Wandbild an einem Haus in Bad Ragaz erinnert an die Anfänge der örtlichen Badetradition. **5** Müßiggang im Kurpark von Marienbad.

serwonnen der epidemischen Ausbreitung von allerlei Seuchen, allen voran der Syphilis, Vorschub leisteten, sickerte freilich erst nach und nach ins allgemeine Bewusstsein. Immerhin wurden in den Badehäusern zunehmend »Zuchtmeister« angestellt, die für die Einhaltung fundamentaler Sitten- und Hygieneregeln zu sorgen hatten. Gesundung, gesellschaftlicher Glamour oder auch nur eine schlichte Auszeit vom Alltag bildeten auch im 18. und 19. Jahrhundert ein unentwirrbares Knäuel an Motiven für einen Kuraufenthalt. Nur, dass sich die Infrastruktur inzwischen radikal gewandelt hatte. Als Alternative zur Bade- war die Trinkkur groß in Mode gekommen. Kurgäste von Welt mussten neuerdings promenieren. Zu diesem

Zweck baute man ihnen neben den prachtvollen Badehäusern ebensolche Kolonnaden, Trink- und Wandelhallen sowie, unter freiem Himmel, den Korso. Hinzu kamen reihenweise Grandhotels von zuvor ungeahntem Luxus, Konzertpavillons, Spiel-, Ball- und Theatersäle, Boutiquen, Teesalons, Cafés und Kasinos. Mancherorts entfaltete sich über die gesamte Saison (die nicht selten ein halbes Jahr und länger währte) ein Reigen rauschender Festivitäten, die bei den Gästen für Kurzweil und bei den Veranstaltern für prächtige Umsätze sorgten. Und weil sich parallel die Erkenntnis etablierte, dass frische Luft, viel Grün und Ruhe – kurz: eine naturnahe Umgebung – zivilisationsgeschädigten Städtern generell zu mehr Lebenskraft verhilft, wurde irgendwann das Spazierengehen in den Verhaltenskanon aufgenommen. Ausgedehnte Wegenetze führten den Kurgast nun, dem Zeitgeist der Romantik entsprechend, hinaus zu Meiereien, Wasserfällen oder felsigen Aussichtspunkten und erschlossen ihm – besonders beeindruckend zum Beispiel in Bad Ischl, Karlsbad, Meran oder Bad Gastein – eine gezähmte Wildnis. Wie konstatierte Giacomo Casanova im 18. Jahrhundert nach einem Kuraufenthalt im belgischen Spa kurz und sarkastisch? »Die Quellen sind im Allgemeinen nur ein Vorwand.«

Wo im Übrigen keine Heilquellen oder andere »ortsgebundene Kurmittel« wie Salz, Jod, Kohlensäure oder Moor zur Verfügung standen, erfanden engagierte Ärzte und Hoteliers kurzerhand Alternativen: Molke und Kräuter zum Beispiel (im Alpenraum), Trauben (etwa am Oberrhein und in Meran) oder Algen (an der französischen Atlantikküste). Zudem erdachte man, ganz dem technischen Fortschritt verpflichtet, zwecks möglichst effizienter Gymnastik allerlei neuartige »mechanotherapeuthische Apparaturen«. »Höhenluftkurorte« wie etwa Semmering südlich von Wien reüssierten dank ihrer »würzigen« Luft und ihres landschaftlichen Liebreizes, Seebäder wie Abbazia, Biarritz oder Ostende aufgrund ihres reizarmen Klimas.

Im Nu wurde die moderne Bäderreise ein Produkt des frühen Tourismus. Um dieses potenziellen Kunden schmackhaft zu machen, bedienten sich die Anbieter mehrerer modellhafter Stra-

tegien: Als hilfreich erwies sich stets ein Beleg, dass schon die Römer die örtlichen Quellen genutzt hatten. Alternativ empfahl sich, eine Gründungslegende aufzugreifen (oder in Umlauf zu setzen): Ein Jagd- oder Weidetier – zur Not tat's auch ein Waidmann oder Schafhirt – habe, tunlichst durch himmlische Vorsehung, den wundersamen Ort entdeckt. Ähnliche Werbekraft besaßen Fruchtbarkeitsmythen, am besten aktualisiert in Form kinderloser Adeliger; bei denen sich nach absolvierter Kur der ersehnte Nachwuchs einstellte. Wertvolle Werbeimpulse setzte zudem – und setzt mancherorts immer noch – der systematische Versandverkauf von Kurmitteln, meist Mineralwässern und Heilsalzen. Für Kurorte von Welt unverzichtbar waren schließlich auch hochwohlgeborene Besucher. Wen ein Kanzler oder Thronfolger, ein König oder Kaiser gar beehrte, der besaß, um es im heutigen Marketing-Sprech zu formulieren, einen unbezahlbaren Promibonus. So lesen sich damalige Gästelisten mondäner Heilbäder bisweilen wie ein Auszug aus den »Gothaischen Genealogischen Taschenbüchern« des Adels. Als tadellos vermarktbar erwiesen sich übrigens auch namhafte Künstler. Ein russischer Dichter, ein Beethoven oder Wagner, Goethe sowieso – Geschenke der Götter! Zumal sich der ein oder andere vielleicht zu einem lobenden Vers oder einer kleinen eingängigen

Komposition überreden ließ, die man hernach prächtig in einer Huldigungs- und Werbemaschinerie instrumentalisieren konnte. Schon 1821 hieß es in den »Jahrbüchern der Heilquellen Deutschlands« eher resignativ: »Man geht dorthin, wo die Mode will, daß man gesunde.«

Die beiden Weltkriege bedeuteten für den Bädertourismus eine dramatische Zäsur. Nicht bloß wegen der Zerstörungen und Wirtschaftskrisen, sondern auch wegen der auf sie folgenden Fortschritte der Medizin. In den effizienzorientierten Boomjahren des Wiederaufbaus ließ man sich lieber moderne Medikamente verschreiben, als kosten- und zeitintensive Kuraufenthalte zu buchen. In der Folge vollzog der Zeitgeist eine weitere Volte: Trinkkuren und Bäder galten als unmodern. Wer wollte sich schon als Kranker in therapeutischer Behandlung sehen? Zudem verlangte der neue Massentourismus nach prestigeträchtiger Ferne – Adria, Ibiza und Dominikanische Republik schienen bald näher als die verschnörkelten Kurorte aus monarchischer Zeit. Und durch den politischen Riss, der sich seit 1945 durch die Mitte Europas zog, war außerdem der Gästestrom von und nach Ungarn, Böhmen und Mähren versiegt. Doch dann verhieß Anfang der 1990er Jahre – inzwischen hatte sich der Eiserne Vorhang gelüftet – ein neues Zauberwort der darbenden Heilbäderbranche das Ende der Durststrecke: Wellness – jenes Wohlbefinden, das sowohl Gelassenheit und Entspanntheit als auch Energiegeladenheit und gute Laune einschließt und mittels Sport, richtiger Ernährung und vor allem neuartigen Kuranwendungen aktiv anzustreben ist. Frei nach dem Motto *Mens sana in corpore sano* rückte plötzlich der gesunde Körper verstärkt in den Fokus ärztlicher Aufmerksamkeit. *Benessere*, so die italienische Bezeichnung, gewinnt seither verstärkt an Bedeutung. Denn die Erfordernisse einer immer stressvoller empfundenen Arbeitswelt, die Kostendämpfungsmaßnahmen der Krankenkassen und die Tat-

1 Gymnastikstunde für die Gäste des Rogner-Hotel Lotus Therme in Hévíz. **2** In der Aachener Carolus Therme. **3** Freiluftbecken im Alpamare in Bad Tölz. **4** Remake der Taminaschlucht im Spa der Bad Ragazer Grand Hotels. **5** Im Rupertusbad von Bad Reichenhall. **6** Klanghterapie in Bad Blumau. **7** Moortherapie in Pieštány.

sache, dass sich vor allem auch immer mehr, immer älter werdende Senioren einem ganzheitlichem Lebensstil verschreiben, machen die private Prävention zusehends unverzichtbar.

Gesundheit und Wohlbefinden, Schönheit und Leistungskraft – auf Neudeutsch Health, Wellness, Beauty und Fitness – stehen hoch im Kurs, Tendenz weiter steigend. Wen wundert es da, dass die Kurorte voll auf diesen Trend setzen? Manche Perlen aus der Belle Époque haben ihr etwas angestaubtes Image erfolgreich aufpoliert, indem sie ihre altehrwürdigen, nicht selten architektonisch grandiosen Badetempel mit viel Aufwand sanierten. Glanzvollste Beispiele sind Wiesbaden, Bad Wildbad, Baden-Baden und Salsomaggiore. Andere Orte mit nicht minder klangvollen Namen wie Meran, Bad Reichenhall, Bad Tölz, Kissingen oder Aachen ergänzten ihr traditionelles Angebot und bauten sich gleichsam auf der grünen Wiese hypermoderne Thermallandschaften, die vorrangig das Bedürfnis nach Erholung und Spaß stillen. Wer bislang ein eher unmittelbares

Verhältnis zum Element Wasser hatte und glaubte, es sei allein zum Trinken, Reinigen oder Schwimmen da, wird in solchen Tempeln der aquatischen Lüste eines Besseren belehrt: Es lässt sich unter anderem auch fein zerstäubt einatmen (im Dampfbad), als prickelnd (in der Sauna), sprudelnd (im Whirlpool), mitreißend (im Strömungskanal), massierend (in der Nackendusche) und schlammig-schwer (bei der Moor- oder Fangopackung) erfahren.

Falsch können die Kurbetreiber mit solch modisch-raffinierten Angeboten kaum liegen: Eine im Frühjahr 2007 vom Hamburger B.A.T.-Freizeitforschungsinstitut erstellte Analyse ergab, dass auf der Hitliste der Deutschen der Erholungs- und Wellnessurlaub ganz oben steht. Danach wollen sich 69 Prozent in den Ferien in erster Linie verwöhnen lassen, um »wie neugeboren« in die eigenen vier Wände zurückzukehren.

Und die Zukunft? Allerorten festzustellen ist der Trend zur »Globalisierung« der Kur. Neben den über Generationen erprobten »ortsgebundenen Kurmitteln« wie Thermal- und Mineralwässern, Salz, Jod, Kohlensäure oder Moor findet sich im Angebot immer öfter eine Fülle exotischer Anwendungen, die selbst Fachleuten vor Kurzem noch als Bücher mit sieben Siegeln erschienen wären. Für das da und dort offerierte Rasulbad stand das arabische

Shiatsu, Reiki oder Qi Gong wie Klassiker aus, die man als erfahrener Wellnessapostel bloß noch zur Kenntnis nimmt.

Freilich konstatieren Trendforscher, dass die Frage »Welche Behandlung ist neu?« allmählich abgelöst wird durch »Welche ist gut?«. Die Zeichen stünden auf »neue Einfachheit«, prophezeien sie. Wände in Apricot, Gipssäulen und ein Schälchen Trockenblumen seien hilflose Relikte aus vergangenen Tagen. In einer reizüberfluteten Welt würde mehr und mehr eine puristische Formensprache für Beruhigung der Sinne sorgen. Als entscheidende Marke auf dem Weg in Richtung Zukunft gilt Medical Wellness.

Die Rauchverbote und die Ächtung übermäßigen Alkoholkonsums signalisieren schon jetzt: Immer mehr wird künftig die Eigenverantwortung für den Körper die Gesellschaft mitprägen. Prävention, Anti-Aging- und Ganzheitsmedizin, Schönheitschirurgie und Leistungsdiagnostik werden für den Kurgast von morgen auf der Prioritätenliste ganz oben rangieren. Gesundheitsvorsorge in gehobener Wohlfühl- und Hotelatmosphäre – ganz ohne weiße Mäntel und Krankenhausmief also – in Kombination mit gepflegter Tradition sowie Spaß- und Erlebnisbädern sind ein vielversprechendes Szenario. Eine solche Zukunft verträgt sich bereits heute in vielen Kurorten mit einer glorreichen Vergangenheit.

Hamam Pate, für das Weniksritual die russische Bagna, für die Unterwassermassage Watsu das japanische Onsen und für Garshana, eine Trockenmassage mit Wildseide-Handschuh, die indische Lehre des Ayurveda. Ob Abhyanga, Bikram-Yoga oder Pantal Luar, Lomi Lomi Nui oder Lulur-Ritual, ob Fünf Tibeter, Feldenkrais, Yangsdil oder Yumeiho – verglichen damit nehmen sich Tai-Chi,

Eine kleine Mühle im Schwarzwälder Kurpark Bad Wildbad.

Deutschland

Weltläufigkeit par excellence
Baden-Baden – berühmt für seine Wässer und Eleganz

Die einstige »Sommerhauptstadt Europas« lockt bis heute von weither die Schönen und Reichen in Scharen an. Dabei vereint sie mit spielerischem Charme mondänes Flair und die wohltuende Beschaulichkeit einer Kleinstadt und verwöhnt ihre Gäste mit exquisiten Badetempeln.

Faites vos jeux!« Die allabendlich von den Baden-Badener Croupiers unzählige Male mit eleganter Routine wiederholte Aufforderung muss man nicht zwangsläufig nur auf das Geschehen an den Spieltischen beziehen. Als unternehmungslustiger und halbwegs betuchter Gast könnte man sie ebenso gut als Leitspruch für den Aufenthalt in Baden-Baden insgesamt verstehen – als Ermunterung, leichten Herzens und in vollen Zügen das zu genießen, was diese kleine Stadt mit dem großen Namen ihren Gästen seit alters zu bieten hat: nämlich Unterhaltung von höchster Qualität gepaart mit luxuriösem Ambiente und erholsamer Beschaulichkeit sowie – für nicht wenige am wichtigsten – die Linderung, oft auch Heilung körperlicher Beschwerden.

Die Voraussetzung für ihre Karriere als Magnet für die Schönen und Reichen (und manchmal auch Maroden) dieser Welt schuf zweifelsohne die Natur. Schließlich liegt das berühmte Städtchen an der Oos zwischen Schwarzwald und oberrheinischer Tiefebene eingebettet in eine kaum überbietbar idyllische Landschaft. Sanfte Hügel, die sich in geziemlicher Entfernung auf über tausend Höhenmeter emporschwingen, dazwischen Wälder, Auen, Seen, durchsetzt mit anmutigen Dörfern, Schlössern, Burgruinen, schaffen eine nahezu idealtypische Kulisse. Den Ausschlag gaben freilich die Thermalquellen: 800 000 Liter mineralreiches, zwischen 51 und 66 Grad Celsius heißes Wasser sprudeln an der Südflanke des Florentinerbergs täglich aus den hier geologisch ziemlich kompliziert geschichteten Tiefen der Erde. Schon die Römer erfreuten sich an diesem flüssigen Schatz. Mitte des 19. Jahrhunderts entdeckten Bauarbeiter zu Füßen des Neuen Schlosses die Reste prunkvoller, mit weißem Marmor verkleideter Badeanlagen. Die Konturen dieser Kaiserbäder finden sich auf dem Straßenpflaster vor der Stiftskirche markiert. Wesentlich mehr erhalten geblieben ist von den sogenannten Soldatenbädern ein Stückchen weiter talwärts: die stellenweise bis zu zwei, drei Meter hohen Mauern einer weitläufigen

1 Zwei altmodisch gewandete Drehorgelspieler in der Lichtentaler Allee. **2** Im legendären Kasino von Baden-Baden rollt Tag und Nacht die Kugel. **3** Freizügig gestalteter Brunnen in der Gönneranlage. **4** Die Wandbilder in der Trinkhalle zeigen Sagen aus dem Schwarzwald.

1 Das in den frühen 1820ern von Friedrich Weinbrenner errichtete Kurhaus. 2 Die Hypokausten in den Soldatenbädern. 3 Das Spielkasino gleicht einem kostbar möblierten Museum. 4 Die Trinkhalle, erbaut um 1840 von Heinrich Hübsch. 5 Zeitgemäßes Badeerlebnis in der Caracalla Therme. 6 Das zentrale Becken im Friedrichsbad.

Anlage, komplett mit Frigidarium, Caldarium, Tepidarium und Sudatorien, Hypokaustensystem mit Hohlräumen und Tonrohren für die Heißluft inklusive.

Gut tausend Jahre nach dem Ende der Römerherrschaft am Rhein und der Civitas Aurelia Aquensis (so hieß Baden-Badens antike Vorgängerin) erlebte die örtliche Bäderkultur eine zweite Blüte. Es war Markgraf Bernhard I. von Baden, der im späten 14. Jahrhundert nicht nur Schloss Hohenbaden umfangreich ausbaute, sondern auch das Badewesen förderte, indem er per Erlass alle Gäste unter seinen persönlichen Schutz stellte. Bereits um 1350 mehrte ein Spital den Ruf der Stadt als Heilbad. Über hundert Jahre später entstand mit dem »Baldrich« (Baldreit) jene erste regelrechte Badeherberge, in deren Gemäuer seit 1981 das Stadtarchiv untergebracht ist. 1473 kam Kaiser Friedrich III. mit großem Gefolge für sechs Wochen zur Kur. Und 1526 verlieh der berühmte Paracelsus den örtlichen Thermen sein begehrtes, weil prestige- und profitträchtiges fachmännisches Gütesiegel. Wenig später standen bereits zwölf Gasthäuser mit fast vierhundert Badekästen, in denen sich jeweils ein Holzzuber befand, zur Verfügung.

Ende des 17. Jahrhunderts war Baden-Baden im Orleans'schen Krieg zerstört und durch die Verlegung der Residenz nach Rastatt zusätzlich deklassiert worden. Um das Geschäft wieder anzukurbeln, hatte man bereits 1748 eine erste Konzession für das Glücksspiel erteilt und als Vorläufer der späteren Kurverwaltung 1775 eine Bäderkommission gegründet. Auch hatte der künftig als Großherzoglicher Baudirektor noch viel erfolgreichere Friedrich Weinbrenner mit dem Badischen Hof Anfang des 19. Jahrhunderts schon Europas erstes Luxushotel im modernen Sinn geschaffen. Doch der Aufstieg zum wirklich mondänen Modebad, ja zur »Sommerhauptstadt Europas« stand erst bevor. Er setzte vehement ein, als der russische Adel, animiert durch die am hiesigen Hof geborene Zarin Elisabeth Alexejewna (1779–1826), Baden-Badens Vorzüge entdeckte. Bald konnte die aufstrebende Stadt auch blaublütige Gäste aus Holland, England und Österreich in großer Zahl willkommen heißen. In deren Windschatten kamen – die Romantik war in vollem Schwange – prominente Künstler vom Schlage eines Ludwig Uhland, Nikolaus Lenau, Friedrich Nietzsche und Theodor Storm, einer Clara Schumann, eines Franz Liszt und Johannes Brahms. Manche blieben gleich für Jahre.

Wie hätte Hebel doch gestaunt, wäre er zwei Generationen später zurückgekehrt! Da hatte Weinbrenner längst das »Neue Konversationshaus«, das heutige Kurhaus, erbaut, und sein Schüler Heinrich

Paris das Geschäft mit dem »Hazard-Spiel«, wie Roulette damals hieß, in lichte Höhen geführt und rundherum ein alle Sinne betörendes Kultur- und Gesellschaftsleben inszeniert.

Am »Highlife« vermochte auch die 1872 nach Ende des Deutsch-Französischen Krieges per Staatsdekret verfügte Aufhebung der Spielbank nicht allzu viel zu ändern. Dieser zum Trotz wurden 1881 in Baden-Baden der erste deutsche Tennisklub und wenig später einer der landesweit ersten Golfplätze gegründet. Auch der Reitsport kam – unter maßgeblicher Beteiligung der britischen Community – an der Oos früh groß in Mode. Pferderennen und Kutschfahrten, Picknicks und Promenaden, Glücksspiel, Konzerte, literarische Salons in opulenten historistischen Villen … Zu den blaublütigen Herr- und Damenschaften gesellte sich nach 1849 das aufstrebende Bürgertum, das seine politische Niederlage geflissentlich mit snobistischer Attitüde auszugleichen suchte.

In jenen Jahren verzeichnete auch die Bäderkultur einen beispiellosen Boom. Bereits knapp vor der Revolution hatte der erwähnte Heinrich Hübsch am Fuße des Florentinerbergs, oberhalb der Fett- und direkt über der Ursprungquelle, das Alte Dampfbad errichtet. Ungleich spektakulärer jedoch war, was sich die Stadt – angeblich auf persönliche Anregung des damaligen Landesherrn Großherzog Friedrich I. – dreißig Jahre später leistete: Das Friedrichsbad, von Carl Dernfeld im Stil der italienischen Hochrenaissance entworfen

Hübsch (1795–1863) nebenan die Trink- und Wandelhalle. Das neue, neobarocke Theater existierte, auch eine Reihe nobler Hotels wie das »L'Europe« (heute Europäischer Hof), das »d'Angleterre« (Parkhotel Atlantic) und das »Stephanie-les-Bains« (Brenner's Park-Hotel). Und die alten, hölzernen Krämerbuden waren längst luxuriösen Läden unter steinernen Arkaden gewichen. Vor allem aber hatten Antoine Chabert (1774–1850) und nach ihm, erfolgreicher noch, der Kasino-Mogul Jean Jacques Bénazet (1778–1848) aus

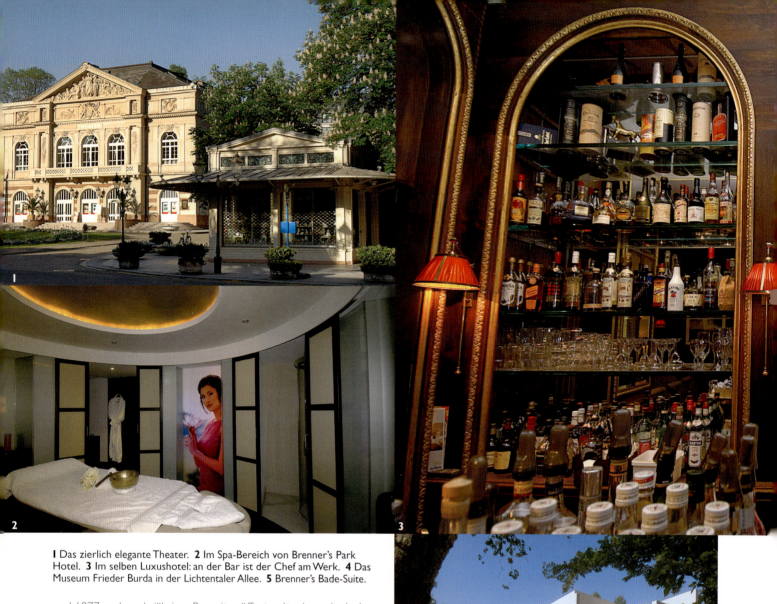

1 Das zierlich elegante Theater. **2** Im Spa-Bereich von Brenner's Park Hotel. **3** Im selben Luxushotel: an der Bar ist der Chef am Werk. **4** Das Museum Frieder Burda in der Lichtentaler Allee. **5** Brenner's Bade-Suite.

und 1877 nach sechsjähriger Bauzeit eröffnet, galt seinerzeit als das modernste Badehaus des Kontinents.

Seit jener Gründerzeit hat sich die Kernzone des Sehen und Gesehenwerdens noch mehr aus dem historischen Quellbezirk und Bäderviertel westwärts, an die Ufer der Oos verlagert. Dort, wo schon im Mittelalter ein Turnier- und Stechplatz für kollektive Kurzweil und Spannung sorgte, verdreht das Kurhaus mit seinem schwelgerischen Interieur, den kunstvoll bemalten Zimmerdecken und Wänden, den musealen Möbeln, dem Marmor, Spiegelglas und den »tausend Kerzen« aus Kristall allen Amüsierwilligen den Kopf. und entschädigt sie damit für ihren – nicht gerade unwahrscheinlichen – pekuniären Verlust beim Spiel. Eine beträchtliche, wenngleich ebenfalls lustvolle Strapaze für das Reisebudget des Normalbürgers bringt auch eine Shoppingtour entlang der Kolonnaden und durch die Sophienstraße mit sich oder die Einkehr oder gar Quartiernahme in den angrenzenden Edelherbergen, allen voran im berühmten Brenner's Park-Hotel. Kunstgenuss auf höchstem Niveau garantieren Festspielhaus und Theater, die stets wegweisen-

den Ausstellungen in der Staatlichen Kunsthalle und, ebenfalls am berühmten Flanierweg, der Lichtentaler Allee, gelegen, die Sammlung der Moderne im neuen Museum Frieder Burda. Das gesellschaftliche Herz Baden-Badens schlägt also längst im Kurviertel. Das balneologische jedoch schlägt nach wie vor zu Füßen des Neuen Schlosses. Dort hat man allrdings das Alte Dampfbad vor Längerem schon zu einem Raum für Kunstausstellungen zweckentfremdet. Das Friedrichsbad indes erfüllt, auf Hochglanz renoviert, immer noch die ursprüngliche Funktion. Rund um sein zentrales, von einer 18 Meter hohen Kuppel gekröntes Becken bewirkt ein Parcours, bestehend aus unterschiedlich temperierten Räumen und Thermalbecken, beim Badenden jenes Wohlgefühl, das schon Mark Twain kurz nach der Eröffnung vor über 130 Jahren mit den werbewirksamen Worten pries: »Hier vergessen Sie nach zehn Minuten die Zeit und nach zwanzig Minuten die Welt.« Wer hingegen zum Pritscheln und Suhlen, Schwimmen und Saunieren (post)modernes Ambiente vorzieht, muss nur wenige Schritte weiterwandern. Dort wartet, eine Etage über den römischen Ruinen, mit der Caracalla-Therme ein gläserner Gebäudekomplex, der alle nur denkbaren Ansprüche an ein zeitgemäßes Erlebnis- und Vergnügungsbad erfüllt.

Baden-Baden

Anreise
Auto: A 5 Frankfurt–Basel bis Ausfahrt Baden-Baden, dann B 500.
Bahn: ICE-Station Baden-Baden an der Strecke Basel–Rheinland.

Attraktionen
Baden-Baden: Kurhaus mit Kasino, Trinkhalle, römische Badruinen, Theater, Festspielhaus mit reichhaltigem Konzertprogramm, Stiftskirche, Stourdza-Kapelle, Stadtmuseum, Neues Schloss, Museum Frieder Burda, Staatliche Kunsthalle, »Paradies«, Lichtentaler Allee, Gönneranlage, Abtei Lichtental, Brahmshaus, Shopping in den Kolonnaden und der Sophienstraße.
Umgebung: Aussichtsberg Merkur, Schlossruine Hohenbaden, Geroldsauer Wasserfall, Gernsbach, Ruine Yburg, Kirche St. Bernhard im Ortsteil Oosscheuern, die Schlösser Favorite, Neu- weier, Eberstein, Rastatt, Rebland und die Badische Weinstraße.

Essen und Trinken
Zum Alde Gott, Neuweier, Weinstr. 10, Tel. 0 72 23-55 13, seit 25 Jahren eine der führenden Gourmetadressen Süddeutschlands, familiär-elegantes Landhaus-Restaurant inmitten von Weinbergen mit famoser Küche.

Übernachten
Brenner's Park-Hotel & Spa *****, D-76530 Baden-Baden, Schillerstr. 4–6, 100 Zimmer, Tel. 0 72 21-90 00, Fax 0 72 21-3 87 72, www.brenners.com. Der legendäre, in einen edlen Park gebettete Rolls-Royce unter Baden-Badens zahlreichen Luxusherbergen, mit über 130-jähriger Geschichte, Topservice, mehreren Gourmettempeln, äußerst vielfältiger Angebotspalette im Beauty- und Medical Spa inkl. Saunarium und Pool.

Über hauseigene Spa-Einrichtungen verfügen außerdem u. a. die Hotels *Bühlerhöhe* (Beauty- & Spa-Resort), *Quisisana* (Ganzheitliche Energie-Therapie), *Badischer Hof* (Thermalschwimmbecken) sowie (*Dorint Maison Messmer* und *Steigenberger Europäischer Hof*.

Die Bäder
Friedrichsbad, prachtvolles Römisch-Irisches Bad im Stil der Neorenaissance mit 16 Stationen, u. a. Warmluft- und Dampfbäder, Massage, unterschiedlich temperierte Tauchbecken, gruppiert um eine zentrale Kuppelhalle, geöffnet täglich 9–22 Uhr, Mo. und Do. Frauen und Männer getrennt, sonst gemischt, www.roemisch-irisches-bad.de.
Caracalla-Therme, moderne, 1985 eröffnete Badelandschaft mit Außen- und Innenbecken, Heiß- und Kaltwassergrotten (18 bis 38 Grad) mit insgesamt 1000 qm Wasserfläche, Strömungskanal, Hot-Whirl-Pools, Wasserfällen sowie Saunalandschaft, Solarien, Fitnessstudios und diversen therapeutischen Einrichtungen, geöffnet täglich 8–22 Uhr, www.caracalla.de. Auskünfte für beide Bäder: Carasana, Römerplatz 1, Tel. 0 72 21- 27 59 40.

Informationen
Baden-Baden Kur & Tourismus GmbH, D-76530 Baden-Baden, Schloss Solms, Solmsstr. 1, Tel. 0 72 21-27 52 00, www.baden-baden.com und www.bad-bad.de.
Info-Büro in der Trinkhalle an der Kaiserallee und an der Schwarzwaldstraße, Stadteinfahrt B 500; Ticketservice Tel. 0 72 21-27 52 33, Mo.–Sa. 9–18 Uhr, So. und Feiertag 9–13 Uhr (Schwarzwaldstraße) und 14–17 Uhr (Trinkhalle).

Wohlgefühl zwischen Thermen und Tannen

Bad Wildbad – Erholung und Badekultur im Südwesten

Der Schwarzwald hat bekanntlich weit mehr zu bieten als Kirschtorte und Kuckucksuhren: viel Grün, klare Luft und Bäche zum Beispiel. Und an seinem Nordrand befindet sich ein altehrwürdiger Kurort mit einem der prächtigsten Badetempel Deutschlands.

Am Beginn der hiesigen Bäderchronik stehen gleich zwei legendäre Ereignisse: Zum einen, nicht gerade unüblich für Orte mit Heilwasservorkommen, die Begegnung mit einem waidwunden Tier: »Ein angeschoss'ner Eber«, hielt weiland Ludwig Uhland (1787–1862) dichterisch fest, »der sich die Wunde wusch, verriet voreinst den Jägern den Quell in Kluft und Busch.« Auch der zweiten, historisch freilich verbürgten Geschichte nahm sich der berühmte schwäbische Romantiker in Versen an. Seine Ballade vom »Überfall in Wildbad« findet sich sogar im Sitzungssaal des örtlichen Rathauses auf elf Wandgemälden großformatig illustriert. Demnach habe 1367 der württembergische Graf Eberhard – nicht zu verwechseln mit seinem Namensvetter, der gut hundert Jahre später die Universität im nahen Tübingen gründete – zur Kur in Wildbad geweilt. Als sich aus dem westlich angrenzenden badischen Lande die Grafen von Eberstein heimlich mit großem Heer näherten, habe ein Einheimischer den hohen Gast, der sich gerade wohlig im Holzzuber räkelte, gewarnt. Worauf dieser der Gefangennahme entkam und später zum Dank aus Stuttgart Geld sandte, auf dass sich das Dorf mit einer Mauer bewehre.

Fest steht, dass Wildbads 35 bis 41 Grad Celsius warme Quellen bereits im 13. Jahrhundert zu Kurzwecken genutzt wurden. Vor gut hundert Jahren hat man mitten im Ortskern den Schacht einer »Urquelle« entdeckt. Er enthielt Reste einer Thermalbrunnenanlage aus der Zeit der Hohenstaufen, die vermutlich von Mönchen des nahen Benediktinerklosters Hirsau betrieben wurde. Um 1490 hob der Nürnberger Hans Foltz in seinem »Bäderbüchlein«, der frühesten balneologischen Veröffentlichung im deutschen Sprachraum, nachdrücklich die Thermen des »im Swartzwald pei Kalb« (Calw) gelegenen »Wiltpad« hervor. Zu jener Zeit frequentierten Adel und Klerus bereits emsig jene, wie Justinus Kerner (1786–1862) später schrieb, »heil'ge Quelle, die tausend Wunder thut«.

1 Beliebtes Fotomotiv: der Pavillon im 35 Hektar großen Kurpark. 2 Entree des Viersternehotels Bären. 3 Ausflügler-Idyll in den Enzanlagen. 4 Die Maurische Halle des in den 1840ern von Hofbaumeister Nikolaus Friedrich von Thouret erbauten Palais Thermal.

1 Der Platz am Quellenhof vor dem Kurpark. 2 Kuppelsaal im »Haus des Gastes«. 3 Ein Ambiente aus 1001 Nacht: das Innere des Palais Thermal. 4 Die byzantinisch anmutende Fassade des Badepalastes.

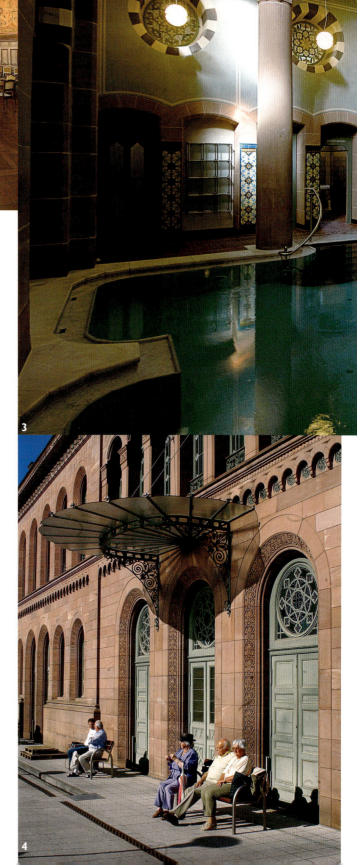

Der Aufstieg des Heilortes im engen, idyllischen Tal der Großen Enz zum weithin bekannten »Staatsbad« begann Mitte des 18. Jahrhunderts. Nach der letzten von insgesamt sieben großen Feuersbrünsten (1742) waren Hauptplatz und Umgebung von Grund auf neu geplant und unten am Fluss die berühmten Enzanlagen, der Kurpark, maßgeblich erweitert worden. In den 1840ern entstanden die Evangelische Stadtkirche (samt dem aus Schieferplatten gelegten Ebermotiv auf dem Turmhelm) und gleich daneben nach den klassizistischen Entwürfen Nikolaus Friedrich von Thourets (1767–1845) das Badhotel und das Große Badgebäude, das heutige Palais Thermal. Mittlerweile waren ja die württembergischen Herrscher zu Königen avanciert, und hochherrschaftliche Besucher strömten in Scharen herbei.

Bald begann man im größeren Stil Tiefenquellen zu erbohren. Auch erhielten die vermehrt anreisenden englischen Kurgäste sowie die Katholiken eigene Gotteshäuser. Kurz vor dem Ersten Weltkrieg schließlich wurde der Sommerberg, ein 750 Meter hoher Waldrücken im Westen, mittels Schienendrahtseilbahn und exquisitem Hotel als Höhenkur-, Wander- und Skigebiet erschlossen. Einen Gipfel gründerzeitlicher Monumentalität markierte das 1892 eröffnete König-Karls-Bad. In »Haus des Gastes« umbenannt, birgt es heute neben den obligaten Fernseh-, Lese-, Musik- und Vortragsräumen im ersten Stock eine kleine, aber feine Ausstellung über »Reisen und Badefahrten anno dazumal«.

Einen neuerlichen Boom brachte die Zeit des Wiederaufbaus. Nun eröffneten zusätzliche Reha- und Fachkliniken. Das Thermalbewegungsbad und der Komplex des Neuen Eberhardsbads wurden erbaut. Ende der Achtziger verzeichnete man jährlich über eine Million Übernachtungen. In jüngsten Jahren ist der Kurbetrieb

infolge der Kostensenkungsprogramme der Krankenkassen deutlich beschaulicher geworden. Doch der Gästeschwund konnte Wildbads Attraktivität nichts anhaben. Eher im Gegenteil: Seit 1996 befreien ein Tunnel und ein Parkhaus den Ort vom Durchgangsverkehr. Im 35 Hektar großen Kurpark laden die von Grund auf renovierte Trinkhalle, ein moderner Musikpavillon und das Kurtheater zum Verweilen ein. Als überragende Attraktion erweist sich freilich für ein vorrangig wellnessorientiertes Publikum das ehemalige Graf-Eberhard-Bad: Der rote, in byzantinischem Stil gehaltene Sandsteinbau im Ortskern wurde Mitte der Neunziger aufwendig und mit viel Liebe zum Detail restauriert. Als Palais Thermal versetzt er Besucher seither in Staunen und ist ein Bademärchen aus 1001 Nacht. Rund um die zentrale Maurische Halle gruppieren sich im Erdgeschoss Frauen-, Herren- und Fürstenbäder, in deren opulenten Mosaiken und Malereien Jugendstil und Orient ästhetisch Hochzeit feiern. Und im Obergeschoss bietet eine weitläufige, modern-elegante Saunalandschaft ein buntes Potpourri an Möglichkeiten, stilvoll ins Schwitzen zu geraten und anschließend mittels Massagen, Öl- und anderen Bädern sanft in den siebten Himmel zu entschweben.

Bad Wildbad

Anreise
Auto: A 8 von Stuttgart oder Karlsruhe bis Ausfahrt Pforzheim-West, von da B 294.
Bahn: bis Pforzheim und weiter mit der Stadtbahn S6.

Attraktionen
Bad Wildbad: Rathaus mit Relief im Sitzungssaal, Kurpark, »Haus des Gastes«, Kurkonzerte, im Juli Belcanto-Opernfestival »Rossini in Wildbad«, Heimat- und Flößermuseum im Ortsteil Calmbach.
Umgebung: Enzklösterle mit Sommerrodelbahn, Klosterruinen in Hirsau, Calw mit Altstadt und Hermann-Hesse-Museum, Neuenbürg mit Schaubergwerk und Schlossmuseum, Pforzheim mit Schmuck- und Technischem Museum, Zisterzienserkloster Maulbronn.

Aktivurlaub
Wandern und Biken im Schwarzwald, z. B. vom Sommerberg zum Naturschutzgebiet Wildseemoor, Skilifte, Loipen, Europas größter Bikepark, Enztal-Radweg.

Essen und Trinken
Wildbader Hof, König-Karl-Str. 43, Tel. 0 70 81-24 76, Dienstag Ruhetag, gutbürgerliche, schwäbische und vegetarische Küche, dazu saisonale Spezialitäten.
Café Conditorei Winkler, König-Karl-Str. 11, Montag Ruhetag, weithin gerühmter Treffpunkt für Leckermäuler, eigene Pralinen- und Gebäckherstellung.

Übernachten
Hotel Bären ****, D-75323 Bad Wildbad, Am Kurplatz 4–6, 44 Zimmer, Tel. 07081-3 01-0, Fax 07081-3 01-1 66, www.hotelbaeren-badwildbad.de. Elegantes Traditionshotel – die Rossini-Residenz von 1856 – im Herzen der Fußgängerzone, persönlich geführt, qualitätsvolles Restaurant.
Hotel Weingärtner ***, D-75323 Bad Wildbad, Olgastr. 15–17, 30 Zimmer, Tel. 0 70 81-17 06 0, Fax 0 70 81-17 06 70, www.hotel-weingaertner.com. Sympathischer, gutbürgerlicher Traditionsbetrieb, gediegene Ausstattung, gute Küche, eigener Wellnessbereich »Papillon«.

Die Bäder
Palais Thermal, einer der schönsten Badetempel Deutschlands, wenn nicht gar Europas, Maurische Halle, klassische Gesellschafts- und Fürstenbäder mit fantastischer Ausstattung, dazu zahlreiche Whirlpools, Dampfbad, vielfältige Saunalandschaft, große Thermal-Schwimmhalle im Obergeschoss, Wellnessanwendungen: Wasser-Shiatsu, Wohlfühl- oder Seifenbürstenmassage, Vital-Ölbehandlung, Nachtkerzenöl- und andere Bäder, geöffnet Mo.–Fr. 12–22 Uhr, Sa., So., Feiertag 10–22 Uhr, Tel. 0 70 81-3 03 0, www.palaisthermal.de.
Vital Therme, Gesundheitszentrum mit großer Schwimmhalle und Außenbecken, Finnischer Sauna, Dampfbad, Sonnenliegeterrasse und vielfältigem Kurmittel- und Wellnessangebot, geöffnet tgl. 9–19 Uhr, Di., Do., Fr. bis 21 Uhr, Tel. 0 70 81-3 03-2 53, www.staatsbad-wildbad.de.

Informationen
Touristik Bad Wildbad GmbH, D-75323 Bad Wildbad, Wilhelmstr. 44, Tel. 0 70 81-1 02 80, www.bad-wildbad-tourismus.de.

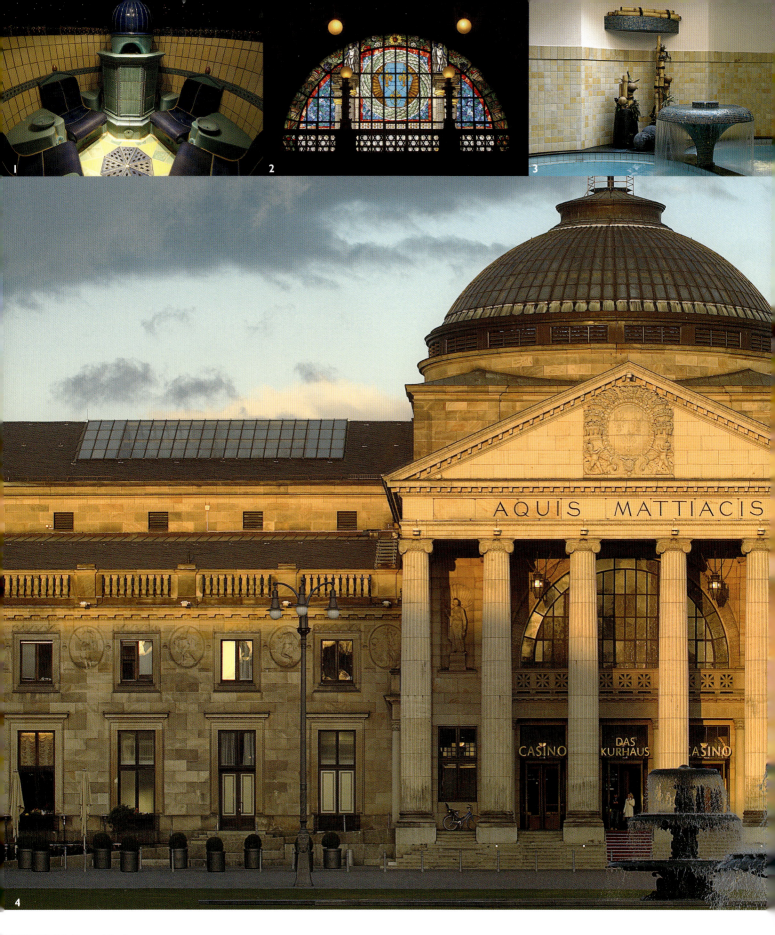

Das Nizza des Nordens
Wiesbaden – mediterrane Eleganz am Mittelrhein

Die hessische Landeshauptstadt blickt auf zweitausend Jahre Badegeschichte zurück. Glanzstück der Gesundheits- und Kultur-metropole ist ihre Kaiser-Friedrich-Therme, ein Wohlfühltempel aus der Epoche des späten Jugendstils.

Sie war Residenz und als Weltkurstadt das »Nizza des Nordens«, in dem sich Kaiser, Könige und Fürsten ein Stelldichein gaben. Heute ist die zwischen den waldigen Abhängen des Taunus und dem Rhein gelegene Stadt Wiesbaden erneut eine funkelnde Kulturmetropole, zudem hessische Landeshauptstadt und als solche ein prosperierendes Wirtschafts- und Verwaltungszentrum. Weltkonzerne wie Dyckerhoff, Smiths Heimann oder Linde, Sekterzeuger wie Henkell und Söhnlein haben hier ihren Sitz, auch das Bundeskriminalamt, das Statistische Bundesamt und Institutionen der Filmindustrie. Vor allem aber gleicht Wiesbaden, das im Zweiten Weltkrieg vergleichsweise wenig Zerstörungen erlitt, zur Freude seiner Gäste einem Freilichtmuseum wilhelminischer Architektur. Als »Stadt des Späthistorismus« liebäugelt es daher auch aus gutem Grund mit dem Adelsprädikat eines UNESCO-Weltkulturerbes. Und last but not least ist die im Gegensatz zum katholischen Mainz vis-à-vis seit alters strikt protestantische Stadt bis heute ein Gesundheitsstandort von hohem Rang, der sich dank seiner einschlägigen Infrastruktur und der grünen Umgebung vorzüglich zum genussvollen Baden und Relaxen eignet.

Den Grundstein für Wiesbadens Karriere als Kurstätte legten, wie so oft in germanischen Landen, die Römer. Die hatten bereits im ersten nachchristlichen Jahrhundert die örtlichen heißen Quellen genutzt und um das Jahr 120 aus einem Militärlager eine städtische Siedlung gemacht, die für fast dreihundert Jahre vornehmlich der Erholung erschöpfter Legionäre dienen sollte. Während der Völkerwanderungen ging Aquae Mattiacorum – so hatte man den Ort nach dem in der Gegend ansässigen Germanenstamm der Mattiaker benannt – unter. Seine Wiedergeburt begann in karolingischer Zeit, diesmal unter dem Namen Wisibada. Erstmals erwähnt findet sich für dieses »Bad in den Wiesen« ein regulärer Badebetrieb im 9. Jahrhundert. Um 1370 existierten bereits 16 Badehäuser, freilich von nach heutigen Maßstäben eher zweifelhaftem Komfort. 1744

1 Das Rasulbad in der Kaiser-Friedrich-Therme. 2 Fenster im Foyer des Kurhauses. 3 Keramik und Bambus: Ausstattungsdetail in der Kaiser-Friedrich-Therme. 4 Heute wie einst im Brennpunkt gehobener Geselligkeit: das 1904 nach Plänen Friedrich von Thiersch' erbaute Kurhaus.

1 Der Muschelsaal des Kurhauses ist mit Jugendstilfresken dekoriert.
2 Herzstück der Kaiser-Friedrich-Therme: das Römisch-Irische Bad.
3 Christian-Zais-Saal im Kurhaus. 4 Innenbereich des Thermalbades
Aukammtal. 5 Im Pavillon des Kochbrunnen, Wiesbadens ergiebigster
Thermalquelle. 6 Massage im Hotel Nassauer Hof.

verlegten die Herzöge von Nassau, damals schon seit fünfhundert
Jahren Herren über die Region, ihren Hof in das neu erbaute Bie-
bricher Schloss am Rhein. 1806 machten sie Wiesbaden offiziell zu
ihrem Regierungssitz. Die Stadt, bislang nur 2500 Einwohner
zählend, wuchs daraufhin rapide, ihre Bevölkerung sollte sich binnen nur drei Generationen vervierzigfachen. Christian Zais (1770–
1820), seines Zeichens Bauinspektor von nassauischen Gnaden,
sorgte mit neuen Straßenzügen, dem sogenannten Historischen
Fünfeck, mit langen Reihen klassizistischer Fassaden, weiträumigen
Parkanlagen und schicken Alleen zum Promenieren für ein Stadtbild, das eines eleganten Bades würdig war.
Der Aufschwung gewann zusätzliche Dynamik, als Nassau 1866 an
Preußen fiel und die Hohenzollernkaiser Wiesbaden für sich entdeckten. Schon davor hatten Langzeitgäste wie Honoré de Balzac

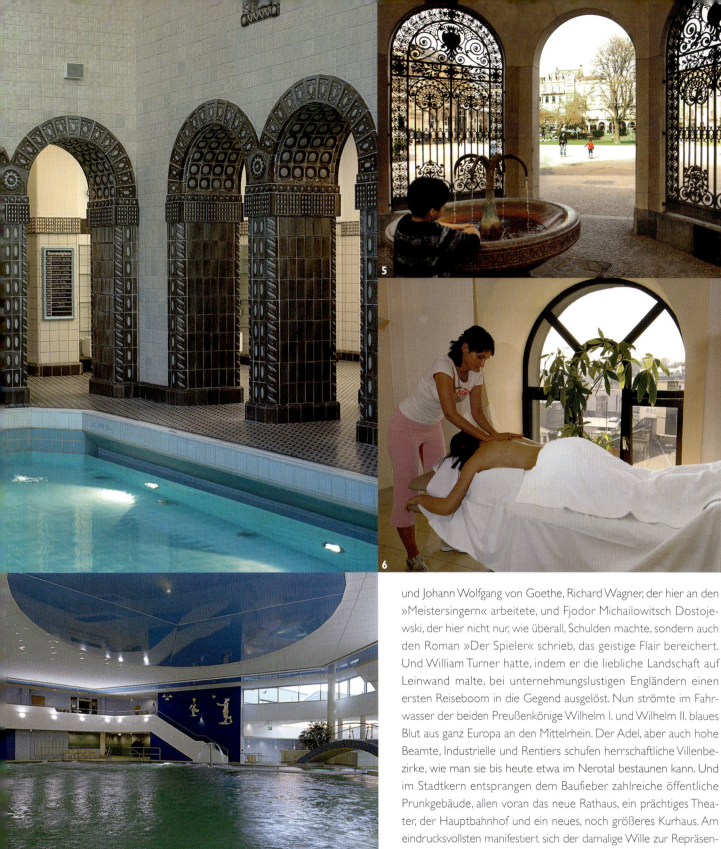

und Johann Wolfgang von Goethe, Richard Wagner, der hier an den »Meistersingern« arbeitete, und Fjodor Michailowitsch Dostojewski, der hier nicht nur, wie überall, Schulden machte, sondern auch den Roman »Der Spieler« schrieb, das geistige Flair bereichert. Und William Turner hatte, indem er die liebliche Landschaft auf Leinwand malte, bei unternehmungslustigen Engländern einen ersten Reiseboom in die Gegend ausgelöst. Nun strömte im Fahrwasser der beiden Preußenkönige Wilhelm I. und Wilhelm II. blaues Blut aus ganz Europa an den Mittelrhein. Der Adel, aber auch hohe Beamte, Industrielle und Rentiers schufen herrschaftliche Villenbezirke, wie man sie bis heute etwa im Nerotal bestaunen kann. Und im Stadtkern entsprangen dem Baufieber zahlreiche öffentliche Prunkgebäude, allen voran das neue Rathaus, ein prächtiges Theater, der Hauptbahnhof und ein neues, noch größeres Kurhaus. Am eindrucksvollsten manifestiert sich der damalige Wille zur Repräsentation bis heute in der Wilhelmstraße und im östlich angrenzenden Kurbezirk. Bellevue, Savoy, Metropol ... die Renommiermeile, von der Bevölkerung liebevoll als ihre »Rue« bezeichnet, war gesäumt von Grandhotels, von denen Wiesbaden um 1900 insgesamt über

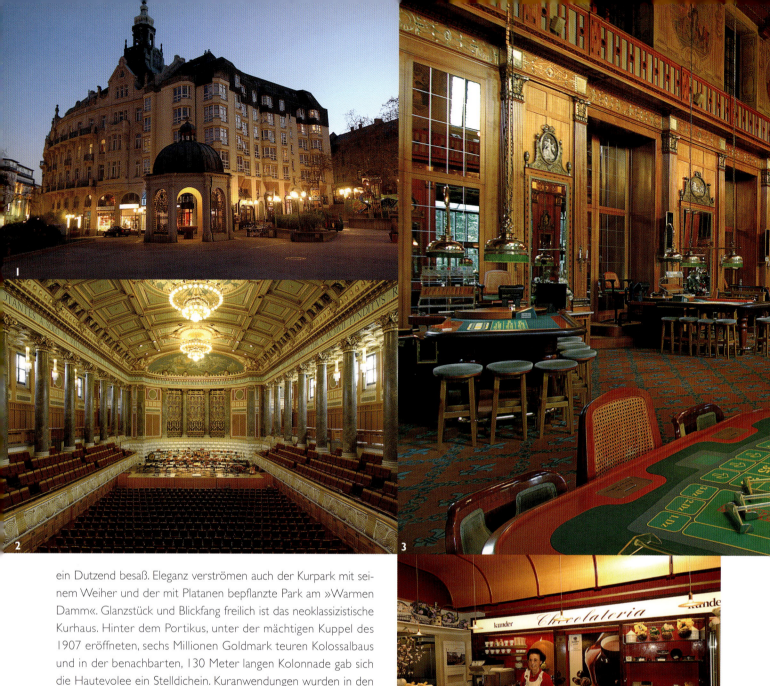

ein Dutzend besaß. Eleganz verströmen auch der Kurpark mit seinem Weiher und der mit Platanen bepflanzte Park am »Warmen Damm«. Glanzstück und Blickfang freilich ist das neoklassizistische Kurhaus. Hinter dem Portikus, unter der mächtigen Kuppel des 1907 eröffneten, sechs Millionen Goldmark teuren Kolossalbaus und in der benachbarten, 130 Meter langen Kolonnade gab sich die Hautevolee ein Stelldichein. Kuranwendungen wurden in den opulent ausgestatteten Räumlichkeiten freilich nie verabreicht.

In die Pionierzeit des Kurtourismus können Interessierte allerdings wenige Schritte weiter westlich, im sogenannten Quellenviertel, eintauchen. Hier, am Kranzplatz, standen bis 1914 die meisten Kurhotels und sprudelt bis heute der Kochbrunnen – die mit fast 67 Grad Celsius heißeste und mit einer Schüttung von 500000 Litern täglich ergiebigste der insgesamt 26 Thermalquellen der Stadt. Ebenfalls am Kranzplatz steht mit dem Schwarzen Bock das

1 Liefert an die 350 Liter Wasser pro Minute: der Kochbrunnen auf dem Kranzplatz. 2 Neobarocker Saal im Hessischen Staatstheater. 3 Wiesbadens berühmte Spielbank, in der einst auch Dostojewski sein Glück versuchte. 4 Gründete den ersten Pralinenklub: die Chocolateria Kunder – ein Paradies für Leckermäuler. 5 Restaurant Orangerie im Nassauer Hof.

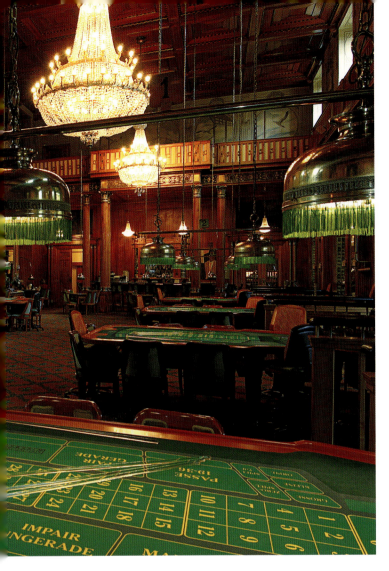

älteste noch existierende Hotel Deutschlands. Gleich um die Ecke wartet das glänzendste Juwel der hiesigen Badearchitektur: die Kaiser-Friedrich-Therme, die kurz vor dem Ersten Weltkrieg nach modernsten balneologischen Erkenntnissen errichtet worden war. In den späten 1990er Jahren mit großem Aufwand saniert, präsentiert sie sich als ein mit farbenprächtigen Marmoren und Fayencen, Fresken und Keramikskulpturen herrlich verzierter Jugendstilpalast – eines der ganz wenigen so gestalteten Gebäude in Wiesbaden, da Wilhelm II. diese Stilrichtung als zu bürgerlich-republikanisch ablehnte. Als Gesundheitstempel der Extraklasse birgt er seit seinem Umbau eine fast 1450 Quadratmeter große Bade- und Saunalandschaft. In ihrem Kernbereich, einem Irisch-Römischen Bad, kann man auf mehrerlei Arten schwitzen. Abkühlung bieten ein tropischer Eisregen oder ein Kaltwassertauch- und -schwimmbad. Für Entspannung und Frische sorgen ein Lumenarium, eine Ruhezone, ein Rasul-Dampfbad, in dem man auf orientalische Art mittels verschiedener Schlämme ein Ganzkörperpeeling erhält, und ein Sandbad, das mit sphärischer Musik, beheiztem Sand und halbstündigen Sonnenauf- und -untergängen südliche Urlaubsgefühle suggeriert.

Wiesbaden

Anreise
Ob A 3, A 5 oder A 61, jede dieser Autobahnen führt in Wiesbadens Umgebung. Innerhalb des Rhein-Main-Gebiets über diverse Schnellstraßen in die benachbarten Städte, etwa die A 66 nach Frankfurt oder die A 67 nach Darmstadt.

Attraktionen
Wiesbaden: Stadtzentrum mit Altem und Neuem Rathaus, Hessischer Landtag (Stadtschloss), evangelische Marktkirche, Kurhaus und -park, Staatstheater mit Kolonnaden, Museum Wiesbaden, späthistorische Mietpaläste und Villen, u. a. an der Wilhelmstraße und im Nerotal, »Warmer Damm«.
Umgebung: Schloss Biebrich, Mainz mit Dom und Gutenberg-Museum, Eltville mit kurfürstlicher Burg, Kloster Eberbach, Schlösser Johannisberg und Vollrads, Oestrich-Winkel mit

Ägidius-Basilika und Brentano-Haus, Rüdesheim.

Essen und Trinken
Käfer's, Kurhausplatz 1, Tel. 06 11-53 62 00, tgl. 11.30–2 Uhr, noble Institution im Pariser Brasseriestil, sommers beliebte Terrasse und Biergarten im Kurpark.
Der König von Bayern, Schlossplatz 6, Tel. 06 11-30 00 23, tgl. 11–24 Uhr; uriges Gasthaus, exzellente Hausmannskost, große Auswahl an Klosterbier-Sorten.

Übernachten
Nassauer Hof *****, D-65183 Wiesbaden, Kaiser-Friedrich-Platz 3–4, 161 Zimmer, Tel. 06 11-13 30, Fax 06 11-13 36 32, www.nassauer-hof.de. Grandhotel der absoluten Luxusklasse, mit renommiertem Gourmetrestaurant »Ente«, großem Wellnessbereich mit eigener Thermalquelle und Beauty Center.
Radisson SAS Schwarzer Bock *****, D-65183 Wiesbaden, Kranzplatz 12, 142 Zimmer, Tel. 06 11-15 50, Fax 06 11-15 51 11, www.radissonsas. com. Ältestes Hotel Deutschlands mit hauseigener Thermalquelle, historischem Badebereich und Therapieabteilung.

Die Bäder
Kaiser-Friedrich-Therme, 1913 in opulentem Jugendstil erbautes Thermalbad, 1450 qm große Bade- und Saunalandschaft mit irisch-römischer Abteilung, ganzjährig geöffnet, tgl. 10–22 Uhr, Fr. bis 24 Uhr, Di. Damentag, Zutritt ab 16 Jahren, textilfrei, Tel. (auch für Termine) 06 11-1 72 96 60.
Thermalbad Aukammtal, Leibnizstr. 7, Tel. 06 11-17 29-8 80, Badebereich tgl. 8–22 geöffnet, Di. ab 6 Uhr, Fr., Sa. bis 24 Uhr, Gesundheitsbad mit Innen- und Außenbecken, großzügiger Saunabereich jeweils. ab 9 Uhr.
Opelbad, Neroberg, Tel. 06 11-17 29-8 85, geöffnet Mai–Sept. tgl. 7–20 Uhr, Freiluftbad im Bauhausstil mit Fernblick über das Rhein-Main-Gebiet.
Für alle Bäder: www.wiesbaden.de/baeder.

Informationen
Wiesbaden Tourist Service, D-65183 Wiesbaden, Marktstr. 6, Tel. 06 11-1 72 99 30, www.wiesbaden.de.

Seit alters her in aller Munde

Bad Ems – Heilwasser, Pastillen und Ayurveda

Der rheinland-pfälzische Kurort mit seinen 17 stark mineral- und salzhaltigen Heilquellen lockte im 19. Jahrhundert ungezählte gekrönte Häupter an die Untere Lahn. Die Emser Pastillen, das in Flaschen gefüllte »Kränchen«, die idyllische Umgebung und neuerdings das Ayurveda-Zentrum verschafften ihm zusätzlichen Ruhm.

Der Liebreiz der Lage ist kaum zu überbieten: im Norden die grünen Hügel des Westerwalds, im Süden der nicht minder dicht bewaldete Taunus und dazwischen das blaue Band der Lahn, gesäumt von gravitätischen Bauten aus wilhelminischer Zeit, und ein mildes Klima, in dem prächtiger Wein gedeiht und die Lungen gestresster Städter so richtig durchatmen dürfen. Hinzu kommen der strategische Wert des Tales als historisches Grenzland und Bergbaugebiet (die hiesigen Erzgruben zählten zu den ergiebigsten weitum) sowie seine balneologische Bedeutung als Kurort, liegt es doch auf einem Heilquellensattel, aus dessen Tiefen Thermalwasser in rauen Mengen sprudelt.

Vor gut zweitausend Jahren querte der sogenannte obergermanisch-rätische Limes, mit dem die Römer nördlich der Donau und östlich des Rheins ihr Reich gegen das Territorium der germanischen Stämme abgrenzten, genau hier, auf dem Boden des heutigen Bad Ems, die Lahn. Nahe dem Nordufer, bei Kemmenau, ist ein langes Originalstück des Walles samt Graben erhalten geblieben und unter der romanischen Martinskirche in Dorf Ems das Fundament eines Kastells. Auf dem Wintersberg, über dem Südufer, wurde bereits 1874 ein Limes-Turm rekonstruiert. Und 2005 schließlich erklärte die UNESCO die archäologischen Reste dieses Kolossalbauwerks auf seiner gesamten Länge von 550 Kilometern zum Weltkulturerbe. Viel später, als ein Patchwork aus Kleinstaaten die deutschen Lande bedeckte, berührten einander an diesem Ort – ein exotischer Gedanke im vereinten Europa – die Grenzen dreier eigenständiger politischer Gebilde, nämlich Nassau-Oranien, Mainz und Hessen-Darmstadt.

Im Bewusstsein der Öffentlichkeit ist Bad Ems heute vorrangig als »Kaiserbad« verankert. Zweifelsohne haben gekrönte Häupter, allen voran Wilhelm I. von Preußen und die Romanows, Image und

1 Rokokofassade des Hauses des Herzogs von Leuchtenberg. 2 Vorbeugung, Heilung, Verjüngung und Revitalisierung sind die großen Themen des Ayurveda. 3 Whirlpool im Spa-Bereich von Häcker's Kurhotel.
4 Blick auf das ehemalige nassau-oranische Badeschloss, das jetzige Kurhaus, in dem Häcker's Kurhotel sowie Kurverwaltung untergebracht sind.

auch Aussehen des mittlerweile rheinland-pfälzischen Staatsbades nachhaltig geprägt. Seine Geschichte als Kurort reicht freilich um vieles weiter in die Vergangenheit. Ja, die im Jahr 880 erstmals urkundlich erwähnte Gemeinde ist eines der ältesten Thermalbäder nördlich der Alpen überhaupt. Und nur ganz wenige der mehr als dreihundert Heil- und Kurorte im heutigen Deutschland blicken auf eine längere ununterbrochene Laufbahn zurück. Bereits im 14. und 15. Jahrhundert, so ist belegt, badeten Bauern und Bürger in großer Zahl, aber auch Ritter, Grafen und Erzbischöfe, etwa jene von Mainz, Trier, Metz und Magdeburg, in den hiesigen Quellen. Deren wohltuende Wirkung, insbesondere bei Erkrankungen der Atem- und Verdauungswege, war also schon im Spätmittelalter weithin bekannt. 1535 verfasste ein gewisser Dr. Johannes Dryander eine erste Badeschrift, betitelt »Vom Eymser Bade«. Darin warnte er, es möge »keiner ins badt zihen, er habe denn seinen medicum gerathfraget«. Gut hundert Jahre später schwärmte ein Marsilius Weigel in seiner »Beschreibung deß warmen Badts Embß«: »Das Brünnlein getruncken, öffnet Verstopfung, lindert und curiert Verhärtung der Leber und Miltzes, vertreibet Gelbsucht und Verstopfung der Äderlein, die anfangende melancholia hypochondriaca, anfangene Wassersucht, reiniget und stärcket das Gedärm.« Zudem verkündete er beglückt, dass »Bad und Brünnlein die Unfruchtbarkeit feister und erkalteter Weiber vertreiben«. Im 17. Jahrhundert kam die Trinkkur in Mode. Da man das Wasser, wie ein zeitgenössisches Vademekum empfahl, »fein langsam trincken und nicht auff einmahl in den Leib schütten« sollte, wurde mit dem Glas in der Hand eifrig promeniert. Was naturgemäß mehr Möglichkeiten zur gesellschaftlichen Repräsentation bot als das passive Hocken im Holzzuber. Als Zentrum des sozialen Geschehens entpuppte sich alsbald das Kurhaus. Eine Fürstin aus dem Hause Nassau-Oranien hatte sich um 1715 exakt über dem Kesselbrunnen, einer der ergiebigsten Emser Quellen, ein Badeschloss errichten lassen. Im 19. Jahrhundert avancierte der zweiflügelige Barockbau mit seinem schwelgerisch stuckierten Kaisersaal im Obergeschoss zum Feriendomizil für Gäste allerhöchsten Geblüts – Zar Alexander II., König Georg IV. von England, Leopold I. von Belgien, Königin Amalie von Griechenland ... Die Liste liest sich wie ein Who's who der europäischen Monarchen-Kaste jener

Zeit. Heute sind in dem weit ausladenden Gebäudekomplex die Tourist-Information und die Verwaltung, Häcker's luxuriöses Kurhotel und, in den oberen Geschossen, jene Ayurveda-Klinik zu Hause, mit der sich Bad Ems seit den frühen 1990er Jahren als Jungbrunnen international zusätzlich einen Namen gemacht hat.

An der Ostseite des Kurhauses schießt gleich einem Geysir die ergiebigste der insgesamt 17 Emser Heilquellen und die mit 57 Grad Celsius zugleich heißeste ganz Deutschlands empor: Der Robert-Kampe-Sprudel ist in 73 Meter Tiefe gefasst, liefert 600 Liter pro Sekunde und mit dem Wasser pro Tag 3000 Kilogramm Mineralsalze. Wie man diese so heilkräftige Substanz nutzte, offenbart eine Reihe von Vitrinen in der angrenzenden Brunnenhalle: Da finden sich fein säuberlich Tiegelchen, Fläschchen und Döschen präsentiert, gefüllt mit ortseigenen Produkten wie Zahngel, Inhalationslösungen oder Spülsalz, Salbe und Spray für die Nase. Vor allem aber sieht man Musterexemplare jener berühmten, seit fast schon 150 Jahren aus den Mineralsalzen gepressten Emser Pastille, auf deren Katarrhe und Heiserkeit lindernde Wirkung Sänger und Vielredner in aller Welt schwören. Und die das örtliche Tourismus-

1 Café im Kurhaus. **2** Restaurant in Häcker's Kurhotel. **3** Pavillon der Römerquelle zwischen Kurhaus und Lahn. **4** Das barocke »Haus Vier Türme« am Kurpark. **5** und **6** Fassaden ehemaliger Hotels: des »Guttenberg« und des »Russischen Hofes«.

marketing den nicht unwitzigen Werbespruch lancieren ließ, die Stadt sei nach wie vor »in aller Munde«. Ebenfalls in der Brunnen-alias Wandelhalle, in der bei Regenwetter übrigens auch das Kurorchester aufzuspielen pflegt, treten drei Heilquellen zutage, darunter der Kesselbrunnen und das legendäre Emser Kränchen. Das Wasser aus Letzterer wurde schon im 17. Jahrhundert in Tonkrügen aus Westerwälder Töpfereien verkauft und bis 1989 in Flaschen abgefüllt und landesweit vertrieben.

Direkt am Fluss, neben der Schiffsstation, wo die Ausflugsdampfer Richtung Rhein und Mosel ablegen, erinnert ein Gedenkstein an einen neuralgischen Moment der europäischen Historie: Es begab sich am 13. Juli 1870 kurz nach neun Uhr, dass sich hier an der Kurpromenade Preußens König Wilhelm I. und der französische Botschafter, Vincent Graf Benedetti, zur Unterredung trafen. Zur Debatte stand die Forderung aus Paris an das Haus Hohenzollern,

1 Die modernistisch gestaltete Schwimmhalle der Emser Therme.
2 und 3 Der Wellnessbereich Kaisergarten in Häcker's Kurhotel.
4 Das Gebäude der 1720 eröffneten Spielbank und die Büste von
Zar Alexander II.

für alle Zeiten auf die spanische Thronkandidatur zu verzichten. Die
Veröffentlichung einer verkürzten und verschärften Telegramm-
nachricht darüber an Kanzler Bismarck, der sogenannten Emser
Depesche, führte noch im selben Jahr zum Ausbruch des Deutsch-
Französischen Krieges.

Flaniert man von hier die von den Bad Emsern ihrer sonnenreichen
Südlage und des allsommerlichen Palmenschmucks wegen augen-
zwinkernd als »Klein Nizza« bezeichnete Uferpromenade flussab-
wärts, nimmt man einer Reihe weiterer wertvoller Baudenkmäler
die Parade ab: dem einer römischen Villa nachempfundenen, klassizistischen Marmorsaal, in dem Jacques Offenbach (1819–1880), der
zwölf Jahre lang in Bad Ems als Konzertmeister tätig war, mehrere
seiner Werke uraufführte, der 1720 eröffneten Spielbank und dem
Kurtheater, dessen im Jugendstil und Neorokoko gestalteter Saal
der Stadt bis heute als Aufführungsort für große kulturelle Veranstaltungen dient. Apropos Künstler – auch sie waren in der örtlichen Gästechronik prominent vertreten. Nach Bad Ems kam

Fjodor Dostojewski, der in seinem Quartier in der Bahnhofstraße, wie immer in Geldnot, an den »Brüdern Karamasow« schrieb, kamen Goethe und Gogol, Carl Maria von Weber und Victor Hugo, um nur einige wenige zu nennen, zur Kur. Auch vis-à-vis, am linken Ufer, bilden geschichtsträchtige Gebäude ein sehenswertes Spalier: der längst denkmalgeschützte Quellenturm zum Beispiel, die von goldenen und blauen Zwiebeln bekrönte russisch-orthodoxe Kirche, Villen, italienisch anmutende Palazzi und Schloss Balmoral, in dem der nomadische Richard Wagner seinen »Parsifal« fertig komponierte und seit einigen Jahren Kunststipendiaten kostenlos Quartier nehmen können.

Ein kurzer Blick rechter Hand auf die Trasse der Kurwaldbahn, die als eine der steilsten Standseilbahnen der Welt hinauf zu den Kliniken und Spazierwegen auf die Bismarckhöhe führt. Dann schlendert man parallel zu der langen Reihe einstiger Hotelfassaden an der Römerstraße durch den Kurpark, macht Zwischenstation im Stadtmuseum neben dem Alten Rathaus, um sich schließlich, noch ein paar Gehminuten weiter, am westlichen Ende des Kurmittel- und Therapiezentrums, in der Emser Therme seines Gewandes zu entledigen und mit einem wohligem Seufzer in die warmen Thermalfluten zu tauchen.

Bad Ems

Anreise
Auto: A 3 bis Ausfahrt Montabaur, dann ca. 20 km auf der B 49, anschließend B 261; alternativ: A 61 bis Kreuz Koblenz, A 48 bis Ausfahrt Bendorf, B 42 bis Urbar, von da L 127 oder B 261. *Bahn*: über Montabaur oder Koblenz und Limburg.

Attraktionen
Bad Ems: Bäderarchitektur, u. a. Kurhaus, Brunnenhalle, Spielbank, Marmorsaal, Kur- und Stadtmuseum, Bergbaumuseum, Limes-Reste in Kemmenau und auf dem Wintersberg (Führungen und Wanderweg), Kurwaldbahn auf die Bismarckhöhe.
Umland: Dausenau, Eisenhütte in Fachbach, Schweizertal bei Miellen, romanische Kirche in Nievern, Schmetterlingsgarten in Schloss Sayn, Koblenz, Limburg, Mainz, Trier.
Veranstaltungen: Offenbach-Festival (erste Juni-Hälfte), Brückenfestival (Mitte Juli), Ruderregatta, Blumenkorso (Mitte bzw. Ende August).

Aktivurlaub
590 qkm großer Naturpark Nassau, 750 km Wanderwege, dazu Reitwege, (Mountain-)Biking, Lehr- und Trimmpfade im Lahntal und Umgebung, Paragliding, 18-Loch-Golfplatz auf der »Denzerheide«, Rudern, Paddeln, Kanufahren, Probefahrten auf dem Nürburgring, Drei-Flüsse-Tour mit Ausflugsschiffen.

Essen und Trinken
Schweizerhaus, Malbergstr. 21, Tel. 0 26 03-93 63 0, Mo.–Sa. nur abends, So. auch mittags, Do. Ruhetag, Feinschmeckerrestaurant im gleichnamigen Hotel, regionale und internationale Spezialitäten, familiäre Atmosphäre, Panoramaterrasse.

Übernachten
Häcker's Kurhotel ****, D-56130 Bad Ems, Römerstr. 1–3, 110 Zimmer, Tel. 0 26 03-7 99 0, Fax 0 26 03-79 92 52, www.haeckers-kurhotel.com. Flaggschiff der örtlichen Hotellerie im Barockgemäuer des Kurhauses, zentral direkt am Fluss gelegen, gediegenes Ambiente und Service, viele der Zimmer mit Lahnblick, luxuriöser Wellnessbereich mit Innen- und Außenpools, Saunen, Dampfbädern, Beauty-Farm, Gourmetrestaurant »Benedetti«, Bier- und Weinstube »Arkade«.

Die Bäder
Emser Therme, Viktoriaallee 25, Tel. 0 26 03-9 79 00, geöffnet Mo. 13–22 Uhr, Di.–Fr. 9–22 Uhr, Sa., So., Feiertag 9–20 Uhr, Life Parc: Mo.–Fr. 7–19, Sa. 7–12 Uhr, www.emser-therme.de. Innen- und Außenbecken mit konstant 32 Grad Celsius und insgesamt 1000 qm Wasserfläche, dazu Saunalandschaft, große Liegewiese, angeschlossen: Kur- und Therapiezentrum Life Parc mit zahlreichen medizinischen Anwendungen, Fitness- und Gymnastikprogrammen sowie Sauerstoff-Trainingsstudio OxyParc.
Maharishi Ayurveda Privatklinik, Am Robert Kampe Sprudel, Tel. 0 26 03-94 07 0, www.ayurveda-badems.de. 1992 gegründetes, weithin gerühmtes Spezialinstitut, das Therapien zur Regeneration und Behandlung chronischer Erkrankungen nach dem Prinzip der in Indien entwickelten ältesten ganzheitlichen Heilkunde der Menschheit anbietet. Ergänzend: Meditationen, Massagen, Yoga, Tai-Chi, Shiatsu, heilpraktische Anwendungen von Heilfasten bis Akupunktur und Akupressur etc. Insgesamt 17 Heilquellen in Bad Ems – alkalisch-muriatische Säuerlinge mit 27–57 Grad Celsius.

Informationen
Stadt- und Touristikmarketing Bad Ems, D-56130 Bad Ems, Römerstr. 1, Tel. 0 26 03-94 15 0, Fax 0 26 03-94 15 50, www.bad-ems.info.

Wo schon Karl der Große kurte

Bad Aachen – Wasserwonnen im Dreiländereck

In der Krönungsstadt vieler deutscher Kaiser entquillt heißes, heilsames Wasser dem Boden. Was bereits Kelten und Römer schätzten, kommt auch heutzutage den Kurgästen zugute – nicht nur, aber gerade wenn es im Bewegungsapparat knirscht und knarzt.

Natürlich denkt man bei Aachen zuallererst an Karl den Großen. Immerhin verdankt die im heutigen Dreiländereck mit Belgien und den Niederlanden gelegene Stadt dem legendären Kaiser ihren überragenden Platz auf der historischen Landkarte Europas. Indem er vor gut 1200 Jahren hier, in dem waldumkränzten Talkessel an den Ausläufern der Ardennen und der Eifel, eine Pfalz errichten ließ und sie zur Lieblingsresidenz erkor, machte er den Ort zum Mittelpunkt des Karolingerreiches. Nachdem er sich hier auch hatte bestatten lassen und 1165 heilig gesprochen worden war, lockte sein Grab so gewaltige Pilgerströme an, dass Aachen zu einem der wichtigsten Wallfahrtsziele des Mittelalters überhaupt avancierte. Und letztlich führten Carolus Magnus' Bedeutung auch als Bauherr und die Bewunderung, die ihm die Nachwelt architektonisch zollte, dazu, dass der Kaiserdom 1978 als erstes deutsches Bauwerk in die UNESCO-Liste der Weltkulturgüter aufgenommen wurde.

In der berühmten Pfalzkapelle, dem Aachener Oktogon, wurden zwischen dem 10. und 16. Jahrhundert über dreißig deutsche Könige und Kaiser gekrönt. Die Stadt war Schauplatz zahlreicher Kirchenversammlungen und Reichstage. Heute denkt man bei ihrem Namen wohl auch an das größte Klinikum Europas, an das alljährlich veranstaltete Weltfest des Pferdesports, an den Karneval und den für Verdienste um die europäische Einigung verliehenen Karlspreis. Vor allem aber ist Deutschlands westlichste Stadt seit alters eine Stadt des Wassers.

Wer »A« sagt wie Aachen, muss auch »B« sagen wie Bad Aachen. Denn aus dem hiesigen Boden sprudelt das mit bis zu 75 Grad Celsius heißeste Thermalwasser nördlich der Alpen. Und die Geschichte des Ortes ist untrennbar mit der Geschichte seiner Nutzung verknüpft. Worauf allein schon sein Name hinweist: Er leitet sich von *ahha*, dem germanischen Wort für Wasser, ab. Sehr wahrscheinlich ist, dass bereits die Kelten in der ehemals unwirtlich-sumpfigen Gegend jene schwefelhaltigen Kochsalzquellen, die

1 Im Außenbereich der Carolus Thermen. **2** Die antikisierende Fassade des Spielkasinos Aachen. **3** Die elegante Bar im Hotel Quellenhof. **4** Die lichtdurchflutete Badelandschaft der Carolus Thermen.

1 Aachener Hof, im Hintergrund der Turm des Doms. **2** Am Markt hinter dem gotischen Rathaus. **3** Das direkt am Kurpark gelegene Hotel Quellenhof. **4** Gasthof Postwagen in der Krämerstraße.

insbesondere gegen Gicht, Rheuma und Ischias wirken, kannten und zum eigenen Wohle verwendeten. Historisch durch archäologische Funde belegt ist ein intensiver Bade- und Kurbetrieb zu Zeiten der Römer. Sie frönten in Aquae Granni, wie sie den Ort nach dem keltischen Heilgott Grannus nannten, ihrer Tradition und Wesensart entsprechend vor allem dem heitergeselligen Müßiggang.

Das frühe Mittelalter war infolge christlicher Dogmatik bekanntlich ziemlich körperfeindlich. Lustvolles Baden als Erbe der Antike geriet dementsprechend in Misskredit. Es war wiederum Karl der Große, der Aachen auch diesbezüglich einen Ausnahmestatus verlieh. Sein Biograf Einhard berichtet, der Kaiser habe »offt, vil und mit sonderem Lust die warmen Wasser geliebt« und »darumb sich zu Aach geren nidergelassen«. Eine Legende erzählt, sein treues Pferd habe mit scharrendem Huf die erste Quelle freigelegt. Richtig aber ist vielmehr, dass sich schon Karls Vater Pippin nicht weit von den Resten der römischen Thermalanlage ein Landgut baute, wo er sich am heißen Wasser ergötzte. Sein Sohn schuf sich dann ein eigenes, viel größeres Bad, in dem er bisweilen im Sinne der antiken Tradition auch mit Gästen und Beamten Politisches und Geschäftliches besprach.

Im 16. und 17. Jahrhundert, als der medizinische Aspekt des Badens in den Vordergrund rückte, rührten mehrere Ärzte in ihren balneologischen Schriften die Werbetrommel für Aachen, indem sie die »augenscheinliche Wunderwirkung deren heylsamen Badt- und Trinckwässern« priesen. Ab ungefähr 1750 machte die Stadt schließlich als Modebad international Karriere. Hohe Gäste von blauem Geblüt, Staatsmänner, Kirchenfürsten, Künstler, aber auch Bonvivants und Bohemiens aus ganz Europa gaben sich ein Stelldichein, promenierten durch die neuen, weitläufigen Parkanlagen oder schwitzten und schwammen in den zahlreichen Dampf- und

Wannenbädern. Als besonderen Anziehungspunkt schuf 1827 Friedrich Schinkel um die Kaiserquelle den Elisenbrunnen – ein elegantes Bauwerk im streng klassizistischen Stil, das mit seinen zwei Trinkbrunnen Kurgästen bis heute als Treffpunkt dient.

Als Aachen im ausgehenden 19. Jahrhundert als High-Society-Treff gegenüber Baden-Baden an Attraktivität verlor, setzte es vermehrt auf medizinisch-therapeutische Kompetenz. Im südlichen Stadtteil Burtscheid ist seither ein exzellent ausgestattes Kurviertel mit Thermalbadehäusern, gepflegten Parkanlagen und Kliniken entstanden, wo Gäste vornehmlich stationär betreut ihrer Genesung und Rehabilitation entgegensehen. Im Kurgebiet Monheimsallee hingegen, im Nordosten der Stadt, steht die »ambulante« Versorgung der Einheimischen im Vordergrund. Hier lädt ein Garten im englischen Stil samt Rosarium zu ausgedehnten Spaziergängen ein. An seinem Rand stehen Aachens Spielkasino sowie das Kongress- und Tagungszentrum. Und ganz in der Nähe wartet mit den Carolus Thermen eine Wohlfühloase, deren vielfältigen Wasserwonnen man sich gänzlich ohne krankheitsbedingte Gründe hingeben kann.

Bad Aachen

Anreise
Auto: A 4 (aus dem Raum Köln) oder A 44 (aus Richtung Düsseldorf/nördliches Ruhrgebiet) bis Ausfahrt Aachen Zentrum/Würselen.
Bahn: ICE-Station an der Strecke Köln–Liège–Brüssel.

Attraktionen
Aachener Dom mit Domschatzkammer, historisches Rathaus, St.-Foilian-Kirche, Fischmarkt, Elisenbrunnen, Propsteikirche in Stadtteil Kornelimünster, Couvenmuseum für Wohnkultur, Ludwig Forum für internationale Kunst, Suermondt-Ludwig-Museum, Zeitungsmuseum, Burg Frankenberg mit Heimatmuseum, Zollmuseum.

Essen und Trinken
Am Knipp, Bergdriesch 3, Tel. 02 41-3 31 68, Mi.–Mo. 17–23 Uhr, über 300 Jahre alte, weithin bekannte Traditionsgaststätte mit musealem Ambiente, u. a. einer reichen Sammlung

von Zinngeschirr, Porzellan, Schnitzereien; herzhafte Hausmannskost.
Belvedere, Belvedereallee 5, Tel. 02 41-16 01 62 81, tgl. 10–18 Uhr, Aussichtsrestaurant im gleichnamigen Drehturm auf dem 340 m hohen Lousberg mit grandioser Fernsicht, zu ebener Erde: Biergarten und Café.
Mediterraneo, im Komplex der Carolus Thermen, Tel. 02 41-18 27 46 12, Mo.–Sa. 12–23 Uhr, So. 11–23 Uhr, kulinarische Köstlichkeiten aus dem Mittelmeerraum mit Blick auf die große Badehalle.

Übernachten
Quellenhof *****, D-52062 Aachen, Monheimsallee 52, 185 Zimmer, Tel. 02 41-91 32 0, Fax 02 41-9 13 21 00, www.sofitel.com. Exklusives Urlaubs- und Tagungshotel direkt am Kurpark, historisches Ambiente, erstklassige Gastronomie, Royal Spa mit Hallen- und Dampfbad.

Das Bad
Carolus Thermen, moderne, großzügige Erlebnis-Badelandschaft mit zentraler, lichtdurchfluteter Halle, Sprudelbecken, Whirlpools, Dampf- und Wassergrotten, Außenbecken mit Liegewiese, baltische, japanische und orientalische Saunawelt, ganzjährig Sommerklima in der »Karawanserei«, Massagen, Solarien und Schlemmerwelt, Stadtgarten/Passstr. 79, geöffnet tgl. 9–23 Uhr, Tel. 02 41-1 82 74 0, www.carolus-thermen.de.

Informationen
Aachen Tourist Informationsbüro Elisenbrunnen, D-52062 Aachen, Friedrich-Wilhelm-Platz, Tel. 02 41-1 80 29 60, www.aachen.de.
Auskünfte über Kliniken, Kurgastprogramme und ambulante Behandlungsmöglichkeiten: Haus des Gastes, Kurverwaltung Bad Aachen, D-52066 Aachen, Burtscheider Markt, Tel. 02 41-6 08 80 57, www.bad-aachen.de.

So schön kann Zweckmäßigkeit sein

Bad Nauheim – Jugendstiljuwel im Schatten Darmstadts

In dem hessischen Kurort schufen vor hundert Jahren Künstler von der Mathildenhöhe ein ganz wunderbares, bis heute leider wenig bekanntes Gesamtkunstwerk.

Es gibt wohl nur ganz wenige Heilbäder auf der Welt, die so eindrücklich vor Augen führen, dass ein Kuraufenthalt über seine therapeutische und gesellschaftliche Funktion hinaus auch einen unvergesslichen ästhetischen Genuss vermitteln kann. Das nördlich von Frankfurt in der Wetterau zwischen Taunus und Vogelsberg gelegene Städtchen Bad Nauheim ist ohne Zweifel ein Prachtexemplar dieser Spezies. Es verdankt sein Erscheinungsbild Ernst Ludwig, dem Großherzog von Hessen und bei Rhein. Der hatte 1899 auf der Darmstädter Mathildenhöhe eine freie Künstlerkolonie ins Leben gerufen, deren Mitglieder unter Führung Joseph Maria Olbrichs nach der endgültigen Überwindung des Historismus ganz im Sinne der soeben begründeten Jugendstilbewegung nach Erneuerung der Kunst in allen ihren Ausprägungen strebten. Nach den wegweisenden Prinzipien dieses extravaganten Unternehmens initiierte der Landesherr wenig später ein weiteres »Gesamtkunstwerk«: Bad Nauheim war um 1900 zwar bereits ein Kurort von Weltrang, doch bedurfte seine badetouristische Infrastruktur dringend einer grundlegenden Modernisierung. Den Auftrag dazu erhielt der junge Architekt Wilhelm Jost. Ihm und seinen Künstlerkollegen, darunter der Bildhauer Heinrich Jobst, der Keramiker Jacob Julius Scharvogel und der Grafiker Friedrich Wilhelm Kleukens, gelang in den Jahren 1901 bis 1911 ein städtebaulicher Geniestreich – ein Ensemble von Jugendstilgebäuden, das, in den Kriegen weitgehend unversehrt und nunmehr sorgsam restauriert, in seiner Anmut in Deutschland seinesgleichen nicht hat und das Bad Nauheim die Mitgliedschaft im europäischen Netzwerk »Réseau Art Nouveau«, dem Jugenstilmetropolen wie Barcelona, Ljubljana, Glasgow, Riga oder Nancy angehören, eingebracht hat. Der architektonische Schatz umfasst ein Kurhaus, eine Trinkkurhalle, famose technische Bauten wie die Kessel- und die Turbinenhalle, eine Saline, Dampfwäscherei und Gärtnerei. Sein Herz- und Glanzstück freilich ist der Sprudelhof: Entlang einer Symmetrieachse sind um ein zentrales, von Arkaden gesäumtes Geviert, in

1 Bronzener Löwe im zentralen Geviert des Sprudelhofs. **2** Mosaike und Wanduhr im Badehaus 3. **3** Der byzantinisch anmutende Ausschankbrunnen im Zentrum der Trinkkurhalle. **4** Gesamtkunstwerk im Jugendstil: der Sprudelhof mit Thermalbrunnen.

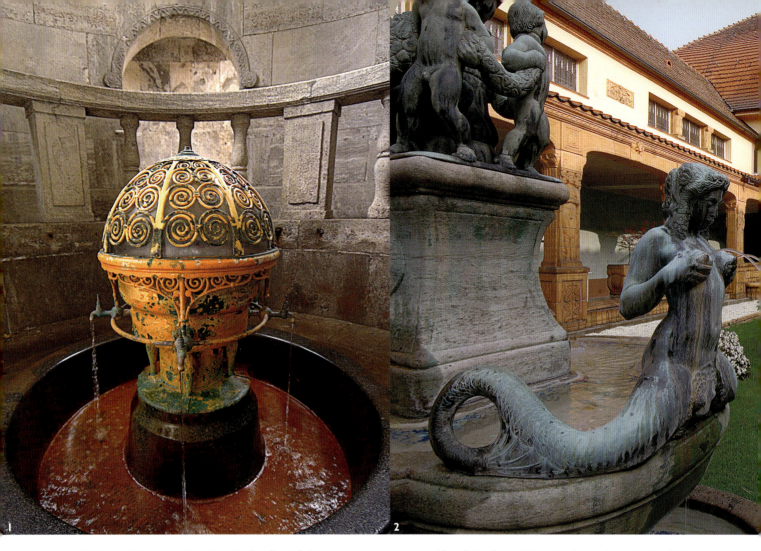

1

2

dessen Mitte drei Brunnen das zirka dreißig Grad Celsius warme Thermalsolewasser fassen, Badehäuser angeordnet. Jeder dieser insgesamt sechs Komplexe, von denen heute übrigens nur noch einer zum Kuren genutzt wird, folgt dem gleichen klosterähnlichen Grundschema: Ein reich dekorierter Wartesaal öffnet sich zu einem begrünten Innenhof. An dessen Längsseiten reihen sich die Badezellen. In ihrer Gesamtheit erinnert die breit ins Gelände geschmiegte Anlage an (neo)barocke Schlossarchitektur. Die bewegte Dachlandschaft hingegen mit ihren Uhrtürmen, Schornsteinen, Gauben und mehr noch die Dekorelemente an den Fassaden und Portalen tragen eindeutig die Handschrift des Jugendstils. Die Bezüge zum Wasser sind, sei es in den kolorierten Wellen der Friese, den Muschelornamenten oder den kleinen, Kohlesäurebläschen symbolisierenden Kreisen im Verputz und an den Balkongittern allgegenwärtig. Die aquatische Symbolik setzt sich in den äußerst geschmackvoll gestalteten Innenräumen fort: Allerorten erblickt man, aus Muschelkalk gehauen oder Keramik gebrannt, als Mosaike gelegt oder auf Glas gemalt, Meeresgetier und mythologische Figuren, Faune und Nymphen, Satyre, Putten und Nixen, dazu fantastische geometrische und floral Ornamente sowie Badewannen aus Moaholz und die für die Darmstädter Schule charakteristi-

schen weißen Schleiflackmöbel. Das Bestreben, die Qualität des Kunstgewerbes in lichte Höhen zu steigern, zeigt sich in jedem noch so kleinen Detail, jedem Fenstergitter und Türbeschlag, jeder Verkleidung eines Heizkörpers und Lüftungsschachts.

Spezielle Beachtung verdienen das runde, orientalisch anmutende Entree in Badehaus 3 und in Haus 7 der an einen italienischen Kreuzgang erinnernde Schmuckhof. Seine Bögen und Bänke, Sockel und Säulen sind vollständig mit honigfarbenen Terrakottareliefs bedeckt. Ein besonderer Augenschmaus ist außerdem das sogenannte Fürstenbad im Badehaus 2.

Wer das Glück hat, von Werner Euler, Bad Nauheims selbst ernanntem und weithin bekanntem Nachtwächter, durch die Stadt geführt zu werden, lernt viel über deren Entwicklung: vom traditionsreichen Standort der Salzgewinnung zum mondänen Kurbad. Anekdotenreich erzählt der stimmgewaltige Führer von der schon im Mittelalter bedeutsamen Salzsiederei, von der ältesten, 1835 eröffneten und längst verschwundenen Soolbad-Anstalt oder vom ersten Badearzt, Dr. Bode, der zwei Jahre später vor Ort die klassische Rheumatherapie begründete. Auch vom wundersamen Ausbruch des Großen Sprudels berichtet er, dessen Fontäne nach jahrelang erfolglosem Bohren kurz vor Weihnachten 1846 auf dem

1 Kurbrunnen in der Trinkkuranlage. 2 Laszive Wasserspiele im Terrakottahof, Badehaus 7. 3 Einer von drei Brunnen des Sprudelhofes. 4 Brunnen im Kurpark. 5 Wände aus Schwarzdornreisig im Inhalatorium des Gradierbaus Nr. 1.

Gelände des späteren Sprudelhofes urplötzlich aus dem Boden schoss. Und keine Stadtführung, bei der Euler nicht auch mit sonorer Bassstimme den klassischen Nachtwächterruf zum Besten gibt, der da lautet: »Liebe Leute lasst euch sagen, unsere Uhr hat neun geschlagen. Bewahrt das Feuer, bewahrt das Licht, damit unserer Stadt kein Unglück geschieht!« Parallel erzählt der groß gewachsene Mann, der allabendlich im historischen Kostüm seine Runde dreht,

den Gästen von jenem »Batzenbad« genannten Häuschen, unter dessen Dach im frühen 19. Jahrhundert ein geschäftstüchtiger Mann die allererste Wanne mit Sole füllte, auf dass sie den Salinenarbeitern für ein paar Kreuzer, die Batzen, ihre Gliederschmerzen, linderte. Das ehemalige Inhalatorium wird besichtigt, hinter dessen von Wilhelm Jost noch recht historistisch gestalteter Fachwerkfassade heute die Stadtbücherei beheimatet ist, und auch das 1864 im Stil der italienischen Neorenaissance errichtete und dann mehrmals umgestaltete Kurhaus. In dem war ursprünglich eine Spielbank untergebracht, deren Gewinne den zweihundert Hektar großen Kurpark, den Bau des heute als Theater genutzten Konzertsaals sowie ein 60-köpfiges Kurorchester finanzierten. Mehrmals kommt während des Rundgangs die Rede auch auf Elvis Presley: Immerhin hatte »The King of Rock 'n' Roll« von 1958 bis 1960 während er, bereits weltberühmt, im benachbarten Friedberg seinen Dienst bei der US-Army absolvierte, in Bad Nauheim gewohnt und der örtlichen Weiblichkeit kollektiv den Kopf verdreht.

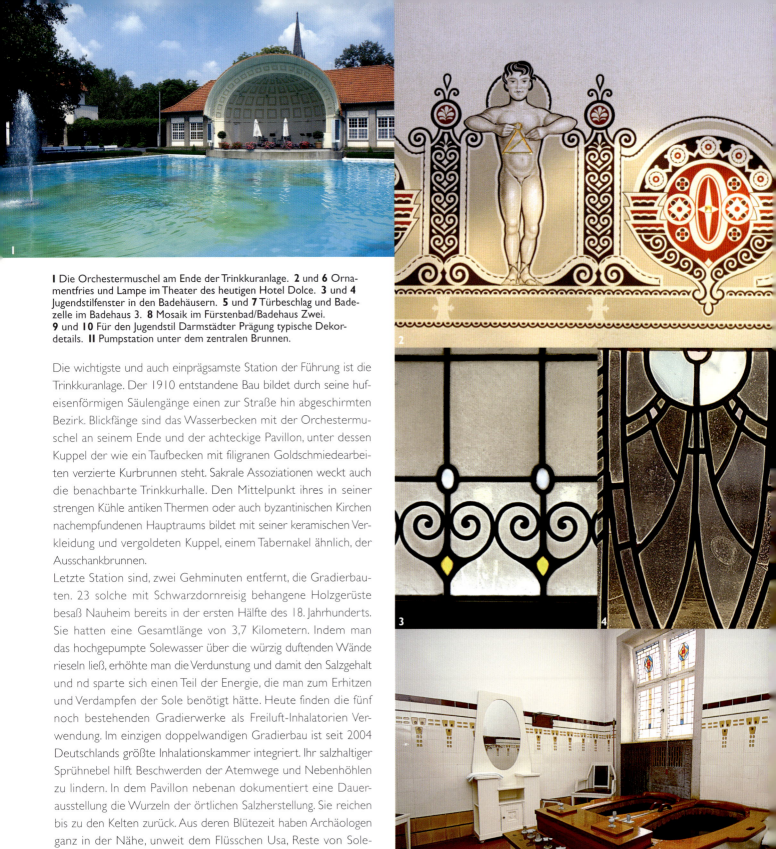

1 Die Orchestermuschel am Ende der Trinkkuranlage. **2** und **6** Ornamentfries und Lampe im Theater des heutigen Hotel Dolce. **3** und **4** Jugendstilfenster in den Badehäusern. **5** und **7** Türbeschlag und Badezelle im Badehaus 3. **8** Mosaik im Fürstenbad/Badehaus Zwei. **9** und **10** Für den Jugendstil Darmstädter Prägung typische Dekordetails. **11** Pumpstation unter dem zentralen Brunnen.

Die wichtigste und auch einprägsamste Station der Führung ist die Trinkkuranlage. Der 1910 entstandene Bau bildet durch seine hufeisenförmigen Säulengänge einen zur Straße hin abgeschirmten Bezirk. Blickfänge sind das Wasserbecken mit der Orchestermuschel an seinem Ende und der achteckige Pavillon, unter dessen Kuppel der wie ein Taufbecken mit filigranen Goldschmiedearbeiten verzierte Kurbrunnen steht. Sakrale Assoziationen weckt auch die benachbarte Trinkkurhalle. Den Mittelpunkt ihres in seiner strengen Kühle antiken Thermen oder auch byzantinischen Kirchen nachempfundenen Hauptraums bildet mit seiner keramischen Verkleidung und vergoldeten Kuppel, einem Tabernakel ähnlich, der Ausschankbrunnen.

Letzte Station sind, zwei Gehminuten entfernt, die Gradierbauten. 23 solche mit Schwarzdornreisig behangene Holzgerüste besaß Nauheim bereits in der ersten Hälfte des 18. Jahrhunderts. Sie hatten eine Gesamtlänge von 3,7 Kilometern. Indem man das hochgepumpte Solewasser über die würzig duftenden Wände rieseln ließ, erhöhte man die Verdunstung und damit den Salzgehalt und nd sparte sich einen Teil der Energie, die man zum Erhitzen und Verdampfen der Sole benötigt hätte. Heute finden die fünf noch bestehenden Gradierwerke als Freiluft-Inhalatorien Verwendung. Im einzigen doppelwandigen Gradierbau ist seit 2004 Deutschlands größte Inhalationskammer integriert. Ihr salzhaltiger Sprühnebel hilft Beschwerden der Atemwege und Nebenhöhlen zu lindern. In dem Pavillon nebenan dokumentiert eine Dauerausstellung die Wurzeln der örtlichen Salzherstellung. Sie reichen bis zu den Kelten zurück. Aus deren Blütezeit haben Archäologen ganz in der Nähe, unweit dem Flüsschen Usa, Reste von Solebecken, Metallwerkzeugen und Siedeöfen aus Lehm ans Licht gebracht – ein sechzig Hektar großes Industrieareal, auf dem die fernen Vorfahren der Nauheimer schon vor rund 2500 Jahren beträchtliche Mengen des »weißen Goldes« abbauten.

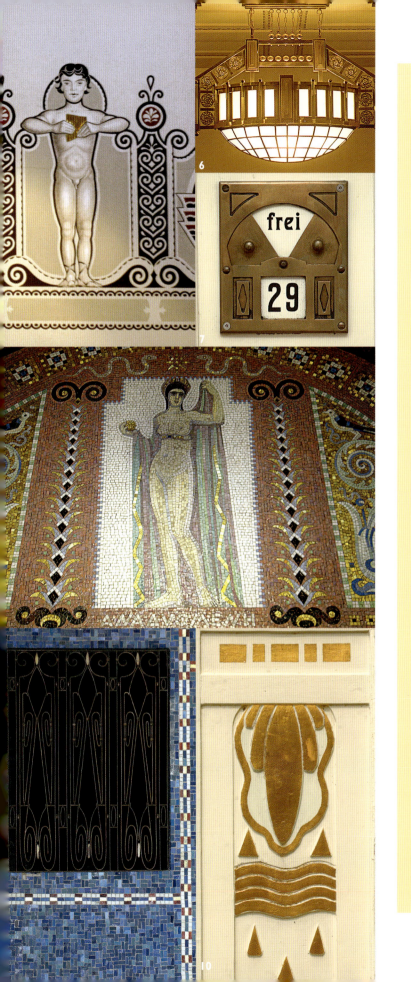

Bad Nauheim bei Frankfurt

Anreise
Von Frankfurt 28 km nordwärts per Bahn, mit dem Auto auf der A 5 Richtung Kassel.

Attraktionen
Bad Nauheim: Sprudelhof, Trinkkuranlage, Kurpark und -haus, technische Bauten im Jugendstil, Altstadt mit Fachwerkhäusern, u. a. am Marktplatz, in Wilhelm- und Reinhardstraße, Benekebrunnen, Kelten-Pavillon »Zur keltischen Saline«, Rosenmuseum im Stadtteil Steinfurth. Breites Angebot an geführten Rundgängen wie »Jugendstil-Badeanlage Sprudelhof«, »Sole & Salz«, »Auf den Spuren von Elvis«. Elvis-Festival Mitte Aug., Jugendstilfestival jew. Sept., Hessische Landesgartenschau 2010.
Umgebung: Johannisberg mit Volkssternwarte, Taunus mit Wintersteinturm, Friedberg mit Wetterau-Museum und Renaissanceschloss, Butzbach, Schloss Büdingen, Hessenpark, Saalburg mit Limes, Gießen, Wetzlar.
Spezialtipp: Nachtwächterrundgang mit Werner Euler, jeden Dienstagabend, Tel. 0 60 32-92 99 20.

Essen und Trinken
Zur Krone, Burgstr. 9, Tel. 0 60 32-93 53 06, Di., Mi. Ruhetag, Mo. bis Sa. nur abends, ältestes Gasthaus der Stadt, Fachwerkbau von 1661, gediegene Hausmannskost.
Deutsches Haus, Hauptstr. 56, Tel. 0 60 32-29 02, Mittwoch Ruhetag, rustikaler Traditionsgasthof, Spezialitäten: Handkäse mit Musik, Schweinsrippchen mit Kraut, Äppelwoi selbst gekeltert.

Übernachten
Hotel Dolce ****, D-61231 Bad Nauheim, Elvis-Presley-Platz 1, 159 Zimmer, Tel. 0 60 32-30 30, Fax 0 60 32-30 34 19, www.badnauheim. dolce.com. Freiterrasse mit Blick in den Kurpark, 1000 qm Wellnessbereich mit großem Hallenbad, zugehörig: Jugendstil-Theater, Tagungszentrum.

Das Bad
Therme am Park, Außen- und Innenbecken mit 27 bzw. 31 und 36 Grad Celsius, Saunabereich, Mo.–Do. 8–22 Uhr, Fr. bis 23 Uhr, Sa. bis 20 Uhr, So. und Feiertag. bis 18 Uhr, Ludwigstr. 40, Tel. 0 60 32-9 25 91 0. Kohlesäure- und eisenreiche Thermalsolequellen, speziell wirksam bei Herz-Kreislauf-, Gefäß-, Gicht- und Rheumaleiden. Inhalationen, Bewegungstherapien, Massagen, Kneipp-Anwendungen. Wannenbäder, Trinkkuren usw.. im Sprudelhof, in der Trinkkur- und Gradierbauanlage mit Inhalatorium sowie in rund 15 Fachkliniken.

Informationen
Stadtmarketing & Tourismus GmbH, D-61231 Bad Nauheim, In den Kolonnaden 1, Tel. 0 60 32-92 99 20, www.bad-nauheim.de.

Hochgenuss für alle Sinne

Bad Kissingen – Kuren und Kunst vom Feinsten

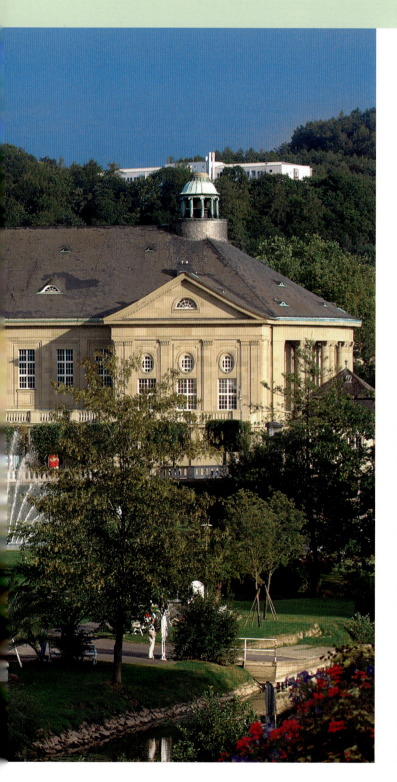

Das bayrische Staatsbad an der Fränkischen Saale besticht durch sein aristokratisches Ambiente. Zu den Vorzügen zählt neben den heilkräftigen Quellen, den historischen Kurbauten und der modernen KissSalis Therme ein Kulturprogramm auf hohem Niveau.

Was haben Cecilia Bartoli und Roberto Villazón, Gidon Kremer, Lorin Maazel, András Schiff und Jewgenij Kissin gemein? All diese und viele Weltstars mehr, die das Jahr über ihr Publikum zwischen Wien und Berlin, Paris, Tokio und New York begeistern, pflegen sich Ende Juni, Anfang Juli in einem beschaulichen Städtchen in Unterfranken, am Südrand der Rhön, ein Stelldichein zu geben. Der »Kissinger Sommer«, so der Name der prominent besetzten Musikwochen, macht den bayrischen Kurort seit seiner Gründung im Jahr 1986 zu einem Fixstern am internationalen Festivalhimmel. Und er zeigt, wie gekonnt und konsequent die knapp 22 000 Seelen zählende Gemeinde an der Fränkischen Saale das Image eines Horts der Gesundheit mit dem eines Horts der Hochkultur zu verknüpfen weiß.

Wesentlich zu verdanken hat Bad Kissingen seine Anziehungskraft auf Musikliebhaber dem Architekten Max Littmann. Der für seine Theater- und Kurbauten sowie das Hofbräuhaus berühmte Münchner schuf hier kurz vor dem Ersten Weltkrieg mit dem Regentenbau nicht nur das großartigste Gebäude der Stadt, sondern einen Konzertsaal der Superlative, dessen Akustik deutschlandweit bis heute ihresgleichen sucht. Ganz ohne Metallschrauben und Nägel gebaut, ist der 36 Meter lange und 16 Meter hohe Raum ausschließlich mit Holz ausgestattet. Bei Bedarf, großen Festen zum Beispiel wie dem alljährlichen Rosenball, kann man die Wände aus rötlich-warmem Kirschholz beiderseits mittels Falttüren öffnen. Dann bildet der Große Saal mit dem angrenzenden, in Jugendstil gehaltenen Grünen Saal, dem rokokohaften Weißen Saal und dem Schmuckhof ein Raumgefüge, dessen Anmut Besucher in Feststimmung versetzt, noch bevor der erste Ton erklungen ist. Die Eleganz findet draußen im Kurgarten ihre Entsprechung: Auf seinen schattigen Alleen, zu Füßen des in Stein gemeißelten Bayernkönigs Ludwig I. (1786–1868), der als früher Bauherr die ganze Pracht maßgeblich prägte, lässt sich zwischen Bassins und Blumenbeeten

1 Historische Kostüme feiern jeden Juli beim Rakoczy-Fest fröhliche Urständ. **2** Gitterdekor im Weißen Saal des Regentenbaus. **3** Damenkränzchen im Café am Arkadenbau. **4** Der Kurgarten, im Hintergrund der Regentenbau.

1 Residence von Dapper – qualitätvolles Traditionsquartier in der Kurzone. 2 Trinkhalle mit Rakoczy- und Pandurquelle. 3 Kühne Lichteffekte in der Badelandschaft der KissSalis Therme. 4 Hochbetrieb im Café am Arkadenbau. 5 Am Abend wird zum Tanz aufgespielt.

wunderschön flanieren. Hier spielt auf Deutschlands ältester Drehbühne im Sommer bis zu dreimal täglich das ortseigene Kurorchester. Gesäumt wird das herrschaftliche Grün von einem zweihundert Meter langen Arkadenbau, einer Schöpfung Friedrich von Gärtners aus den 1830er-Jahren, die den – nach Prinzregent Luitpold benannten – Regentenbau mit der Brunnen- und Wandelhalle verbindet. Womit wir uns gemessenen, aber entschlossenen Schrittes jenem Bereich nähern, dem Bad Kissingen weit mehr noch als den Kunstfestivals seine Berühmtheit verdankt, dem Kurwesen nämlich. Urkundlich erstmals erwähnt wurde Kissingen – damals Chizzicha genannt – bereits im Jahr 801. Schon gut zwanzig Jahre später waren nachweislich die örtlichen Heilquellen bekannt. Freilich sollten noch siebenhundert Jahre vergehen, bis in den Stadtannalen der erste Kurgast namentlich verzeichnet wurde (1520). Der dürfte wohl bereits jenes leicht säuerlich schmeckende Wasser getrunken haben, das vis-à-vis dem Steigenberger Hotel bis heute, für jedermann zugänglich, aus der traditionellen Hausquelle, dem Maxbrun-

nen, sprudelt. 1737 förderte Meister Zufall die Entwicklung der Kurstadt nachhaltig: Johann Balthasar Neumann, der berühmte Baumeister und Schöpfer der Würzburger Residenz, hatte den Auftrag für ein königliches Kurhaus samt Anlage eines neuen Parks erhalten und sollte die Saale ein Stück westwärts umlenken lassen, als man im alten Flussbett eine Quelle wiederentdeckte. Der Apotheker Georg Boxberger wies die ungewöhnliche Heilkraft ihres Wassers nach. Mit kecker Ironie taufte man sie auf den Namen Rákóczy. Der ungarische Fürst hatte kurz davor gegen die Übermacht des Kaisers in Wien rebelliert und im Habsburgerreich für massive Unruhe gesorgt. Ähnliche Turbulenzen verursachte das Wasser der neuen Quelle bei Übergenuss im Gedärm. Des aufrührerischen Namenspatrons wird übrigens alljährlich auch mit dem Rákócz-Fest gedacht. Dann erfasst südländisches Temperament die sonst so bedachtsame Stadt, die sich mit Feuerwerken, Festessen, historischen Kostümen, viel Musik und einem opulenten Ball selbst feiert.

Zum mondänen Weltbad avancierte Kissingen ab dem frühen 19. Jahrhundert dank dem Engagement der Wittelsbacher. Nun gaben sich gekrönte Häupter, allen voran Kaiser Franz Josef mit seiner Elisabeth aus Wien und Zar Alexander II. von Russland mit Gemahlin

Marie, an der Saale die Ehre. Auch prominente Künstler wie Theodor Fontane, Leo Tolstoi, Gioachino Rossini, der Maler Adolph von Menzel oder später Richard Strauss und George Bernard Shaw genossen die elegante Atmosphäre. Und Reichskanzler Otto von Bismarck kam gleich während 16 Saisonen in Serie, um sich vom Stress des Politikgeschäfts zu erholen. Seine damaligen Wohnräume in der Oberen Saline wurden 1998 anlässlich seines 100. Todestages als Museum öffentlich zugänglich gemacht.

Selbst die Tatsache, dass 1866, während des Deutschen Krieges, vor ihren Toren preußische und bayrische Truppen eine opferreiche Schlacht schlugen, bremste den Höhenflug der Stadt keineswegs. 1883 erhob König Ludwig II. sie zum »Bad«. Ab 1904 erfolgte der großzügige Ausbau der Kuranlagen. Neben Regentenbau und Theater, Jugendstilvillen und luxuriösen Hotels wie etwa dem heute als Rehaklinik genutzten »Victoria« entstand – ebenfalls nach Plänen Max Littmanns – die schon erwähnte Brunnen- und Wandelhalle. Sie gilt mit ihrer Länge von neunzig Metern und einer Fläche von mehr als 3200 Quadratmetern als größter Bau ihrer Art auf dem Kontinent und imponiert nicht nur durch ihre Dimension, sondern auch durch die Ausstattung. Zwei Hauptquellen, Rákóczy und Pandur, sind unter ihrem Dach gefasst. Hinzu

kommen die Wässer des Luitpoldsprudel, des Maxbrunnen und das Bitterwasser. Das bekömmliche Nass wird in ein golden schimmerndes Röhrenwerk aus Messing gepumpt und zu den Brunnenzeiten, frühmorgens und spätnachmittags, ausgeschenkt. Es hilft vorrangig bei Erkrankungen von Magen, Darm, Galle und Leber, bei Verstopfungen, Durchfall und Entzündungen und soll bevorzugt auf nüchternen Magen getrunken werden. An den Zapfstellen füllen die Brunnenfrauen die Gläser. Ein Schild verkündet: »Gerne verkaufen beziehungsweise verleihen, reinigen und verwahren wir ihr Brunnenglas.« Die Preise sind je nach Qualität und Mietdauer gestaffelt.

Nur zwei, drei Gehminuten sind es von hier zu einem weiteren Littmann'schen Juwel: Sein 1927 eröffnetes Kurhausbad galt seinerzeit, was technische Ausstattung und Ästhetik betraf, europaweit als »state of the art«. Zum Glück hat der neoklassizistische Bau mit all seinen herrlichen Dekordetails die Zeitläufte unbeschadet überstanden. Wer in Vorfreude auf ein Sole- oder Sprudel-, Moor- oder Wannenbad, auf eine Massage oder das Römisch-Irische Dampfbad hierherkommt, darf sich zusätzlich zum behandlungsbedingten Wonnegefühl auf einen Augenschmaus der Sonderklasse freuen: Im Foyer warten Wände, verkleidet mit Terrakottareliefs und Nym-

phenburger Porzellan, im Treppenhaus bleiverglaste Jugendstilfenster, im Saunabereich Schmuckkacheln von Villeroy & Boch, und
zwar alles original aus den 1920er Jahren.

Vom Kurhausbad gelangt man mit wenigen Schritten in die Altstadt
– auf den Markt- und Rathausplatz – mit ihrer seit nahezu siebenhundert Jahren von Feuern, Heeren und Bomben weitgehend
unversehrt gebliebenen und dementsprechend malerischen Bausubstanz. In südöstlicher Richtung führt der Spazierweg zurück
durch den Kurgarten und auf dem Arkadensteg über die Saale zum
stattlichsten aller Kurgebäude aus der Gründerzeit: Das ehemalige
Luitpoldbad war mit seinen 430 Meter langen Flügeln, die Aber-
hunderte Kabinen, prunkvolle Fürstenbäder und Ruheräume bar-
gen, seinerzeit Europas größtes Bad. Seit den späten 1960ern rollt
unter seinem Dach die Roulettekugel und klickern die Automaten
der Spielbank. Das Bewegungsbad in seinem Hof, ein in jenen Jahren errichteter gläserner Klotz, harrt seit geraumer Zeit verwaist
einer neuen Nutzung.

1 Die festlich illuminierte Fassade des Spielkasinos. 2 Kurkonzert im
Rahmen des Rákóczy-Festes. Die Orchesterbühne lässt sich bei Schlecht-
wetter um 180 Grad nach innen drehen. 3 Gemütlicher Nachmittag
bei Eis oder Kuchen im Außenbereich des Cafés am Arkadenbau.
4 Treppenhäuser im Hotel Victoria ... 5 ... und im Kurhaus-Bad.

Seit etlichen Jahren darf sich Bad Kissingen des Titels »Deutschlands bekanntester Kurort« rühmen. 2006 hat es zudem eine Goldmedaille im europaweiten Wettbewerb »Entente Florale – Eine Stadt blüht auf« eingeheimst. Weshalb, wird beim Promenieren offensichtlich. Da erweisen sich der Rosengarten und mehr noch der zwölf Hektar große Luitpoldpark als makellos gepflegte Grünoasen. Der kurze Aufstieg zum Altenberg, den anno dazumal schon Kaiserin Sisi so sehr liebte, der Spaziergang den Fluss entlang zum Gradierbau und den Salinen oder die Wanderung durch das Kaskadental hinaus zum Wildpark Klaushof bieten eine die Sinne labende Ergänzung zum Kurprogramm.

Einen beeindruckenden Kontrapunkt zum aristokratischen Ambiente der zentralen Kurzone setzt draußen am Stadtrand die 2004 eröffnete KissSalis Therme – ein kühn gestalteter, herrlich lichtdurchfluteter Bau, der, mit Solewasser gespeist, alle nur erdenklichen Möglichkeiten der Balneotherapien und Wellnessanwendungen bereithält.

Bad Kissingen

Anreise
Auto: A7 Würzburg–Kassel bis Ausfahrt Hammelburg, dann ca. 15 km B 287.
Bahn: mit ICE via Würzburg bzw. Fulda, mit Regionalzug via Schweinfurt oder Erfurt.

Attraktionen
Bad Kissingen: Altstadt, Kurzone mit Regenten- und Arkadenbau, Brunnen- und Wandelhalle, Kurhaus- und Luitpoldbad/Spielbank, Gradierbau, Bismarck-Museum und -turm.
Umland: Schloss Aschach mit Museen, Kirche Frauenroth, Weinstadt Hammelburg, Kloster Kreuzberg, Münnerstadt mit Riemenschneider-Altar, Fulda, Würzburg.
Veranstaltungen: Rosenball (Juni), Rákóczy- (Juli) bzw. Salinenfest (Ende Aug.), Musikfestival »Kissinger Sommer«, Theatertage, Klavierolympiade, Kabarettherbst, ganzjährig Konzerte des Kurorchesters, Kurtheater.

Aktivurlaub
Luitpoldpark mit Kneipp-Landschaft, Klanggarten und Labyrinth, 18-Loch-Golfplatz, 110 km markierte Spazier- und Wanderwege im Nahbereich, Radfahren, Sportschwimmen im Terrassen-Freibad, Ausflugsfahrten mit dem »Kurbähnle« und auf der Saale mit dem »Dampferle«, Angeln und Kanufahren auf der Saale, Segelfliegen in der Rhön.
Weitere Kurorte im »Bäderland Bayerische Rhön«: Bad Bocklet, Bad Brückenau, Bad Königshofen und Bad Neustadt.

Essen und Trinken
Restaurant in Laudensacks Parkhotel, Kurhausstr. 28, Tel. 09 71-7 22 40, kein Ruhetag, der wohl feinste Gourmettempel der Region, für nur acht Tische zelebriert Hermann Laudensack kulinarische Hochämter.
Beachtenswert: das Programm der ganzjährigen Veranstaltungsreihe »Bad Kissinger Genuss-Welten«.

Übernachten
Residence von Dapper ****, D-97688 Bad Kissingen, Menzelstr. 21, 27 Suiten und Appartements, Tel. 09 71-7 85 48 0, Fax 09 71-7 85 48-150, www.residence-dapper.de. Prachtvolle Jugendstilarchitektur, zentrale Lage, modernster Komfort, Beautylandschaft, ärztlich betreute Bade- und Massageabt.

Kuren und Baden
Brunnen- und Wandelhalle, Kurgarten/Arkadenbau, Trinkkur mit dem Wasser der Heilbrunnen Rákóczy, Pandur, Max und Luitpoldsprudel sowie Bitterwasser, zugänglich werktags 7–9 Uhr und 16–18 Uhr, So., Feiertag nur 7–9 Uhr.
KissSalis Therme, Heiligenfelder Allee 16, Tel. 09 71-82 66 00, geöffnet Sa.–Do. 9–22 Uhr, Fr. bis 24 Uhr, www.kisssalis.de, hochmoderne Thermenlandschaft mit 1000 qm Wasserfläche, zwei große Innen- und Außen- sowie ein Intensivsolebecken, Heiß- und Kaltwassergrotte, Soleinhalation, Therapie- und Gymnastikbecken, Moorraum, Dampfbad, weiträumiger Sauna-Park, Fitness-Arena, Wellness-Pavillon mit »Sonneninsel« usw., Shuttle- oder Stadtbus vom Stadtzentrum.
Kurhausbad, Prinzregentenstr. 6, architektonisches Juwel, Sole- und Sprudelbäder, Moor- und Hydrotherapien, Massagen, Kosmetikbehandlungen usw.

Informationen
Kur- und Touristinformation, D-97688 Bad Kissingen, Am Kurgarten 1 bzw. im Alten Rathaus, Marktplatz 12, Tel. 09 71-80 4-0 und. -2 10, Fax 09 71-80 48-2 59 und -2 39, kostenlose Info-Hotline: Tel. 08 00-9 76 88 00, www.badkissingen.de.

Badespaß auf Oberbayrisch
In Bad Tölz kombiniert man erfolgreich Kuren und Fun

*Knabenchor und Leonhardifahrt, Schützenmarsch und
»Bulle von Tölz« – die Assoziationen sind mannigfach.
Am berühmtesten aber ist das malerische Isarstädtchen für
die Heilkraft seiner Moore, Jodwässer und Luft.*

Warum nicht zur Abwechslung einmal ganz unbeschaulich beginnen? Mit einer Rutschpartie, die Herz und Hirn mit Adrenalin überflutet. Rauf auf das Speedboard oder den Bob, und ab geht`s hinein ins Höllenmaul eines pinkfarbenen Kraken und mit Highspeed hinab durch steile, finstre Röhren und Canyons, vorbei an Blitz und Donner, über Wasserfälle und Strudel bis zur Landung im Auffangbecken. Danach schwingt man sich aufs Funboard, um in Deutschlands erster Indoor-Surfanlage eine gute Figur zu machen (oder es zumindest zu probieren). Auch ein Brandungsbecken mit meterhohen Wellen und gepolstertem Strand sorgt für Kurzweil. Doch natürlich wartet im Spaß- und Freizeitbad Alpamare für betulichere Baderatten auch eine Wellnesslandschaft mit Dampf-bad, Saunen und Solarien, mit einem Hallenbad, von dessen Decke warmer Tropenregen fällt, und mit mehreren Außenbecken, in deren 34 Grad Celsius warmen Heilwasser Bodensprudler und Massagedüsen Muskeln und Seele entspannen.

Dass in der altehrwürdigen Kurzone von Bad Tölz einmal solch jugendliche Ausgelassenheit Einzug halten würde, hätte sich Raphael Herder wohl nicht träumen lassen. Dieser geschäftstüch-tige Mann war es, der 1860, nur 15 Jahre, nachdem ein Knecht am Sauersberg oben das heilende Nass überhaupt entdeckt hatte, bereits die bis heute bestehende Jodquellen Aktiengesellschaft gründete und drüben, im alten Ortskern, eine erste Badeanstalt eröffnete. Wenig später, inzwischen waren zwei weitere Quellen gefunden, entstanden westlich der Isar, auf grüner Wiese, die ersten Gästequartiere, ein Kursaal und eine hölzerne Wandelbahn. Kran-kenheil, so taufte man den neuen Ortsteil, mauserte sich binnen Kurzem zu einem eleganten Villenbezirk und der Markt Tölz zum international bekannten Kurort, dem 1899 offiziell der Titel »Bad« und 1906 auch das Stadtrecht zuerkannt wurden.

Jod, Heilschlamm und ein speziell anregendes Bioklima – diese drei Kurmittel bilden bis heute die in dieser Kombination einzigartigen

1 Rauf auf den Gummireifen und ab durch die Mitte! **2** Die Statue der Gesundheitsgöttin Hygieia in der Rotunde der Trinkhalle. **3** Das »Haus des Gastes«, ein Informationszentrum für und über die Förderung von Gesundheit und Kreativität. **4** Der Außenbereich des Alpamare.

1 Die Marktstraße in der Bad Tölzer Altstadt – wegen ihrer Prachtfassaden auch »Festsaal des Oberlandes« genannt. 2 Das Kurhaus, errichtet 1914 nach Plänen Gabriel von Seidls. 3 Indoor-Surfanlage im Spaß- und Freizeitbad Alpamare.

Trümpfe von Bad Tölz. Ersteres findet bei Trink- und Badekuren, für Augenbehandlungen, als Inhalation und in Form von Abreibungen mit Jodseife Verwendung. Der aus dem nahen Königsdorfer Moor gestochene Torf wird mit Tölzer Wasser vermischt und vorwiegend bei Erkrankungen des Bewegungsapparats als Packung aufgetragen oder als Bad aufbereitet. Die klimabedingten Reize schließlich, werbewirksam gerne als »Champagnerluft« gepriesen und hervorgerufen durch die Höhenlage direkt am Alpenrand sowie das häufige Wechselspiel zwischen kaltfeuchten Westwinden und mediterranen Warmluftwellen, locken den Organismus auf gesunde Weise aus der Reserve.

Rein äußerlich hat sich im »Badeteil«, wie die Kurzone heute heißt, seit seiner frühen Blüte gar nicht so viel verändert: Im Kurpark und Franziskanergarten verströmen im Frühsommer immer noch massenweise Rosen und Rhododendren ihre balsamischen Düfte. Als Platzhirsch der örtlichen Kurhotellerie agiert weiterhin, wie in der Pionierzeit, aber inzwischen natürlich auf zeitgemäßen Vier-Sterne-plus-Komfort getrimmt, der »Jodquellenhof«. Im prachtvollen Festsaal des 1914 eröffneten Kurhauses – und bei Schönwetter im Pavillon neben der Terrasse – spielt nach wie vor fast täglich das Salonorchester zum Tanz auf und regelmäßig auch die heimliche Hymne, Anton Krettners »Tölzer Schützenmarsch«. Gelegentlich lässt sogar, wenn er nicht gerade in Wien, Bayreuth, New York oder Japan weilt, der weltberühmte Tölzer Knabenchor vor Ort seine glockenhellen Stimmen erklingen.

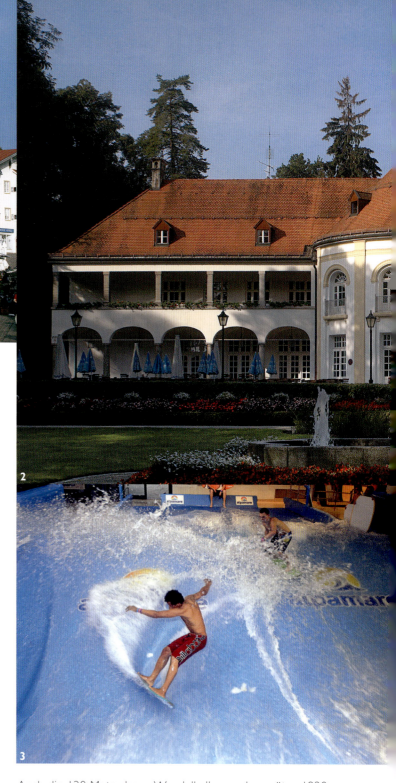

Auch die 120 Meter lange Wandelhalle aus den späten 1920er Jahren ist mitsamt ihrer seinerzeit von Josef Hillerbrand so luftig-elegant gestalteten Inneneinrichtung erhalten geblieben. Flaneure mit einem Glas Jodwasser in der Hand verirren sich freilich kaum mehr hinein. Stattdessen werden in dem lichten Raum neuerdings Ausstellungen für zeitgenössische Kunst abgehalten. In der vorgela-

gerten Rotunde, der Trinkhalle, lädt zu Füßen der Brunnenfigur der Hygieia mit ihren zwei wasserspeienden Schlangen ein Café zur Rast ein. Und auch im Haus des Gastes nebenan weht der Geist der neuen Zeit: Dort bietet man vornehmlich gesundheitsbewussten »Selbstzahlern« dem modernen Kurtrend entsprechend Unterstützung bei Fitness und Prävention. Es ist offensichtlich: Die 1970 mit der Eröffnung von Europas erstem Erlebnisbad, dem Alpamare, eingeleitete Verjüngungskur von Bad Tölz trägt Früchte.

Was allerdings wäre eine Würdigung des »Heilklimatischen Kurortes« ohne Besuch seines historischen Zentrums östlich der Isar? Schon der Blick von der Brücke über dem Fluss eröffnet ein Landschaftspanorama, wie es die TV-Regie für den »Bullen von Tölz« nicht bayrisch-idyllischer hätte inszenieren können: das alte Flößerviertel Gries und das Marienstift, im Süden die Gipfel des Karwendel und vis-à-vis der Kalvarienberg mit der Kreuzkirche. Und erst die Marktstraße! Dieser heiter stimmende, von Fassaden voller Stuck, Sinnsprüchen und barock-bunter Lüftlmalerei gesäumte »Festsaal des Oberlandes« führt zurück in jene Zeit, als die Tölzer ihren Lebensunterhalt nicht mit der Verabreichung von Heilschlamm und Jod, sondern vorwiegend mit Flößerei und Salzhandel, mit dem Brauen von Bier und dem Zimmern von blumig verzierten Bauernschränken verdienten.

Bad Tölz

Anreise
Auto: A 8 Ausfahrt Holzkirchen, 50 km südlich von München, 105 km westlich von Salzburg, von der Ausfahrt 27 km; A 95 München–Garmisch, Ausfahrt Sindelsdorf.
Bahn: durchgehende Züge von München.

Attraktionen
Bad Tölz: Altstadt mit Markstraße und Gries-Viertel, Tölzer Stadtmuseum, Marionettentheater, Kalvarienberg; im Badeteil: Kurhaus und -park, Wandelhalle, Rosenpark und Franziskanergarten; Leonhardifahrt am 6. Nov., Rosentage zu Pfingsten, Christkindlmarkt, Konzerte sowie Eislaufen und -hockey in der Hacker-Pschorr-Arena.
Umgebung: Greifvogelschau im Falkenhof Jaudenhang, Käserei auf der Stie-Alm, Tiermuseum Lenggries, Kloster Benediktbeuern, Franz-Marc-Museum in Kochel am See, Tegernsee mit Museum des Simplicissimus-Zeichners Olaf Gulbransson, Rottach-Egern.
Spezialtipp: Führungen »Auf den Spuren des Bullen von Tölz«, Info im Tourismusbüro.

Aktivurlaub
Wandern, etwa entlang dem Geokulturpfad auf den Blomberg oder an der Isar nach Lenggries (jeeils. 1,5–2 Std.), Blomberg-Sommer- und Winterrodelbahn, Wander- und Skigebiete auf dem Blomberg, Herzogstand und Brauneck, Floßfahrten, Isar- und Bodensee-Königssee-Radweg.

Essen und Trinken
ViCulinaris, Fröhlichgasse 5, Tel. 0 80 41-7 92 88 91, www.viculinaris.de, Sonntag, Montag Ruhetag, gehobene Tafeln im Restaurant des Jugendstilhotels Kolbergarten. Freitag- und Samstagabend Candle-Light-Dinner im Wintergarten.
Café Trinkhalle, Ludwigstr. 14/Eingang zur Wandelhalle, Montag Ruhetag.

Übernachten
Jodquellenhof ****, D-83646 Bad Tölz, Ludwigstr. 13–15, 71 Zimmer, Tel. 0 80 41-5 09 0, Fax 0 80 41-50 85 55, www.jodquellenhof.com. Gediegenes Traditionshaus mit sehr gutem Restaurant, großem Garten und Direktzugang zum Erlebnisbad Alpamare, Beauty- und Wohlfühloase in der Dependance Villa Fiori mit Thalasso, Ayurveda u. v. m.

Das Bad
Alpamare: sieben Wasserrutschen mit ingesamt 1000 m Länge, Indoor-Surfanlage, Wellnesslandschaft mit 2100 qm Wasserfläche, Sauna, Solarien, Aromadampfbad, Jod-Inhalatorium, Soletherme, Thermalfrei-, Hallen- und Brandungswellenbad, geöffnet tgl. 9–22 Uhr, Tel. 0 80 41-50 99 99, www.alpamare.de.

Informationen
Tourist-Info, D-83646 Bad Tölz, Max-Höfler-Platz 1, Tel. 0 80 41-78 67 0, www.bad-toelz.de.

1

2

3

4

Heilkräftiges Salz, Gott erhalt's

Bad Reichenhall – »alpine Wellness« aus den Tiefen der Berge

Sole, Moor und Latschenkiefer – der berühmte Kurort im Berchtesgadener Land verwöhnt Gäste seit je mit naturnahen, stark wirksamen Heilmitteln. Als Ergänzung gibt es neuerdings vielfältiges Badevergnügen im Spa & Fitness Resort Rupertus Therme.

Dem Natriumchlorid oder Speisesalz – dieser für uns Menschen lebensnotwendigen Substanz – verdankt Bad Reichenhall praktisch zur Gänze seine Karriere: Ansehen und Wohlstand seit dem frühen Mittelalter, den Aufstieg zum »Bayrischen Staatsbad« von Weltruf sowie den heutigen Status als Süddeutschlands bedeutendste Salinenstadt. Ohne die Unmengen an »weißem Gold«, das sich vor zwanzig Millionen Jahren als Rückstand des Urmeeres in dieser Bucht zwischen Hochstaufen und Predigtstuhl abgelagert hat und nun, in 450 Meter Tiefe erneut in Wasser gelöst, über insgesamt 48 Quellen zutage tritt, befände sich hier vermutlich bloß ein Dorf. Und mit Sicherheit hieße es anders.

Reich an Hall, dem Salz, war der 450 Meter über Meeresniveau gelegene Ort an der Saalach seit Menschengedenken. Wahrscheinlich machten sich hier schon die Kelten und ganz gewiss die Römer und Bajuwaren den natürlichen Schatz zunutze. Doch erst der heilige Rupert, Salzburgs erster Bischof, dem die Nachwelt nicht ohne Grund als Attribut ein Salzfass zugeordnet hat, ließ um 700 die Salinen systematisch ausbauen.

Lange Zeit genoss Reichenhall im weiten Umkreis ein Salzmonopol (und war zwischen Kirche und Krone, Bischöfen und Bayernherzögen dementsprechend heftig umstritten). Doch im 13. Jahrhundert erwuchs ihm in den Bergwerken und Siedereien von Berchtesgaden und Hallein gewichtige Konkurrenz. Modernisierung tat not. Ergo schuf man kurz vor 1500 einen 15 Meter tiefen, marmornen Brunnenschacht samt Paternoster-Schöpfwerk und Brunnenhaus. Damals konstruierte man auch jenen Grabenbachstollen, der bis heute, an die zwei Kilometer lang und elf Meter tief, das unmittelbar neben der Sole entspringende Süßwasser ableitet.

Nachdem 1834 eine Feuersbrunst sämtliche Betriebsgebäude eingeäschert hatte, entstand auf Geheiß König Ludwig I. und nach Plänen seines Lieblingsarchitekten, Friedrich von Gärtner, die Alte Saline. Der um drei Höfe gruppierte Backsteinkomplex gilt heute

1 Das Steigenberger Axelmannstein, Bad Reichenhalls Traditionshotel schlechthin. **2** Flaneure beim entspannenden Sonnenbad im Kurpark. **3** Wannenbad in der Kosmetikabteilung der Rupertus Therme. **4** Brunnen vor dem Gradierwerk im Kurpark.

1 und **2** Die Alte Saline von außen und im Inneren, wo man ein Salzmuseum eingerichtet hat. Im Bild: der Maschinenraum. **3** Außenbecken der Rupertus Therme. **4** Café Confiserie Reber.

als ein hochkarätiges Industriedenkmal des 19. Jahrhunderts. Er beherbergt eine renommierte Künstlerakademie, eine gern für Hochzeiten genutzte Kapelle, Lokale, Läden, Veranstaltungsräume und das Salzmuseum. Dessen Besucher erfahren anhand von Modellen, Filmen und Dioramen vielerlei über die Gewinnung des »weißen Goldes«. Sie können in die historischen Schächte und Stollen zu den vor 150 Jahren hochmodernen Gestängen und Pumpwerken hinabsteigen. Und sie können in der Maschinenhalle die beiden 13 Meter hohen Wasserräder bestaunen. Begleitet von hellen Glockenschlägen fördern die jene 26-prozentige Sole, die hier, zu Füßen der Burg Gruttenstein, seit alters aus den Tiefen des Lattengebirges quillt.

Mit dem Salzbergbau untrennbar verbunden ist Reichenhalls Kurwesen. Sein Beginn ist exakt datierbar: Am 15. Mai 1846 quartierte sich der erste Kurgast in der Sole- und Molkenkuranstalt Achsel-mannstein ein. Bereits drei Jahre später weilte in dem heute von Steigenberger als nobles Hotel geführten Haus für fünf Wochen Maximilian II. samt Entourage zur Kur. In der Folge wurden Gasthäuser herausgeputzt und Bäder sowie Pensionen erbaut. Mehr und mehr illustres Publikum gab sich die Ehre. 1856 machte der örtliche Apotheker Matthias Mack mit der Entdeckung der Heilkraft von Latschenkieferextrakt weltweit Furore. 1890 bekam die Stadt das Attribut »Bad«, 1899 den Titel »Staatsbad« verliehen.

Kernzone des Kurbetriebs ist heute wie damals das Viertel um den Kurgarten. Hier, am nordöstlichen Ende der weitläufigen Fußgängerzone, zeugen die Trink- und Wandelhalle und das Alte Königliche Kurhaus mit seinem prächtig freskierten Festsaal vom Repräsentationswillen aus den Jahren nach 1900. In den späten 1980ern hat man diesen Bauten das neue, mit goldgelbem Travertin verkleidete Kurgastzentrum mit Spielbank und Theater hinzugesellt. Spektakulär wirkt das Gradierwerk: Der 170 Meter lange, knapp hundert Jahre alte Bau ist bis heute Deutschlands größtes Freiluftinhalatorium und verströmt schon von Weitem würzige Frische. Unter seinem Dach

Bad Reichenhall

Anreise
A 8 von München oder Salzburg, Ausfahrt Bad Reichenhall, 5 km bis Ortszentrum.

Attraktionen
Bad Reichenhall: Altstadt mit Ägidikirche, Floriani- und Rathausplatz, ehemaliges Kloster und Münster St. Zeno, Gradierwerk, Alte Saline mit Salzmuseum und Quellenbau, Theater und Spielbank im Kurgastzentrum.
Kulturhighlights: Musiktage der Bad Reichenhaller Philharmonie, KurparkClassics, Sommerfestival Alpenklassik.
Umgebung: Berchtesgaden mit Salzbergwerk, Königliches Schloss, Nationalpark, Königssee, Dokumentation Obersalzberg und Kehlsteinhaus, Roßfeld-Panoramastraße, Salzburg.

Essen und Trinken
Bürgerbräu, Waaggasse 1–2, Tel. 0 86 51-60 89, Di. Ruhetag, gepflegter Traditionsgasthof mit eigener Brauerei, gehobene Hausmannskost.
Café Confiserie Reber, Ludwigstr. 10, Mo.–Sa. 9–18 Uhr, So., Feiertag 13–18 Uhr, Stammlokal des weltbekannten Mozart-

kugel-Erzeugers (zu bestimmten Zeiten Knusper- und Florentinerbruch ab Werk zu kaufen).

Übernachten
Steigenberger Axelmannstein *****, D-83435 Bad Reichenhall, Salzburger Str. 2–6, 148 Zimmer, Tel. 0 86 51-7 770, Fax 0 86 51-59 32, www.bad-reichenhall.steigenberger.de. Luxusdomizil mit großer Vergangenheit und eigenem 30 000 qm großen Park samt See, zugehörig: traditionsreiche Kurabteilung, Beauty-&-Spa-Bereich, Aslan-Zentrum.

Die Bäder
Rupertus Therme, großzügige Wellnesslandschaft mit Innen- und Außenbereich, Solegrotte, Whirlpool, Heiß- und Kaltbecken (32–40 Grad Celsius, 2–12 Prozent Natursolegehalt), mit Strömungskanal, Sprudelliegen, Massagedüsen, Bodenbrodler, Schwallduschen, Mutter-Kind-Bereich u. v. m., geöffnet Mo.–Sa. 8–22 Uhr, So., Feiertag 9–20 Uhr, Hotline: Tel. 0 18 05-6 0 67 06, www.rupertustherme.de und www.thermenpauschalen.com.
Kurmittelhaus der Moderne, »State of the Art«-Adresse für Medizin & Therapie, Gesundheit & Wellness, Wissenschaft & Forschung im Bereich Spitzensport; u. a. mit Massagen, Wickeln, Sole-Floaten, Vino Wellness, TCM, Farb-Licht-Bad, Day Spa sowie Hypoxie Forschungs- und Trainingszentrum mit größter Höhenkammer der Welt, bereichsweise unterschiedliche Öffnungszeiten, Tel. 0 86 51-7 62 32 0, www.khmoderne.com.
Daneben bieten eine Reihe erstklassiger Kurhotels, Kurmittelhäuser und Rehakliniken ihre Dienste an.

Informationen
Tourist-Information Bad Reichenhall, D-83435 Bad Reichenhall, Wittelsbacherstr. 15, Tel. 0 86 51-6 06 0, www.bad-reichenhall.de.

sind rund 100 000 Bündel von Schwarzdornreisig 14 Meter hoch geschichtet. Über diese organische Wand rieseln täglich etwa 400 000 Liter Sole. Dabei zerstäubt sie zu feinem salzhaltigem Nebel, wird von den Spaziergängern über die Nase eingesogen und kühlt, reinigt und belebt nachhaltig deren Atemwege.

Wie massiv die Reichenhaller auch für die Zukunft auf den Gesundheitstourismus bauen, beweisen die zwei jüngsten Investitionen: Mit der 2005 eröffneten Rupertus Therme haben sie für 32 Millionen Euro ein elegantes Spa & Fitness Resort geschaffen, das nicht nur bezüglich der Infrastruktur, sondern auch ästhetisch allerhöchsten Ansprüchen gerecht wird. Und im Kurmittelhaus der Moderne kombiniert man seit Sommer 2006 Hightech-Service, etwa im Bereich Rehabilitation oder, für Forscher, Spitzensportler und Abspeckwillige, im Hypoxie-Zentrum, mit klassischen Anwendungen der örtlichen Heilmittel. Dazu zählen Alpensole und -salz zum Gurgeln, Trinken und Baden, weiterhin Latschenkiefer, Moor sowie ein ganz spezieller, aus dem stark mineralhaltigen Laist gewonnener Soleschlick namens Montesol.

Blick von Bad Gastein in das idyllische Tal gleichen Namens.

Österreich

Highlife im Hochgebirge
Bad Gastein – elegischer Rückblick und Wiedergeburt

Am Ende des Gasteinertals strebt inmitten der wildromantischen Bergwelt der Salzburger Hohen Tauern ein Stück Stadt aus der Belle Époque zurück ins internationale Rampenlicht. Wie auch im benachbarten Bad Hofgastein bauen seine Bewohner auf die Wirkkraft der heißen Quellen und der spektakulären Natur.

Märchenhafte Orte bedürfen offenbar märchenhafter Gründungsgeschichten: Irgendwann im frühen Mittelalter sei, so geben die Gasteiner gerne zum Besten, ein ehrwürdiger Ritter von Goldegg auf der Jagd bis herauf in das entlegene Hochtal gelangt. Nachdem er in der zu dieser Zeit noch unerschlossenen Wildnis einen Hirsch verfolgt und schließlich mit einem Pfeil auch getroffen habe, sei ihm das kräftige Tier doch noch ins Dickicht entwischt. Stunden später sei der Ritter bei der Suche nach seiner Beute auf zwei Einsiedlermönche, Primus und Felizian, gestoßen, die das waidwunde Tier soeben an einer dampfenden Quelle umsorgten. Das heiße Wasser, so erklärten die Eremiten dem verblüfften Jäger, lindere nicht nur Schmerzen, es helfe auch heilen. Die Auffindung des flüssigen Schatzes sprach sich rasch herum, »und schon bald pilgerten Kranke«, wie eine zeitgenössische Chronik berichtet, »von nah und fern zu dem wundersamen Ort, um von ihren Leiden zu genesen«.

So erbaulich sich diese Anekdote auch lesen mag, so eindeutig entbehrt sie freilich aller faktischen Grundlagen. Denn zum einen wurden die beiden Heiligen schon im 4. Jahrhundert auf Geheiß Kaiser Diokletians in Rom als Märtyrer enthauptet und fanden später nur stückweise als Reliquien ihren Weg über die Alpen in die Stadt Salzburg. Zum anderen steht fest, dass bereits die Römer nach der Besetzung Noricums die heißen Quellen kennen- und schätzen lernten. Schließlich hat man im Erdreich zweier örtlicher Quellen verborgen einen antiken Schreibgriffel und eine Bronzemünze mit Kaiser Trajans Konterfei gefunden.

Ein wirklicher Badebetrieb entwickelte sich aber erst viel später: Kurz nach 1200 wurden die Heilquellen in einem mittelhochdeutschen Gedicht, als dessen Verfasser Neidhart von Reuenthal in Frage kommt, erstmals literarisch erwähnt. Gut ein Jahrhundert später tauchte zum ersten Mal das Symbol der Wasserkanne auf,

1 Brunnen aus Gusseisen im Ortsteil Böckstein. 2 Die örtliche Gastronomie bietet klassische Kaffeehauskultur. 3 Rolls-Royce, Baujahr 1934, vor dem Hotel Grüner Baum. 4 Open-Air-Becken der Alpen Therme von Bad Hofgastein vor imposanter Gipfelkulisse.

1 Das Mini-Manhattan vor dem Hintergrund schneebedeckter Dreitausender. **2** Mächtige Gischtkaskaden mitten im Ortszentrum: der berühmte Wasserfall von Bad Gastein. **3** Im Thermalbad von Bad Hofgastein. **4** und **5** Außen- und Innenbecken der Alpen Therme in Bad Hofgastein.

das bis heute das Wappen der Gemeinde Bad Gastein ziert. Und im Jahr 1404 weilte mit Abt Otto II. aus dem Benediktinerkloster St. Peter der erste namentlich überlieferte Bade- und Kurgast in Gastein. Bald suchten in dem heißen Thermalwasser, das nun schon weit über die Landesgrenzen hinaus den Ruf besonderer Heilkraft genoss, scharenweise hochnoble Aristokraten, ja sogar gekrönte Häupter Linderung und Heilung. Unter ihnen war angeblich sogar Kaiser Friedrich III., der, wie die älteste Ortschronik bezeugt, »hie in dem Pad gewesen, der an einem Pein einen offenen Schaden gehabt, ist auch geholfen worden und frisch und gesund nach Hause gekommen«.

Kurz vor 1500 verfügte das »Wildpad« dann bereits über drei richtige Gaststätten. Als schließlich wenige Jahre darauf Paracelsus das heiße Thermalwasser analysierte und in seinem »Bäderbüchlein« das Adelsprädikat »Gottes eigene Composita« verlieh, kam es zu einem ersten regelrechten Boom. Doch noch mussten die Frauen

und Männer, die ihre stundenlangen Kurbäder in trauter Gemeinsamkeit zu nehmen pflegten, mit primitiven Holztavernen als Unterkünften und jeweils zwei, drei angebauten Hüttchen als Badeanstalten vorliebnehmen.

Einen neuerlichen Aufschwung erfuhr Gastein Ende des 18. Jahrhunderts. 1791 erteilte Hieronymus Graf Colloredo, der letzte regierende Salzburger Fürsterzbischof, den Auftrag zum Bau eines Badeschlösschens, des ersten profanen Steinbaus im Ort. Nur wenig später ließ sich Erzherzog Johann, der berühmte Bruder des österreichischen Kaisers Franz und begeisterter Wahlgasteiner, am Fuße des Stubnerkogels einen Wohnsitz, das heutige Meranhaus, errichten. Daraufhin war der Aufstieg Bad Gasteins zum mondänen Kurort und Prominententreff nicht mehr zu bremsen. Während nun ein Luxushotel nach dem anderen in den Himmel wuchs, füllten sich die Gästebücher der Gemeinde, die als Zeitdokumente heute so kostbaren »Gasteiner Ehrenbücher«, mit immer illustreren Namen. 1863 begann, als sich der Preußenkönig und spätere Kaiser Wilhelm I. das allererste Mal darin einschrieb, die sogenannte Kaiserzeit. Wilhelm I. sollte für viele Jahre jeden Sommer wiederkehren, hier regelmäßig seinen Amtskollegen Franz Joseph treffen und mit ihm sogar hohe Politik betreiben. Dass sich die publicity-

bewussten Herren der Kurverwaltung im Klaren waren, was sie an ihrem durchlauchtesten deutschen Gast hatten, zeigt ihre Reaktion auf Wilhelms Tod: 1888 ließen sie an seiner Bahre in Berlin einen Kranz aus dreitausend Edelweiß niederlegen.

Bereits 1828 hatte Kaiser Franz I. verfügt, dass man das überschüssige Thermalwasser sieben Kilometer weit ins benachbarte Hofgastein leiten solle. Die Folge war, dass in diesem Markt allmählich auch die für einen Kurbetrieb im großen Stil notwendige Infrastruktur entstand. Doch dem weiteren Wachstum Bad Gasteins konnte die neue, talabwärts gelegene Konkurrenz, auf die seine Bewohner nicht nur im geografischen Sinne gerne herabschauten, wenig anhaben. Im Gegenteil: Nachdem das im Eilzugtempo gewobene Fernnetz der Wiener Staatseisenbahnen mit der »Giselabahn« 1875 Zell am See erreicht hatte, drang der Schienenstrang 1905 direkt bis in den Kurort und 1909 schließlich über ihn hinaus durch den Tauerntunnel bis ins Kärntnerische vor. Dadurch verlor der Kurtourismus einiges von seinem elitären Charakter. Dafür brachte der stetig anschwellende Besucherstrom zunehmend Angehörige des gehobenen Bürgertums ins Tal – Freiberufler und Rentiers, Offiziere und hohe Beamte. Und auch die Zahl an kurenden Künstlern wuchs zusehends: Auf Gesundheit und Inspiration

hofften unter anderem Wilhelm von Humboldt, Theodor Fontane, Arthur Schopenhauer, Peter Rosegger, Friedrich Gerstäcker, Hermann Bahr, Nikolaj Gogol, Ludwig Ganghofer und Franz Schubert, dessen »Gasteiner Sinfonie« angeblich irgendwie mit seinem Aufenthalt im Jahre 1825 zusammenhängt. Ebenso kamen auch Thomas Mann, Erich Maria Remarque, Sir Arthur Conan Doyle und William Somerset Maugham.

Was Bad Gastein bis heute seine singuläre Stellung verleiht, ist die hier ständig aufs Neue stattfindende Synthese aus originär Alpenländischem und Großstädtisch-(Post)Imperialem. Aus Gamsbart und Stehkragen, Loden und Flanell, aus, wenn man so will, in dunklen Klüften verborgenen, ungeschliffenen Bergkristallen und im Scheinwerferlicht funkelnden Brillanten. Diese reizvolle Gegensätzlichkeit wird beim Spaziergang durch die Stadt offenkundig. Da donnert die Ache mit Urgewalt, in Gischtnebel oder Eiskaskaden gehüllt, über drei Stufen und insgesamt 340 Meter in die Tiefe, und wenige Schritte entfernt präsentieren die Edeljuweliere und Couturiers aus Mailand und Wien zwischen Kristalllüstern und Mahagoni ihre Kostbarkeiten. Das Grand Hotel de l'Europe beherbergt ein verführerisch glitzerndes Kasino. Und während der öffentliche Lesesaal neben dem Gemeindeamt im Austria-Haus mit seinem

1 Thermalbad im Hotel Cordial Sanotel am Wasserfall. 2 und 4 Geruhsames Plantschen im Indoor-Bereich der Felsentherme. 3 Der Außenbereich mit Relax- und Sportbecken, am rechten Rand: die große Wasserrutsche. 5 Der Ortskern von Bad Hofgastein mit der gotischen Liebfrauenkirche.

5

Resopal-Ambiente eine fast schon wieder denkmalschutzwürdige Semi-Eleganz aus den 50er-Jahren verströmt, wirbt draußen an der Straße das Reisebüro für Charterflüge in die Karibik.

Womit wir wieder beim warmen Wasser wären. Jenes aus den Tiefen der Erde, das seit Jahrhunderten Bad Gasteins Wohlstand speist, tritt, radonhaltig und ungefähr 45 Grad Celsius heiß, in 18 Quellstollen zutage. An die fünf Millionen Liter sind es insgesamt pro Tag. Ein gutes Drittel davon zirkuliert, teils mit der ursprünglichen Temperatur, teils gekühlt, in dem 15 Kilometer langen, unterirdischen Leitungssystem, über das 120 Hotels, Pensionen und Kurmittelhäuser ihre Wannenbäder, Therapiebecken und Mundbadeanlagen ständig frisch füllen können. Eine Million Liter bekommt das vis-à-vis dem Bahnhof gelegene, kürzlich auf Hochglanz modernisierte Felsenbad. Eine Million wird, ganz im Sinne von Kaiser Franz, nach Bad Hofgastein weitergeleitet. Der Rest fließt ungenutzt ab.

Rund die Hälfte der gesamten Schüttung liefert die Elisabethquelle. Ihr Hauptstollen ist auch für neugierige Kurgäste begehbar und durch einen langen Schacht mit dem direkt darüber erbauten Dunstbad verbunden. Dort kann, wer immer will, gegen Entrichtung eines Obolus die heilsamen Dämpfe genießen – auf dass sie, wie der einschlägige Prospekt verspricht, Rheuma und Gicht lindern, die Tätigkeit hormonproduzierender Drüsen und die Durchblutung verbessern, die Stoffwechselprozesse in den Zellen fördern und, ganz allgemein, den Organismus stimulieren.

Um nochmals auf die Blütezeit Bad Gasteins zurückzukommen: Sie währte über die Belle Époque hinaus auch noch in der Zwischenkriegszeit. Erst Anfang der 1930er Jahre verzeichnete man infolge der Tausend-Mark-Sperre – einer Sanktion, die Deutsche vor der Reise nach Österreich zur Zahlung von tausend Reichsmark verpflichtete und zur Schwächung der österreichischen Wirtschaft, die stark vom Tourismus abhing, gedacht war – einen ersten dramatischen Einbruch. Endgültig blätterte der aristokratische Glanz dann Anfang der 1960er Jahre ab, als binnen Kurzem etliche Pracht-Gäste – wie etwa König Ibn Saud, der Ägypter Farouk oder allerlei indische Maharadschas – wegstarben und die Übriggebliebenen wie auf ein geheimes Zeichen samt Hofstaat nach Gstaad, Sankt Moritz oder Kitzbühel abwanderten. Lange Zeit tummelten sich dann in den Thermalbädern und auf den Skipisten des Grauund Stubnerkogels sowie Sportgasteins, das man in den 1970er Jahren oben auf dem Nassfeld angelegt hatte, um die Wintersaison attraktiver zu machen, mehrheitlich Gäste, für deren Aufenthalt die Krankenkassen aufkamen.

1 Das Grand Park Hotel, ein Fünfsternehaus in Bad Hofgastein ...
2 ... und seine gemütliche Lobby. 3 Haupthaus und flankierende Pavillons
des Hoteldorfes Grüner Baum. 4 Thermal-Hallenbad im Kösslerhaus,
dem größten Gebäude des Hoteldorfes.

Dass Bad Gastein dennoch bis zum heutigen Tag weltläufiges Flair atmet, verdankt es einerseits seinen alteingesessenen Luxusherbergen wie dem »Weismayr«, dem »Elisabethpark« oder dem im romantischen Kötschachtal zu einem regelrechten Hoteldorf angewachsenen »Grünen Baum«. Zudem haben in den letzten Jahren neue Gästeschichten – neben Deutschen und Italienern vor allem solche aus Skandinavien und Osteuropa – einen Wandel hin zu einem zeitgemäß-dynamischeren Image eingeleitet. Und auch neue Projekte in der Luxushotellerie sowie die jüngsten Investitionen in die Sanierung der Felsentherme und in die Alpentherme in Hofgastein, immerhin »Europas modernste alpine Gesundheits- und Freizeitwelt«, sorgen für frischen Schwung.

Ein Streifzug durch Geschichte und Gegenwart des Gasteiner Kur- und Badewesens sollte freilich nicht zu Ende gehen, ohne auch den örtlichen Bergbau und dessen heilsame Wirkung auf den Menschen gebührend zu würdigen. Womit nicht so sehr das seelische Wohlempfinden gemeint ist, das dem Bewusstsein entspringt, buchstäblich auf einem Berg voll Gold zu sitzen. Im Mittelalter förderte man zu Füßen des Kreuz- und des Stubnerkogels Unmengen des edlen Metalls zutage. Im Tal florierte eine montanistische Industrie. Die Rede ist hier vielmehr von jenem ganz besonderen Stollen, den man 1940 auf der Suche nach Gold in den Radhausberg trieb. Zwar entdeckte man damals nicht die erhoffte Erzader, dafür jedoch, dass die Luft, die da aus dem Berginneren strömt, eine Temperatur von über 40 Grad Celsius, eine bis zu 95-prozentige Luftfeuchtigkeit und vor allem einen extrem hohen Gehalt an Radon aufweist. Seither kommen aus ganz Europa scharenweise Patienten hierher, um sich zwei Kilometer tief in den Berg fahren zu lassen und dort im Liegen ihr Asthma, ihre Arthrosen oder ihren Morbus Bechterew zu therapieren – und um zu beweisen, dass an diesem beispiellosen Ort namens Gastein sogar heiße Luft von großer Bedeutung sein kann.

Bad Gastein

Anreise
Über München und Salzburg sowie aus Richtung Villach: Tauernautobahn A 10 bis Bischofhofen, Ausfahrt Gasteinertal, B 311 bis Lend, B 167 ins Gasteinertal (ab Salzburg ca. 90 km).

Attraktionen
Wasserfall, Nikolauskirche, Gasteiner Museum mit mineralogischer und heimatkundlicher Sammlung, Wallfahrtskirche, Montansiedlung und -museum in Böckstein, Kasino. Im übrigen *Gasteinertal*: Pfarrkirche, Weitmoserschlössl, Höhenweg zur Gadaunerer Schlucht in Bad Hofgastein, Dorfgastein, am Talausgang Exkursionen in die Fledermaushöhle »Entrische Kirche«.

Aktivurlaub
Im *Sommer*: Bewegungsarena Gastein mit 120 km beschilderten Wander-, Walking- und Laufstrecken, 18-Loch-Golfplatz, Fischen, Bogenschießen, Wanderreiten, Paragliden, mehrere Bergbahnen, Rad- und Mountainbike-Wege.
Im *Winter*: Kernzone Schlossalm – Angertal – Stubnerkogel, Sportgastein, Graukogel und Dorfgastein/Großarltal mit insgesamt 200 km Skipisten, 90 km Loipen, Snowboarden, Schneeschuhwandern, Eisklettern.

Essen und Trinken
Weismayr, Kaiser-Franz-Joseph-Str. 6, Tel. 0 64 34-25 94 0, kein Ruhetag, Speisen als Fest für alle Sinne im eleganten Biedermeier-Restaurant des gleichnamigen Luxushotels.

Übernachten
Grüner Baum *****, A-5640 Bad Gastein, Kötschachtal 25, Tel. 0 64 34-25 16 0, Fax 06434-25 16-25, www.hoteldorf. com. Hoteldorf der »Small Luxury«-Marke mit 80 Zimmern in fünf Häusern auf gut 70 ha großem Gelände, in stillem, autofreiem Talschluss. Perfekter Service und exquisites Ambiente, reichhaltiges Beauty-, Wellness- und Sportangebot.

Die Bäder
Felsentherme, A-5640 Bad Gastein, Bahnhofplatz 9, Tel. 0 64 34-25 35, geöffnet Mitte April bis Ende Nov. tgl. 9–21 Uhr, winters bis 22 Uhr, 600 qm Erlebnistherme mit Geysiren, Strömungskanal, Wassermassageliegen, 70 m langer Rutsche, Schwimmkanal ins Freie, dort Relax-Pool (34 Grad Celsius) und Sportbecken (24 Grad Celsius), Ruhebereich mit Natursteinwänden.
Alpen Therme Gastein, A-5630 Bad Hofgastein, Sen.-W.-Wilflingplatz 1, Tel. 0 64 32-82 93 0, geöffnet tägl. 9–21 Uhr, Do., Fr. bis 22 Uhr, 32 000-qm-Anlage mit sechs Erlebnis- und Gesundheitswelten (Relax, Family, Sauna, Ladys, Sports und Gusto World), 360-Grad-Alpenpanorama, Saunawelt mit Bergsee, Ruhe- und Wellnessoasen, Multimedia-Erlebnisdom, Wasserrutschen, Geysiren, gläserner Sky-Bar.

Informationen
Kur- und Tourismusbüro, A-6540 Bad Gastein, Kaiser-Franz-Josef-Str. 27, Tel. 0 64 32-3 39 35 60, www.badgastein.com. Gasteinertal Tourismus, A-5630 Bad Hofgastein, Tauernplatz 1, Tel. 0 64 32-33 93 0, www.gastein.com.

Jungbrunnen der Habsburger
Bad Ischl – einst Kur-Hauptstadt der k. u. k. Monarchie

Die altehrwürdige Salinenstadt im Herzen des Salzkammerguts ist weit mehr als ein Pilgerort für Kaisertreue – nämlich der Inbegriff einer österreichischen Sommerfrische, umgeben von herrlicher Natur und gesegnet mit heilkräftigem Solewasser.

Bad Ischl zählt zu den ältesten Urlaubsgebieten Mitteleuropas. Schon die Ururgroßeltern jener Gäste, die heute aus Wien, Graz oder Linz scharenweise an seine Seen oder in die Berge strömen, pflegten im Salzkammergut ihre Sommerfrische zu verbringen. Den Mittelpunkt dieser von der Natur so gesegneten Region im Dreiländereck Salzburgs, Oberösterreichs und der Steiermark bildet seit alters Bad Ischl. Anders als im nahen Ort Hallstatt, in dem schon die Kelten Salz gewannen, erhielten die Bewohner dieses am Oberlauf des Flüsschens Traun gelegenen Städtchens erst zu Beginn des 16. Jahrhunderts – von Kaiser Maximilian I. – das Recht zum Handel mit dem »weißen Gold«. In der Folge zogen sie daraus beträchtlichen Wohlstand. Seinen eigentlichen Ruhm, von dem es noch heute profitiert, begann Bad Ischl allerdings erst mehr als zweihundert Jahre später zu sammeln. Damals heilte der Kammerguts-Sekundarphysikus Joseph Götz erstmals hauterkrankte Salinenarbeiter mit Bädern in erwärmter Sole. Ein Arztkollege aus Wien namens Dr. Franz Wirer, der exzellente Beziehungen zu adeligen Kreisen hatte, griff die Praxis auf und eröffnete 1823 ein Solebad.

Schon bald darauf nahm in dem neuen Kurort der erste Kaiser, Franz I., zu therapeutischen Zwecken Quartier. Ihm folgten aristokratische Gäste aus Wien, Budapest und Prag, ja sogar Moskau und St. Petersburg auf den Fuß. Sie alle badeten nicht nur in der Sole, sondern ergötzen sich auch an der prachtvollen Natur – wanderten beispielsweise zum Predigtstuhl, zum Nussensee und über den Höhenweg zum Wurmstein oder erklommen den Siriuskogel und, damals noch ohne Seilbahn, Ischls Hausberg, die Katrin. Begeistert trugen sie die Kunde vom Liebreiz der Landschaft hinaus in die Großstädte. Rasch galt das Salzkammergut daraufhin als ein Dorado für Sommerfrischler.

Nachdem schließlich Erzherzog Franz Karl (1802–1878) das Aussterben des habsburgischen Geschlechts fürchtend mit seiner Gat-

1 Die Kaiservilla war 50 Jahre lang für mehrere Hochsommerwochen Residenz Kaiser Franz Josephs. **2** Jagdszene auf dem Dreiecksgiebel des Hauptportals. **3** Sommerfeeling in einem der zahlreichen Straßencafés. **4** Das ehemalige Kur- und heutige Kongress- und Theaterhaus.

1 und **3** Im berühmten Café Zauner in der Pfarrgasse. **2** Historisches Apothekenschild im Stadtzentrum. **4** Das Arbeitszimmer des allerhöchsten Monarchen in der Kaiservilla.

tin Sophie zur Kur angereist war und diese ihm anschließend gleich drei der ersehnten Söhne geboren hatte, erreichte Ischls Ruhm seinen Zenit. Freilich nur seinen vorläufigen. Denn 1848 bestieg einer dieser drei »Salzprinzen«, Franz Joseph, in Wien den Kaiserthron. Und dieser wählte nur fünf Jahre später das beschauliche Städtchen am Zusammenfluss von Ischler Ache, Rettenbach und Traun zu seiner jährlichen Sommerresidenz. Nun bildete Bad Ischl fünfzig Jahre lang für etliche Wochen im Jahr den gesellschaftlichen Mittelpunkt des Habsburgerreiches.

Architektonisches Zeugnis dieser Auserwähltheit legt ein klassizistisches Gebäude ab, das sich ein wenig über der Altstadt in einem riesigen Park erhebt – die in klassischem Schönbrunnergelb getünchte Kaiservilla. Sie ist ein Hochzeitsgeschenk der Kaiserinmutter Sophie an ihren ersten Sohn und dessen Braut Sisi. Die beiden Gebäudeflügel bilden, in Anspielung auf den eigentlichen Namen der Braut, Elisabeth, ein E. Der Bau, in dem bis heute ein

Spross der Habsburgerdynastie wohnt, ist teilweise als Museum öffentlich zugänglich. Zu sehen sind darin neben allerlei spartanischem Mobiliar, darunter jenem Schreibtisch, an dem Franz Joseph 1914 nach dem Attentat von Sarajewo das folgenschwere Ultimatum an Serbien unterschrieb, vor allem Jagdtrophäen – Abertausende ausgestopfte Auerhähne und Fasane, Schädel von Hirschen, Gämsen und Rehen. Der allerhöchste Monarch war ein begeisterter, um nicht zu sagen manischer Jäger. Wen verwundert's, dass seine ohnehin jedem steifen Zeremoniell abholde Gemahlin sich ein eigenes Refugium bauen ließ? Ihr Marmorschlössl, in dem heute ein entzückendes Fotomuseum untergebracht ist, steht einen halben Kilometer vom Haupthaus entfernt.

Zum biedermeierlichen Flair Bad Ischls trug auch seine Vergangenheit als Stadt der Musen bei. Schließlich wollen Menschen im Urlaub, zumal so prominente, irgendwie zerstreut, vielleicht auch abgelenkt, jedenfalls unterhalten werden. Entsprechend veranstaltete man schon zu Dr. Wirers Zeiten Kurkonzerte und Theaterabende. Der Genius Loci sowie Schwefelquellen, Glaubersalz und Mutterlauge zogen auch eine Vielzahl von Künstlern an. In den ört-

lichen Gästelisten haben sich etwa Anton Bruckner und Johannes Brahms, Nikolaus Lenau, Johann Nestroy, Emmerich Kálmán und Oscar Straus verewigt. Der König der leichten Muse war freilich Franz Lehár. Ihm, der dreißig Jahre in Bad Ischl lebte und hier zwei Dutzend Operetten komponierte, zum Gedenken spielt alljährlich im Hochsommer das ortseigene Lehár-Orchester während der Operettenwochen im Dreivierteltakt auf.

Seine Kurtradition hat das Städtchen seit jener Blütezeit sorgsam bewahrt. Die historische Trinkhalle zum Beispiel findet als Veranstaltungs- und Ausstellungsort weiterhin Verwendung. Im Zentrum aber steht nach wie vor die Kaiser Therme, Österreichs ältestes Solebad, dessen salzhaltiges Wasser seit nun schon über 180 Jahren vor allem bei Rheuma und Atemwegserkrankungen hilft. Nachdem sie im Laufe der Zeit etwas Patina angesetzt hatte, entschlossen sich ihre Betreiber zu einer baulichen Radikalkur. Zum Zeitpunkt der Recherche zu diesem Buch wurde sie gerade von Grund auf modernisiert und erweitert. Seit der Wiedereröffnung zu Beginn der Wintersaison 2007/08 empfängt sie ihre Gäste mit einem rundum erneuerten Wellness- und Therapieangebot.

Bad Ischl

Anreise
Auto: aus Richtung München A 8, ab Salzburg B 158 über Thalgau ca. 45 Min. bis Bad Ischl, aus Wien/Linz A 1 bis Ausfahrt Regau, von dort B 145, am Traunsee entlang.
Bahn: Fernzüge von Salzburg und. Linz bis Attnang-Puchheim, ab da Regionalbahn.

Attraktionen
Bad Ischl: Kaiservilla mit Marmorschlössl (Fotomuseum), Traun-Esplanade mit Lehár-Villa, Stadtmuseum, Anzenaumühle.
Umgebung: Seilbahnen auf Katrin, Feuerkogel und Grünberg, Burgruine Wildenstein, Rettenbach-Klamm, Hohenzoller Wasserfall, Siriuskogel, Gmunden, Altmünster und Traunsee-Schifffahrt, St. Wolfgang mit Schafbergbahn, Ausseer Land, Hallstatt mit Salzwelten, Gosauseen, Dachstein-Eishöhlen.
Veranstaltungen: Operetten-Wochen (Juli/August), Kaiserfest (15. August), Theater mit reichhaltigem Sommerprogramm.

Aktivurlaub
Aktion im Parkbad, Golfclub Salzkammergut und sechs weitere Plätze im Umkreis von 45 km, ausgedehntes Wanderwegenetz (z. B. Pfandlrunde, Soleweg, nach Lauffen, zum Nussensee, zur Hinter- oder Hoisnradalm), Mountainbiken, Berg- steigen, Klettern, Wassersport auf allen Seen der Umgebung, Canoyning, Fliegenfischen, Drachenfliegen, Paragliding, Fahrten im Heißluftballon.

Essen und Trinken
Café-Konditorei Zauner, Pfarrgasse 7 und. Esplanade, Tel. 0 61 32-2 37 22, kein Ruhetag, ein Klassiker seit Kaiser Zeiten, Spezialität für Schleckermäuler: der Zaunerstollen.
Im Alten Sudhaus, Salinenplatz 1b, Tel. 0 61 32-2 89 92, kein Ruhetag, gemütliches Wirtshaus im ehemaligen Salinengebäude, schöner Gastgarten, gehobene Hausmannskost und internationale Spezialitäten.

Übernachten
Thermenhotel ****plus, A-4820 Bad Ischl, Voglhuberstr. 10, 178 Zimmer, Tel. 0 61 32-2 04 0, Fax 0 61 32-2 76 82, www.thermenhotel-badischl.at. Alle Zimmer mit Balkon und Garagenplatz, zentrale Parklage, geschmackvoll, freundlichhelles Ambiente, Restaurant, Bar, zwei Cafés, direkter Zugang zur öffentlichen Kaiser Therme.

Die Bäder
Kaiser Therme, traditionsreiches Gesundheitszentrum, klassische Anwendung von Sole, Schwefel und Schlamm bei Problemen mit Atemwegen und Bewegungsapparat, dazu innovative Regenerations- und Wellnessangebote, etwa Massagen (La Stone, Lomi Lomi Nui, Klangschalen usw.), Saunalandschaft, orientalische Wohlfühloase Alhambra mit Dampfbad, Rasul und Hamam, Beautyabteilung. Die Badelandschaft mit großflächigen Innen- und Außenbecken war in den Monaten vor Drucklegung dieses Buches wegen Umbaus geschlossen. Wiedereröffnung: Nov. 2007. Durchgehend geöffnet bleiben Solebecken (33 Grad) und Whirlpool im Saunabereich. www.kaisertherme.at, weitere Kontaktdaten siehe Thermenhotel.
ViaSana, Sulzbach 64, Tel. 0 61 32-2 52 66, www.viasana.at. Ausbildungs- und Behandlungszentrum für ganzheitliche und alternative Medizin, ganzjährig Seminare und Lehrgänge. Vorträge und Therapien.

Informationen
Tourismusverband Bad Ischl, A-4820 Bad Ischl, Bahnhofstr. 6, Tel. 0 61 32-2 77 57, Fax 0 61 32-2 77 57 77, www.badischl.com.

Vom Holztrog zum exklusiven Spa
Bad Kleinkirchheim – kuren in Kärntens Bergwelt

Ob rustikal relaxen im älplerisch-archaischen Karlbad oder elegant im ultramodernen Thermaltempel: Unter dem Markenzeichen »Alpine Wellness« bietet das ehemalige Bauerndorf für jeden Geschmack etwas.

Booodn!« – Wenn Georg Aschbacher, Seniorchef im »Gasthaus und Heilbad im Karlbad«, allmorgendlich nach dem Frühstück in breitem Kärtnerisch zum Bade ruft, nimmt ein im gesamten Alpenraum einzigartiges Ritual seinen Lauf. Dann begeben sich die Hausgäste erwartungsvoll hinunter ins Badehaus. 14 Holztröge stehen dort auf knorrigem Dielenboden parat – aus mächtigen Lärchenstämmen gehöhlt und gefüllt mit heißem Wasser, das über hölzerne Rinnen direkt vom Bächlein draußen hereingeleitet wird.

Bereits in aller Herrgottsfrühe hat der Bademeister ein Holzfeuer entfacht und darüber, wie jeden Tag, große Steine gelegt, die er zuvor aus dem Bachbett geholt hat. Er hat die Riesenkiesel aufgeheizt, bis sie rot glühen und dann mit Heugabel und Holztragen, sogenannten Moltalan, ins Badehaus geschleppt, wo sie zischend in die Wannen geplumpst und zerplatzt sind. So haben sie nicht nur das eisige Wasser auf fast vierzig Grad Celsius erwärmt, sondern auch diverse hochwirksame Mineralstoffe freigegeben. Und diese üben nun auf die Badenden, insbesondere wenn Gicht, Hautkrankheiten, Nervenschwäche oder Unterleibsbeschwerden sie plagen, ihre heilende Wirkung aus. Je nach Laune zwischen dreißig und sechzig Minuten lang liegen die Kurgäste, fein artig nach Geschlechtern auf zwei Räume verteilt, in ihren mit Brettern abgedeckten Wannen – schweigen, schwitzen, trinken zwischendurch ein Krügerl vom frischen, eisen-, schwefel- und radonhaltigen Quellwasser. Und genießen währenddessen die Erkenntnis, dass die Zeit, subjektiv zumindest, in der Tat auch mal stillstehen kann.

Chronisten berichten von einem gewissen Melchior Payr, der hier auf 1700 Meter Seehöhe, in einer Mulde am Hang des Königstuhls, bereits an der Wende vom 17. zum 18. Jahrhundert aus Holz ein Gehöft errichtete. Es waren anfangs vornehmlich Jäger, Bauern und Holzfäller aus der Region, die im »Bad im kleinen Kar« ihre gicht- und rheumageplagten Glieder erquickten. Seither ist die Kunde von der heilsamen Quelle und den wundertätigen Steinen längst bis ins

1 Das »Gasthaus und Heilbad im Karlbad« an der Nockalmstraße. **2** Außenpool des Nobelhotels Pulverer. **3** Vom Pistenspaß zum Thermengenuss im Römerbad Bad Kleinkirchheim. **4** Die 14 Holztröge in der archaischen Badestube des Karlbades werden vom Bach vor der Tür mit frischem Gebirgswasser gespeist.

1 Das Fünfsternehaus Pulverer, ein Aushängeschild der örtlichen Hotellerie. 2 Das Zentrum von Bad Kleinkirchheim. Rechts im Bild: das Römerbad vor dem aktuellen Umbau. 3 Das neue Hallenbad in der Thermenwelt des Hotels Pulverer. Eine der ersten Kärntner Adressen für einen Urlaub zwischen sportlich-aktiv und erholsam-gesund.

ferne Deutschland vorgedrungen, sodass selbst von den Gestaden der Nordsee regelmäßig Stammgäste anreisen – eine frühzeitige Buchung ist daher ratsam. Verändert hat sich im Karlbad, das die Familie Aschbacher nun schon in achter Generation betreibt, dennoch wohltuend wenig. Nach wie vor gibt es keinen Stromanschluss (und auch keinen Handyempfang), dafür Ruhe und Muße im Überfluss. Man schläft viel hier oben, nahe der Baumgrenze, wohlig ermattet vom heißen Wasser und der frischen Luft. Bauernhof und Badehaus – das über dreihundert Jahre alte Anwesen entbehrt jeglicher künstlicher Rustikalität. Die Einrichtung der sieben Zimmer ist schlicht. Eine Etage darunter, im Stall, muht das Vieh. Die meiste Arbeit wird noch händisch verrichtet: Brot backen, käsen, buttern …

Loslassen, eintauchen, den Alltag abstreifen: Dieses Motto gilt nicht nur für den Aufenthalt im urtümlichen Bauernbad, sondern auch für einen Urlaub unten in Bad Kleinkirchheim, dem touristischen »Nabel« des Nockgebiets. Denn der eine gute halbe Autostunde entfernte, ein paar Hundert Höhenmeter tiefer gelegene idyllische Ort verfügt ebenfalls über heilendes Wasser. Es sprudelt 36 Grad Celsius warm aus 120 Meter Tiefe an die Erdoberfläche und soll nicht zuletzt dank seines Calcium-, Magnesium- und Radongehalts vor allem Kreislauf, Immunsystem und Bindegewebe stärken.

Eine Legende besagt, der Allmächtige höchstderoselbst habe angesichts seines hier am Südbalkon der Gurktaler Alpen besonders paradiesisch gelungenen Schöpfungswerks eine Freudenträne vergossen. Und diese sei zu einer unversiegbaren Heilquelle geworden.

Bereits anno 1055 soll ein Pfalzgraf namens Poto aus dem bajuwarischen Geschlecht der Aribonen, der sich, bei einer Schlacht verwundet, im Kirchheimer Tal versteckte, die Heilkraft der hiesigen Wässer kennen- und schätzen gelernt haben. Für die rasche Linderung seiner Schmerzen dankbar, schenkte er das Quellgebiet dem

nahen Kloster Millstatt, das er kurz zuvor gemeinsam mit seinem Bruder gegründet hatte. Erstmals urkundlich erwähnt findet sich die Thermenquelle im Jahr 1492. Damals wurde – wohl zum Schutz vor marodierenden Türken – direkt über ihr die bis heute bestehende Kirche St. Kathrein eingeweiht.

Trotz der Bekanntheit seines Heilwassers war Bad Kleinkirchheim noch vor zwei Generationen ein bescheidenes Bauerndorf. Sein erstes Thermalfreibad erhielt es 1934, sein erstes Hallenbad erst 1969. Vor allem der Kern des ein paar Kilometer hangaufwärts gelegenen Ortsteils St. Oswald verströmt mit seiner spätgotischen, spitztürmigen Pfarrkirche und dem Ensemble wettergegerbter Höfe mit gezimmerten Giebeln nach wie vor das rustikale Flair jener nahen Vergangenheit. Was jedoch das touristische Angebot betrifft, hat längst die Zukunft Einzug gehalten: Die 1900-Seelen-Gemeinde empfiehlt sich für eine Kombination aus Wander- oder Wintersport- und Wellnessferien. Sie verfügt über zwei Fünf- und mehr als zwei Dutzend Viersternehotels sowie über ein Skigebiet mit weltcuptauglichen Pisten und fast hundertprozentiger Schneesicherheit, moderne Seilbahnen, die im Sommer eine faszinierende Bergwelt erschließen, ausgesuchte Mountainbike-Strecken und einen 18-Loch-Golfplatz.

Im Mittelpunkt stehen freilich die beiden aufwendig gestalteten öffentlichen Thermen: die schon erwähnte, von der Augenquelle gespeiste St.-Kathrein-Therme, an deren Ort man schon vor einem halben Jahrtausend badete. Und das Thermal Römerbad, das nach seiner Eröffnung 1978 als »Erste Erlebnistherme Österreichs« Furore machte. Letzteres, dessen Lage direkt neben der Talstation der Kaiserburgbahn es den Badenden ermöglicht, vom Wasser aus den Skifahrern beim Wedeln zuzusehen. Nach dem Umbau in jüngster Zeit präsentiert es sich als 4000 Quadratmeter große Verwöhnlandschaft, die, getreu dem Vorbild römischer Thermenanlagen, mit großzügig gestalteten Innen- und Außenbecken, Sauna, Massage- und Beautyabteilung aufwartet. 15 Millionen Euro wird diese Runderneuerung und der Ausbau zu einer der schönsten Wellnessoasen im Alpenraum kosten – eine zukunftsweisende Investition, die etwa das Thermenhotel Ronacher mit seinem Fünfsternespa bereits vollzogen hat.

Um das Profil der Region als Vorzeigedestination in Sachen sanfter Qualitätstourismus zu schärfen, setzt Bad Kleinkirchheim allerdings nicht nur finanzielle Mittel, sondern auch Kreativität und Fantasie ein. »Alpine Wellness« lautet das Zauberwort, für das es sogar schon eine einschlägige Zertifizierung gibt. Wo immer ein Bach plätschert, eine Quelle gurgelt, ein Wasserfall gischtet, hat man Hängematten aus Holz aufgespannt. An die vierzig solche »berauschende Plätze«, an denen man es sich zu zweit bequem machen kann, gibt es bereits. Am Ufer des Brunnach-Sees auf zweitausend Meter Seehöhe vermitteln Strandkörbe südliches Flair. Und der Wellness nicht genug: Zahlreiche Hüttenwirte bereiten ihren Gästen Fußbäder im »Wasser-Wandl« – auf Hochdeutsch: Zuber. Danach werden die Füße sanft mit Speiköl eingerieben. Die Speikpflanze, ein botanischer Verwandter des Baldrian, der in den Gurktaler Alpen gedeiht, verströmt einen wohltuend würzigen Duft.

Bezeichnend für die Weitsicht und Nachhaltigkeit, mit der die Kleinkirchheimer nicht nur ihr touristisches Geschäft betreiben, sondern auch ihren größten Schatz, die sie umgebende Bergwelt, behandeln, ist, was ihnen mit den Nockbergen gelang: Bis Mitte der 1970er-Jahre hatte sich das Interesse an dieser so unverwechselbaren Mittelgebirgslandschaft, deren von sanften Tälern durchzogene Höhenrücken sich von der Turracher Höhe im Osten bis zum Liesertal im Westen erstrecken und einen reizvollen Gegensatz zu den schroffen Gipfeln der benachbarten Bergmassive bilden, in Grenzen gehalten. Dann plante man plötzlich einen Stausee und Investoren träumten von einer skitouristischen Erschließung. 1980 kam es deshalb zu einer Volksbefragung, bei der sich neunzig Prozent der Bevölkerung gegen diese Verschandelung aussprachen. 1987 erklärte die Kärntner Landesregierung das 185 Quadratkilometer große, nahezu unbesiedelte Gebiet zum Nationalpark. Und seither ist die Unversehrtheit dieser einzigartigen Almenlandschaft, deren sanfte, bis maximal 2500 Meter hohe Kuppen die Einheimischen als »Nocken« bezeichnen, weil sie wie die Nockerln (Klößchen) in den Pfannen ihrer Küchen aussehen, für alle Zeiten geschützt – zum Wohle all jener Wanderer und Mountainbiker, die in der Natur nicht nur Spaß und eine sportliche Herausforderung, sondern auch wahre Erholung, Stille und sich selbst suchen.

Bad Kleinkirchheim

Anreise
Auto: via Salzburg, A 10 bis Ausfahrt Millstätter See, über B 98, ab Radenthein B 88; aus Wien A 2/S 6 über den Semmering, S 36 über Judenburg, S 96/97/95 über Murau und Turrach.
Bahn: über München, Salzburg nach Spittal/Drau, aus Wien über Bruck/Mur nach Villach; restliche Strecke (jeweils ca. 30 km) mit dem Linienbus.

Attraktionen
St. Oswald mit Pfarrkirche, Wasserix-Sinnespark, Nockalmstraße durch den Nationalpark Nockberge (mit Multivisionsshows, Gipfelgalerie, 20 bewirtschafteten Almhütten), Mühlenweg in Kaning, Granatschlucht in Radenthein, Reptilienzoo in Patergassen, Heidi-Alm auf dem Falkert, Gmünd mit Porsche-Museum, Maltatal mit Kölnbreinsperre, Millstatt mit Abtei, Burg Sommeregg, Spittal/Drau mit Schloss Porcia, Stift Ossiach, Ruine Landskron, Villach.

Essen und Trinken
Drage, Rottensteinerweg 1, Tel. 0 42 40-2 77, Mo., Di. Ruhetag, kreative Haubenküche auf bodenständiger Basis.

Übernachten
Ronacher *****, A-9546 Bad Kleinkirchheim, Thermenstr. 3, 90 Zimmer, Tel. 0 42 40-2 82, Fax 0 42 40-2 82-6 06, www.ronacher.com. Der vielfach preisgekrönte Rolls-Royce der hiesigen Wellnesshotels, ein Pionier unter Österreichs Wellnessanbietern, Top-Service und -Ausstattung mit mediterranem Flair, Gourmettempel, 4000 qm große Thermen- und Wohlfühlwelt mit fünf In- und Outdoorbecken, vielgestaltigem Saunadorf, Sole-Grottenpool, Beautyfarm; im Panorama-Spa: Original Thai-Massage, Ayurveda usw.
Pulverer *****, A-9546 Bad Kleinkirchheim, Thermenstr. 4, 100 Zimmer, Tel. 0 42 40-7 44, Fax 0 42 40-7 93, www.pulverer.at. Zweites Aushängeschild des Hotelgewerbes, zentrale Ruhelage, behagliche Ausstattung, luxuriöser Service, 1500 qm große Badelandschaft mit eigener Therme und Vitaloase, Gourmetrestaurant Loystub'n, vielfältiges Sport- und Aktivprogramm.

Die Bäder
Thermal Römerbad, in den späten 1970ern erbaute Erlebnistherme im Ortskern, nach umbaubedingter Schließung Wiedereröffnung Oktober 2007, exklusive Wellnessoase mit großzügigem Innen- und Außenbereich, eigenem Kinderareal sowie 13 Saunen auf 4000 qm, Tel. 0 42 40-8 28 22 01, www.roemerbad.com.
St.-Kathrein-Therme, Familien- und Kurtherme mit 1200 qm Wasserfläche, zwei vielgestaltige Frei- und Innenbecken, Kinderbereich, großes Kurtherme-Becken (34 Grad Celsius), Gesundheitswelt mit Tepidarium, Sauna, Dampfbad, ärztlicher Betreuung, geöffnet tgl. 8–20 Uhr, Mo., Mi., Fr. ab 7 Uhr, Sauna täglich 12–20 Uhr, Tel. 0 42 40-8 28 23 01, www.therme-badkleinkirchheim.at.
Karlbad, uraltes, kurioses »Gasthaus und Heilbad« an der Nockalmstraße, geöffnet Mitte Juni bis Mitte September, Radenthein, St. Peter 2, Tel. 0 42 46-34 30.

Informationen
Bad Kleinkirchheim Tourismus, A-9546 Bad Kleinkirchheim, Dorfstr. 30, Tel. 0 42 40-82 12, Fax 0 42 40-85 37, www.badkleinkirchheim.at.

Das Vermächtnis des Meisters Dunkelbunt

Rogner Bad Blumau – Wohlgefühl à la Hundertwasser

Im oststeirischen Hügelland schuf der weltberühmte Künstler und Apologet naturnahen Bauens eine einzigartige Kombination aus Therme und Hotel. Wohl kein zweites Bad in Europa bietet eine ähnlich originelle und intensive Wallfahrt für alle Sinne.

Es war einmal ein Maler aus Wien. Der hieß Fritz Stowasser, nannte sich später Regentag Dunkelbunt alias Friedensreich Hundertwasser und machte mit seinen Spiralenbildern nach dem Krieg international Karriere. Gemäß seiner Philosophie von einem Leben »in Harmonie mit der Natur« begann er in der Folge auch Gebäude zu entwerfen. Dabei verstand er sich als Kämpfer gegen die »seelenlos-triste« Architektur der Moderne, forderte die Abschaffung aller rechten Winkel und geraden Flächen und die Verwendung bunten, natürlichen Materials. Das Bauen, so sein Credo, sei aufs Engste mit der Vegetation verbunden – die Landschaft sei dem Menschen sein Haus, die Wiese dessen Boden und der Himmel sein Dach.

Es war einmal ein Bauunternehmer aus Kärnten. Der hieß Robert Rogner sen. und war von der Idee beseelt, außergewöhnliche Häuser zum Wohle der Menschen zu schaffen. Die meisten Feriendörfer, Bäder und Hotels, die er in seiner fast 40-jährigen Berufslaufbahn über halb Europa verstreut errichtet hat und größtenteils bis heute betreibt, verströmen künstlerisches Flair. Sein wohl spektakulärstes Projekt steht in der östlichen Steiermark. Dort und im angrenzenden Burgenland hatte man Ende der 1970er Jahre nach Öl gebohrt, stattdessen aber »bloß« heißes Wasser gefunden. Worauf entlang dieser sogenannten Thermenlinie, von Radkersburg über Gleichenberg, Loipers- und Waltersdorf bis nach Stegersbach, eine ganze Reihe neuer Heilbäder entstand. Für die Gemeinde Blumau hatte Rogner bereits eine Feriensiedlung fix und fertig geplant, als er in den frühen 1990er Jahren zufällig dem längst berühmten Maler begegnete und ihn ansprach. »Sie heißen Hundertwasser und ich habe 100 Grad Celsius heißes Wasser. Was liegt näher, als dass Sie die Thermenanlage planen?« Gesagt, getan. Binnen fünf Jahren stellten die beiden ein in seiner Art weltweit einzigartiges »bewohnbares Gesamtkunstwerk« auf die grüne Wiese – das Rogner Bad Blumau.

1 Das zwiebelbekrönte Stammhaus. **2** Ein Lebenssymbol als Wandschmuck. **3** Eines der zahlreichen Außenbecken. **4** Ein 8500 qm großes Wellnessareal mit mehr als 2700 qm Wasserflächen und über 300 Gästezimmern: voilà – das Rogner Bad Blumau auf einen Blick.

1 Die überdachte Thermallandschaft ist mit den für Friedensreich Hundertwassers Stil charakteristischen Säulen durchsetzt. 2 Auch der Eingangsbereich trägt untrügliche Zeichen des Maler-Architekten: runde Wände, bunte Säulen und bucklige Böden. 3 Schwalldüsen im zentralen Becken des Open-Air-Bereichs.

Was da dem Neuankömmling inmitten eines 42 Hektar großen, sanfthügeligen Areals entgegenleuchtet, mutet bereits auf den ersten Blick märchenhaft an, stellt es doch alle gewohnten Vorstellungen von Architektur radikal auf den Kopf: ein weiträumiges Ensemble kurioser Gebäude mit gekrümmten Konturen und regenbogenfarbenen Fassaden, dekoriert mit schillernden Kachelmosaiken, Kringeln, Tupfen und Linien, durchsetzt mit fantasievoll geformten Fenstern, die gleichsam zu tanzen scheinen, und bekrönt von goldenen Zwiebeltürmen. Terrassen und Dächer sind von einer dicken Schicht Erde bedeckt und mit Bäumen und Buschwerk bepflanzt. Das fröhlich Bunte setzt sich im Inneren fort, wo alle Böden uneben und die meisten Mauern und Kanten bucklig und schief sind. Außergewöhnlich ist freilich nicht nur die Optik, sondern auch die Funktionsweise: Mit der Hitze des Heilwassers

zum Beispiel wird umweltschonend, weil völlig emissionsfrei, die gesamte Anlage geheizt und mittels Energiewandlern auch ein großer Teil des Strombedarfs gedeckt. Zudem wird das darin enthaltene natürliche Kohlendioxid zur Aufbereitung des Badewassers genutzt und der Rest verflüssigt und verkauft.

Den Kernbereich des Komplexes, der wie eine Stadt in unterschiedliche Viertel gegliedert ist, bildet die insgesamt 8500 Quadratmeter große Thermallandschaft. Sie umfasst den dank seiner Buchten, Brücken und Seitenarme überaus behaglichen Indoorbereich samt ausgedehnter Saunawelt, mehrere Außenthermalbecken, großes Wellenbad inklusive, und, zu Füßen eines künstlichen Bergkegels, den Vulkania-Heilsee. Letzterer wird durch eine 110 Grad Celsius heiße, äußerst mineralhaltige Quelle gespeist. Ihr smaragdgrünes Wasser fühlt sich wie Seide an und tut der Haut wie auch dem Stoffwechsel gut. Angeschlossen sind weitläufige Liege- und Erholungsflächen, auf denen sich in gesonderten Zonen Kinder austoben und FKK-Jünger nahtlos bräunen können. An der Peripherie stehen Apartmenthäuser und die vier mit dem Badebereich durch unterirdische Gänge verbundenen Hotelgebäude, das

Stamm-, das Stein-, das Kunst- und das Ziegelhaus. Wie gefühlvoll und ganzheitlich die Therme Blumau angedacht ist und betrieben wird, zeigt sich an einer Fülle von Details. So hat ein Erdheiler an den Kraftpunkten Energiesteine gesetzt und einen geomantischen Pfad eingerichtet. Ein Bachblütenlehrpfad und ein keltischer Baumreigen zur Entdeckung des persönlichen Geburtstagsbaums wurden angelegt und für die ganze Anlage ein Klangkonzept – »Harmonices Terrae« genannt – entwickelt, dessen Töne auf die Seele des Gastes wirken sollen. Ein Räuchermeister führt Feuermeditationen und verschiedene Rituale sowie in der Innentherme stündlich, jeweils durch einen Gong angekündigt, Räucherungen durch. Für gestresste Pärchen stehen Kuschelliegen und -bäder, in den Zimmern Fingermalfarben und Spiele zur Verfügung. Selbst ein Literaturwettbewerb wurde abgehalten. Im Restaurant »ObenDrauf« gibt es für Langschläfer Frühstück bis zwölf Uhr. Und, besonders wichtig: Neben den Hotelgästen haben in die Therme neuerdings pro Tag nur noch 180 externe Besucher Zutritt. So vermitteln allein schon die spezielle Ruhe und Muße dem Gast ein Gefühl der Auserwähltheit.

Bad Blumau

Anreise
Auto: Autobahn A 2, ab Graz bis Ausfahrt Ilz/Fürstenfeld (60 km), ab Wien bis Ausfahrt Sebersdorf (120 km), von dort auf ca. 8 km jeweils Beschilderung über Landstraßen folgen. *Bahn*: Bahnhof Bad Blumau an der Regionalstrecke Hartberg–Fürstenfeld.

Attraktionen
Umgebung: Thermenpark, Parkanlage in Form naturnaher Aulandschaft entlang dem Safenbach, tausendjährige, vermutlich älteste Eiche Europas im Ortsteil Bierbaum, Riegersburg, die Schlösser Kornberg, Kapfenstein, Obermayerhofen, Pöllau und Herberstein, Styrassic Park mit 60 originalgroßen Saurierfiguren, Steirische Wein- und Apfelstraße, Uhudlerlehrpfad in Eltendorf.

Aktivurlaub
Fünf Golfplätze im Umkreis von 35 km, darunter Golfschaukel Lafnitztal/Stegersbach mit 45 Löchern auf 190 Hektar sowie Anlagen in Loipersdorf, Bad Tatzmannsdorf, Bad Waltersdorf und Gleisdorf/Gut Freiberg, Reiten auf dem Reithof Thermenland (www.reithof-thermenland.at), Ballonfahren. Kulinarisches Erleben im Nahbereich: Weingut Thaller, Schnapsbrennerei Lagler, Essigmanufaktur Gölles, Schokoladenerzeugung Zotter, Schinkenmanufaktur Vulkano.

Essen und Trinken
Thermenrestaurant *RegenTag,* Gourmetrestaurant *GenussReich,* Poolrestaurant *ObenDrauf, LebensFroh* und *RundHerum* – Frühstücks- und Abendbüfett, Vulkania-Bistro *KleinUndFein,* Bar *KlimBim* mit Kaminlounge, Vinothek *FeineWeine,* Saunabar *KühlDichAb,* Caféhaus.

Übernachten
Stamm- und *Steinhaus* (jeweils. 46 Zimmer), *Ziegel-* und *Kunsthaus* (jeweils 100 Zimmer), zudem acht Waldhofhaus- und zwölf Augenschlitzhaus-Apartments.

Das Rogner Bad
8500 qm Wellnessareal mit insgesamt über 2700 qm Wasserflächen – Innen- und Außenthermalbecken, Whirlpools, Wellen- und Kinderbecken mit Süßwasser, Raum der Stille, Melchior Thermal- und Vulkania Heilquelle mit Heilsee und Unterwassermusik, Garten der vier Elemente mit 30 000 qm Erholungsfläche, Kinderspielbereich, FKK-Sonneninsel u.v.m. Saunalandschaft mit Finnischer Außensauna, Römischem Schwitz- und Türkischem Dampfbad, mit Bio-Sanarium, Aromaraum, Sprudel- und Kaltwasserbecken, 800 qm Sonneninsel und Liegegalerien, diverse Spezialaufgüsse und Saunarituale.
Vielfältige Bäder, Packungen und Massagen, von Fango und Moor bis Kräuterwickel, Trester und Thalasso, von Aroma, Ayurveda und Akupunktur bis Fußreflexzonen und TuiNa im Gesundheitszentrum *FindeDich,* diverse Gesichts- und Körperbehandlungen im Beauty Center *WunderSchön,* Sport- und Fitnessprogramme.

Informationen
Rogner Bad Blumau, A-8283 Bad Blumau 100, Tel. 0 33 83-51 00-0, Fax 0 33 83-5 10 08 08, www.blumau.com.

Die Reize der Vielfalt
Bad Tatzmannsdorf – Jungbrunnen seit über 400 Jahren

*Wellnessanwendungen und medizinische Therapien
ergänzen einander in der Angebotspalette von Burgenlands
bekanntestem Kurort aufs Harmonischste. Ein ganzer Verbund
qualitätvoller Hotels mit fünf großzügig gestalteten
Thermenlandschaften verwöhnt die Gäste.*

Thermalwasser, Moor und Kohlensäure: Einen zweiten Kurort, der seinen Gästen gleich drei natürliche Heilvorkommen bietet, kann man in Österreich, ja vermutlich in ganz Europa lange suchen. Dementsprechend nennt Tourismusdirektor Dietmar Lindau dieses Dreierpack stolz zuvorderst, wenn man ihn nach den *Unique Selling Propositions*, jenen Verkaufsmerkmalen, befragt, die Bad Tatzmannsdorf einzigartig machen. In der Tat ist der traditionsreiche Kurort im Südburgenland von der Natur ungewöhnlich reich gesegnet. Das kohlensäurehaltige Wasser, das hier aus zweihundert Meter Tiefe zutage tritt, wird gemeinsam mit dem gleichzeitig ausströmenden Gas seit dem 17. Jahrhundert therapeutisch genutzt. Wannen- und Gasbäder sind die klassischen Kurmittel zur Behandlung von Herz-Kreislauf-Erkrankungen, auf der das balneologische Prestige von Bad Tatzmannsdorf seit alters beruht. Auch das Heilmoor wird vor Ort schon seit über hundert Jahren gestochen und als Bad oder Packung vor allem gegen Frauenleiden und Rheuma verabreicht. Die Quelle hingegen, deren 34 Grad Celsius warmes, stark natrium-, calcium- und hydrogenkarbonathaltiges Wasser die insgesamt fünf Thermalbäder des Ortes speist, sprudelt erst seit 1988. Ihre Erbohrung bedeutete einen markanten Wendepunkt für das Selbstverständnis und die kurtouristischen Zielsetzungen der 1300 Einwohner zählenden Gemeinde.

Trinkkuren wurden in Tarcsa, so der ungarische Ortsname, bereits um 1600 absolviert. Schon damals gaben sich prominente Adelige, etwa die Erdödy, Esterházy oder Batthyány, hier ein Stelldichein. Von 1620 stammt jene gedruckte Lobpreisung, die ein gewisser Magister Johannes Mühlberger anlässlich der Eröffnung eines Sauerbrunnens hielt und die als offizielle Geburtsurkunde des Kurorts gilt. Wenig später wurde ein geregelter Badebetrieb aufgenommen und das »Sauerwasser«, in Flaschen gefüllt, täglich en masse nach Wien geliefert. Im Biedermeier, in der ersten Hälfte des 19. Jahr-

1 Marienquelle im Kur- und Thermenhotel. 2–4 Kontemplation wird in Reiter's Burgenland Resort großgeschrieben: buddhistisch inspiriertes Ausstattungsdetail, Kneipp-Massage-Raum und Shaolin-Mönch bei einer Konzentrationsübung am Yin-Yang-Pool von Reiter's Supreme Hotel.

1 Beliebter Treffpunkt für Spaziergänger ist der Brunnen im Kurpark.
2 und 4 Tauchbecken im Spa-Bereich und Außenpool des Kur- und Thermenhotels. 3 Ruheecke in Reiter's Supreme Hotel.

hunderts, stieg der Ort zum Modebad auf. Wo bis dahin Quellensumpf und Weingärten lagen, entstand mit finanzieller Hilfe Graf Casimir Batthyánys eine intakte Infrastruktur, Kurgarten und Lustwäldchen inbegriffen, in der sich – sie haben es literarisch belegt – auch Adalbert Stifter und Franz Grillparzer mit Freude verlustierten.

Nach dem österreichisch-ungarischen Ausgleich von 1867 wurde Tarcsafürdö binnen Kurzem zum bedeutendsten Kurzentrum in der östlichen Hälfte der nunmehrigen Doppelmonarchie. Das »ungarische Franzensbad«, wie man es wegen der Moorvorkommen nannte, erhielt Anschluss an das Eisenbahnnetz Richtung Szombathely (Steinamanger) und Budapest. In den dreißig »Badecabinetten« des neuen Kurhauses wurden jetzt jährlich Tausende von Bädern verabreicht und in seinem »Conversationssalon« feierte Ungarns High Society rauschende Bälle. Die Kurzone mit ihren vornehmen Hotels und Villen, der Wandelhalle, dem Musikpavillon und

dem von Palmen gesäumten Corso mutierte endgültig zur urbanen Insel inmitten eines durch und durch bäuerlich geprägten Umlands. Die historische Architektur wurde während der zweimaligen Kriegswirren weitgehend zerstört, die Kurtradition jedoch nach der Wiedereröffnung 1953 fortgesetzt. Frischer Schwung erfasste die Gemeinde in den 1970er Jahren dank des Entschlusses, sämtliche Kuranlagen den Erfordernissen der Zeit entsprechend generalzusanieren. Eine wirklich neue Weichenstellung jedoch bewirkte die bereits erwähnte Entdeckung der Thermalquelle Ende der 1980er. Nun wurden, dem Zeitgeist entsprechend und als Antwort auf das in der Region plötzlich grassierende Thermalbäder-Fieber, die klassischen Therapieanwendungen durch ein ausgefeiltes Wellnessprogramm ergänzt. Das Konzept: Der gesundheitsbewusste Gast sollte für alle Lebensphasen Maßgeschneidertes vorfinden – junge Paare Genussoasen für ein Wohlfühlwochende mit Whirlpools, Beauty und Sportaktivitäten, Familien kinderfreundliche All-inclusive-Pakete, *Middleagers* und aktive *Bestagers* den gediegenen Rahmen zum Relaxen, für Fitness- und Vorsorgeprogramme. Für all dies sorgen ein ganzer Verbund von Vier- und Fünfsternehäusern sowie

eine Vielzahl weiterer qualitätvoller Gasthöfe, Pensionen und Hotels.

Um auch die vielen kleineren Quartiere mit Heilwasser zu versorgen, schuf man die öffentlich zugängliche Burgenlandtherme. Mit seiner Lauf- und Walkingarena und dem weiten Wegenetz profilierte sich der Ort als eine Wiege des Nordic-Walking-, Lauf- und Wanderbooms. Und rund um Reiter's Burgenland Resort, ein hotelleristisches Aushängeschild der Region, finden Golf- und Pferdeliebhaber ihr Dorado. Das Schöne: Trotz all solcher Zeitgeistigkeit haben die Tatzmannsdorfer ihre Wurzeln in die Vergangenheit keineswegs durchtrennt. Im Gegenteil: Nicht nur, dass sie im Quellenhof in Dutzenden Vitrinen detailreich ihre 400-jährige Kurgeschichte präsentieren. Sie haben mit dem Freilichtmuseum auch der alten Volksarchitektur der Region ein liebevoll gestaltetes Denkmal gesetzt. Und schließlich hat sich die örtliche Gastronomie ihre Bodenhaftung bewahrt: Man lasse sich nur einmal in einem der gemütlichen Gasthäuser ein würziges Kürbisgulasch, einen Bohnensterz oder süße Somlauer Nockerl kredenzen. Dann weiß man ohne viele Worte, wovon die Rede ist.

Bad Tatzmannsdorf

Anreise
A 2 aus Richtung Wien bis Ausfahrt Friedberg/Pinggau, B 63 nach Pinkafeld, weiter über Oberschützen; aus dem Süden A 2, Ausfahrt Lafnitztal, B 50 über Oberwart nach Bad Tatzmannsdorf; Linienbusverbindungen und Gästeabholdienst aus dem Raum Wien.

Attraktionen
Bad Tatzmannsdorf: Freilichtmuseum mit Gesundheitsgarten, Kurpark mit Labyrinth, Kurmuseum im Quellenhof, Brot- und Radiomuseum.
Umgebung: Deutschkreuz mit Lehmden-Kirche und Goldmark-Gedenkhaus, Töpferdorf Stoob, Lockenhaus mit Burg, Serpentinmuseum in Bernstein, die Burgen Forchtenstein, Schlaining (mit Klangfrühling) und Lockenhaus (Kammermusikfestival), Eisenstadt, Neusiedler See mit Mörbisch (Seefestspiele) und Rust.

Essen und Trinken
Restaurant Spiegel, Tatzmannsdorfer Str. 55, Tel. 0 33 53-84 82, kein Ruhetag, Familienbetrieb direkt an der Burgenlandtherme, gehobene Hausmannskost mit Bioprodukten aus der Region, Spezialität: Pralinen aus eigener Herstellung.
Treiber, Jormannsdorfer Str. 52, Tel. 0 33 53-82 71, Mi. Ruhetag, Erlebnisgasthaus, gerühmt für seine Pizzen und Backhendln. Drei Tipps für Süßzähne: *Konditorei Kaplan* am Kurpark, *Gradwohl* (Vollwertbäckerei) und *Simon* (Kaffeesommelier).

Übernachten
Thermen- und Vitalhotel ****, A-7431 Bad Tatzmannsdorf, Elisabeth-Allee 2, 69 Zimmer, Tel. 0 33 53-82 00 72 01, Fax 0 33 53-82 00 72 05, www.thermen-undvitalhotel.at. Schicke, zeitgemäße Ausstattung, exzellentes Frühstücksbüfett und Restaurant, 2000 qm »Reich der Sinne« mit Innen- und Außenpools, diversen Saunen, Freizeitprogramm, Verbindungsgang zum Kurmittelhaus. Außerdem gehören zum Gesundheitsresort Bad Tatzmannsdorf das *Kur- und Thermenhotel* (5 Sterne) sowie das *Parkhotel* (3 Sterne, alle www.gesundheitsresort.at).
Reiter`s Burgenland Resort, A-7431 Bad Tatzmannsdorf, Am Golfplatz 1 bzw. 4, Tel. 0 33 53-88 41 bzw. 88 55, www.burgenlandresort.at. Luxus pur in Grünruhelage auf 120 ha. In *Reiter's Supreme Hotel* ***** (177 Zimmer), 7500 qm großes Yin-Yang-Spa mit In- und Outdoor-Thermallandschaft, vielfältigem Wellness- und Therapieangebot, FKK-Bereich, Fitness-Studio, Tennisplätze und -halle, Edelkosmetik, Gourmetrestaurant »Traube«, 27-Loch-Golfplatz, Lipizzanerreitstall.
Avance Hotel **** (167 Zimmer) mit All-inclusive-Prinzip.

Die Bäder
Kurzentrum im Kurpark, Therapieprogramm mit Kohlensäurebädern, Mooranwendungen, Trinkkuren und Massagen, Info: Kurbad AG, Tel. 0 33 53-85 81 0
Burgenlandtherme, öffentlich zugängliche, 1200 qm große Badelandschaft, Innen-, Außen-, Sport- und Frischwasserbecken, Spannonia-Bereich mit 16 verschiedenen Saunakabinen, angeschlossen *Hotel Avita* (www.avita.at), Am Thermenplatz 1, geöffnet Oktober–März Mo.–Mi. 9–22 Uhr, Do.–Sa. bis 23 Uhr, So. bis 21 Uhr, April–September nur Fr. bis 23 Uhr, Tel. 0 33 53-89 90, www.burgenlandtherme.at.

Informationen
Gästeinformation, A-7431 Bad Tatzmannsdorf, Joseph-Haydn-Platz 3, Tel. 0 33 53-70 15, Fax 0 33 53-70 15 14, www.bad.tatzmannsdorf.at.

Eine pannonische Idylle
Baden und golfen in Stegersbach

In dem noch jungen südburgenländischen Wellnesszentrum lassen sich Seele und Körper gleichermaßen verwöhnen. Neben dem modernen Thermalerlebnisbad erwarten eine herrliche Natur, Gaumenfreuden und Österreichs größtes Golfresort den Gast.

Verglichen mit den bekannten Ferienregionen Österreichs spielte das Burgenland lange Zeit die Rolle des Mauerblümchens. Das ehemalige Deutschwestungarn – knapp 4000 Quadratkilometer klein und von nur etwa 280 000 Menschen bewohnt – wurde erst 1921 der Alpenrepublik angegliedert, nach 1945 sowjetische Besatzungszone und geriet durch den Eisernen Vorhang vollends an den Rand der touristischen Welt. Binnen weniger Jahre aber ist nun alles anders geworden. Das politische Ende des Ostblocks hat das Burgenland aus seiner fatalen Randlage befreit und der EU-Beitritt 1995 hat reichlich Brüsseler Fördergelder in Österreichs ehemaliges Armenhaus gelenkt. Auch der Generationenwechsel lässt den neuen Zeitgeist prächtig gedeihen. Das macht sich angenehm nicht nur bei der Qualität der Hotels, der Gastronomie und auch der Weine bemerkbar. Vielmehr hat sich das touristische Angebot über den Neusiedler See und die Haydn-Konzerte im Eisenstädter Schloss Esterházy hinaus generell multipliziert.

Nach wie vor eher wenig bekannt und wohl gerade deswegen besonders naturnah und still präsentiert sich der südliche Teil von Österreichs östlichstem Bundesland. Er ist das Reich von Kürbis und Kernöl, der Rotweine, allen voran des Blaufränkischen, und die Domäne des Uhudlers, eines kuriosen, leicht moussierenden Tropfens aus unveredelter Rebe. Eingebettet in ein liebliches Gewoge aus Obstwiesen, Rebflächen und waldigen Hügeln zeugen mächtige Festungen wie Forchtenstein, Lockenhaus, Schlaining und Güssing von der über Jahrhunderte währenden Grenzlandfunktion.

Weitaus älteren Gegebenheiten verdankt die Region allerdings eine ihrer jüngsten Attraktionen: nämlich jenem tektonischen Bruch, der sich von der ostadriatischen Küste über das östliche Slowenien und die Steiermark bis hinauf in das Wiener Becken erstreckt. Entlang dieser »Thermenlinie« lagert vielerorts tief im Gestein heißes, heilkräftiges Wasser. Wo es nicht selbst aus der

1 und **3** Aktivitäten für jedes Alter: Golfschaukel Lafnitztal und Rutsche in der Therme. **2** Honig, Joghurt und Salz zum Einreiben des Körpers vor dem Saunagang. **4** Abendstimmung über der Wellnessoase Stegersbach. Im Hintergrund: das 2007 eröffnete Hotel Larimar.

1 Nach der Sauna sorgt Eis für Abkühlung. 2 Der Indoorbereich der Therme Stegersbach mit Kinderrutsche und Pool für Unterwassermassage. 3 Das Fitnessangebot umfasst unter anderem Ballgymnastik.

Tiefe sprudelt, hat der Mensch bohrend nachgeholfen. So geschehen auf burgenländischem Boden in Stegersbach. Die Entdeckung der beiden örtlichen Quellen war Ausgangspunkt für die kometenhafte Karriere der auf halbem Weg zwischen Oberwart und Fürstenfeld gelegenen Marktgemeinde als Tourismuszentrum des Südburgenlands. »Thermal I«, erschlossen 1989, liefert ein österreichweit einzigartiges Elixier. Es enthält neben Natrium-Hydrogencarbonat Schwefelanteile und rückfettende Stoffe. Ein medizinisches Bad in dem leicht gelblichen, öligen Wasser wirkt vor allem bei trockener oder juckender Haut wahre Wunder. »Thermal II« wurde zehn Jahre später erbohrt, ist ergiebiger, wenngleich weniger gehaltvoll, aber ebenfalls von nachhaltig positiver Wirkung auf des Menschen größtes Organ und den Bewegungsapparat. Das Heilwasser speist unverdünnt das Wellnessbad.

Erstmals eröffnet wurde die Therme Stegersbach samt zugehörigem Golfer-Hotel 1998. Für die künstlerische Gestaltung der Anlage zeichnete zunächst der für seine drollig-naiven Burgenlandbilder berühmte Maler Gottfried Kumpf verantwortlich. Überdimensionale Tierskulpturen und Reliefs, die von Weitem schon Originalität und spezielle Kinderfreundlichkeit signalisieren sollten, wurden zum Markenzeichen des Wellnessbetriebs. Dennoch änderte man zu Beginn des neuen Millenniums das Konzept, erweiterte und baute die Anlage massiv um. Seit der Wiedereröffnung im Jahr 2004 wartet auf Gäste eine hochmoderne, beinahe einen Hektar große Thermallandschaft mit 1700 Quadratmetern Wasserfläche. Hinter der breiten, elegant geschwungenen Glasfront sorgen vor

der Kulisse des hügeligen Landschaftshorizonts ein Wellen- und ein weitverzweigtes Indoorbecken mit künstlichem Wildbach, einer Grotte und Röhrenrutschen sowie mehrere Kinderpools für Vergnügen bei Jung und Alt. Unter freiem Himmel ergänzen ein Sport- und zwei Kaskadenbecken mit Schwallbrausen, Sprudeln und Whirlpools das Angebot. Eine neue, 1500 Quadratmeter große Saunalandschaft mit Innen- und Außen- sowie Ruhebereich, mit Dampfbädern, einer urigen Kellerstöcklsauna und einem türkischen Hamam lädt zur Entspannung ein. Wobei für die Aufgüsse allerlei ausgefallene Zusätze wie Honig, Joghurt, Eis, Uhudler oder Salz Verwendung finden. Und im angrenzenden Refugium bekommt man von fachkundigem Personal Packungen und Massagen, Spa- und Kosmetikanwendungen verabreicht. Ein weiterer Vorzug der Therme Stegersbach ist neben den aquatischen Freuden, der idyllischen Natur, der pannonisch geprägten Kulinarik und Kultur das Golfangebot. Unmittelbar neben den rund um die Therme entstandenen Viersternehotels – deren Gesamtbettenanzahl sich übrigens nach der Eröffnung des »Larimar« im Sommer 2007 der Tausender-Grenze nähert – erstreckt sich Österreichs größtes Resort, die Golfschaukel Lafnitztal, mit insgesamt sage und schreibe 45 Löchern.

Therme Stegersbach

Anreise
A 2 aus Richtung Wien bis Ausfahrt Oberwart/Lafnitztal, von dort B 50/B 57 über Kemeten und Litzelsdorf 23 km nach Stegersbach, alternativ weiter bis Ausfahrt Bad Waltersdorf, von dort 12 km.

Attraktionen
Stegersbach: Batthyány-Renaissanceschloss mit Regional- und Telegrafenmuseum.
Umgebung: Schlösser- und Südsteirische Weinstraße, Burg Güssing und Güssinger Kultursommer, Kellerviertel Heiligenbrunn, Freilichtmuseum Gerersdorf, Landtechnik-Museum in St. Michael, Weinmuseum Moschendorf, Schnapsbrennereimuseum in Neusiedl/Güssing, Eisenstadt, Graz.

Aktivurlaub
Golfschaukel Lafnitztal, eine der größten Golfanlagen Europas (www.golfschaukel.at), vier weitere Plätze sowie fünf Thermen im Umkreis von 35 km, wandern, z. B. Moorerlebnis oder Kuruzzenwanderweg, Uhudler-, Fischerei- und Naturlehrpfad, geführte Wanderungen durch den Naturpark Weinidylle oder die Obstgärten von Kukmirn, 35 km Lauf- und Walkingwege, 450 km Reit- und mehr als 600 km Radwege, Öko-Energie-Touren im Zentrum für erneuerbare Energien in Güssing.

Essen und Trinken
Wia'z'Haus, Thermenstr. 4, Tel. 0 33 26-5 36 16, Mo. Ruhetag, origineller, familiär geführter Landgasthof mit regionaler Schmankerlküche.
Brennofen, in Kukmirn, 10 km südlich von Stegersbach, Tel. 0 33 28-3 20 03, kein Ruhetag, Restaurant des Wellnesshotels Lagler, ausgezeichnete regionale Spezialitäten und Weine, feine Destillate aus eigener, preisgekrönter Produktion.

Übernachten
Thermenhotel ****, A-7551 Stegersbach, Golfstr. 1, Tel., Fax und Website: siehe Informationen, 141 Zimmer und Suiten. Zeitgemäßes Designerquartier im Thermenresort mit eigenem Sparadies (160 qm Wasserfläche) sowie Direktzugang zum öffentlichen Thermalareal. Zwei feine Restaurants, gemütliche Vinothek, Kinderbetreuung im Klub.
Balance Resort ****, A-7551 Stegersbach, Panoramaweg 1, 141 Zimmer, Tel. 0 33 26-5 51 55, Fax 0 33 26-5 51 50, www.balance-resort.at. Bestens ausgestattetes Qualitätshaus in Panoramalage mit eigenem, 1500 qm großen Wellness- und Beautybereich, Liegeterrassen, 10 000 qm großen Garten und Direktzugang zur angrenzenden Therme.

Das Bad
Hochmoderne Erholungsoase auf 15 000 qm, Badelandschaft mit etlichen Innen- und Außenbecken (34–37 Grad Celsius), vielgestaltiger Saunawelt (diverse Spezialaufgüsse), Beauty- und medizinisch orientierte Wellnessbehandlungen im Refugium (diverse Spezialmassagen), Packungen, Peelings und Bäder auf Basis hochwertiger Aroma- und Pflanzenöle, Kräuter, Molke, Sahne, apparative Kosmetik, Bergmüller Kompetenzzentrum für Fitness und Gesundheit, geöffnet 9–22 Uhr, gehört zum Thermenhotel.

Informationen
Golf & Thermenresort Stegersbach, A-7551 Stegersbach, Golfstr. 1, Tel. 0 33 26-5 00 0, Fax 0 33 26-50 08 00, www.dietherme.com.
Tourismusverband Stegersbach, A-7551 Stegersbach, Thermenstr. 12, Tel. 0 33 26-5 20 52, www.stegersbach.at.

Zu Besuch im Biedermeier
Baden bei Wien – Beschaulichkeit trifft Modernität

Wo über die Jahrhunderte Wiens Kaiser, Künstler und Bürger baden gingen: In dem Kurstädtchen am Rande des Wienerwalds schlägt das Herz der niederösterreichischen Thermenregion.

Die geologischen Gegebenheiten im Raum südlich von Wien bringen es mit sich, dass entlang einer Linie, die sich von der Grenze der Bundeshauptstadt über Mödling und Baden bis Bad Fischau und noch weiter über Neunkirchen Richtung Semmering zieht, tektonisch recht instabile Verhältnisse herrschen. Wir sind nicht in Japan oder Kalifornien, doch gelegentlich kann es hier, wo die Alpen abrupt zum Westrand der Ungarischen Tiefebene hin abbrechen, gemessen an mitteleuropäischen Maßstäben ganz schön rumpeln. Als Nebeneffekt dieser erdgeschichtlichen Verwerfungen entstand über die Jahrmillionen eine Kette heißer, mineralischer Quellen. Sie reicht von Wien-Oberlaa am Fuße der östlichen Ausläufer des Wienerwalds bis Bad Vöslau. Weiter südlich treten sogenannte Kalthermen zutage. Allen zusammen verdankt das Gebiet seinen heutigen Beinamen »Thermenregion«.

Touristisch zieht der Landstrich aus den Launen der Erdkruste seit nunmehr zwei Jahrtausenden seinen Vorteil. Bereits die Römer wussten um die Existenz und Heilkraft und auch um den Erholungswert der örtlichen Wässer aus den Tiefen der Erde. Nicht zufällig findet sich in einem ihrer Straßenverzeichnisse an der Stelle des heutigen Baden eine Siedlung namens Aquae. Der Ort taucht erneut im Jahr 869 in einer schriftlichen Quelle auf. Dann freilich schon als Padun und die Beifügung »in palatio« weist auf die Tatsache hin, dass sich damals hier eine karolingische Pfalz befand. Ab dem Spätmittelalter waren es die Habsburger, die den Ruhm des Marktes nachhaltig mehrten, indem sie hier kurten. Kaiser Friedrich III. zum Beispiel, »des Heiligen Römischen Reiches Schlafmütze«, wie er spöttisch genannt wurde, weilte mit seiner portugiesischen Gattin Eleonore gerne hier. Als er Baden 1480 zur Stadt erhob, verlieh er ihm auch jenes ziemlich frivole, bis heute gültige Wappen, auf dem in einem Holzbottich die »Figuren zweyer nackheten Menschen, Mann unndt Frawen« zu sehen sind. Um 1530 versuchte Kaiser Ferdinand I. die Badener mit der Schenkung des Frauen- und des Karolinen-

1 Der Schwefelbrunnen auf dem Josefsplatz. **2** In der Arena wird allsommerlich authentisch die gute alte Operettentradition gepflegt. **3** Detail des Brunnens im Kurpark. **4** Badens Kasino, am Rande des Kurparks gelegen, gilt als der größte Glücksspieltempel Europas.

bades und der Erlaubnis, pro Badegast zwei Pfennige Eintrittsgeld zu kassieren, über die von den Türken verursachten Zerstörungen hinwegzutrösten. Endgültig zum Kurort stieg die Stadt im Barock auf, als Kaiserin Maria Theresia höchstselbst mehrmals zur Erholung hier absteig. Nach ihr war das Theresienbad, das im späten 19. Jahrhundert dem heute als Kongresshaus und Kasino genutzten Bau weichen musste, benannt. Und 1792 schon hatten die Stadtväter zu Ehren der mächtigen Stammmutter des Hauses Habsburg-Lothringen den Theresiengarten, Vorgänger des heutigen Kurparks mit seinen exotischen Pflanzen, anlegen lassen.

Doch das gemütliche Städtchen zur Kaiserresidenz zu machen blieb Franz I. vorbehalten. Der kaufte sich, seinem beamtisch-bescheidenen Wesen gemäß, auf dem Hauptplatz ein zweistöckiges Haus und brachte darin von 1803 bis 1834 jeden Sommer zu. Die Adeligen, Künstler und Hofschranzen, die jeweils mit ihm aus Wien hierher kamen, verhalfen Baden zu einem ungeheuren Aufschwung. In dessen Zuge wurden nicht nur viele der heute noch existierenden Bäderanlagen errichtet. Die Stadt wurde auch, wie man heute sagen würde, zu einem Treffpunkt der Schickeria.

»Kavaliere, Staatsmänner, elegante Offiziere, Kranke und Gesunde, Verliebte und Hagestolze, Stutzer und schöne Frauen in junonischer Haltung« – so beschrieb ein zeitgenössischer Stadtführer das im Kurpark promenierende Publikum. Auch viel Künstlerprominenz gab sich seinerzeit ein Stelldichein: Bereits Mozart hatte seine Constanze, die in Baden zu kuren pflegte, des Öfteren besucht und hier sein »Ave Verum« geschrieben. Nun suchten und fanden Haydn und Salieri, Carl Maria von Weber, Schubert und Beethoven, der hier die »Missa Solemnis« und Teile seiner »Neunten« komponierte, Erholung und Inspiration. Zahlreiche Dichter, von Nestroy und Raimund bis Eichendorff und Hebbel, und auch romantische Maler wie Waldmüller, Schwind und die Brüder Alt kamen. Josef Lanner und Johann Strauß Vater konzertierten regelmäßig. Strauß Sohn siedelte in Baden seine »Fledermaus« an. Karl Millöcker und Carl Michael Zierer, deren Operetten bis heute allsommerlich im Jugendstilgebäude der Sommerarena zur Aufführung kommen, ließen sich auf Dauer nieder.

Eine kurzfristige Zäsur bedeutete in jener Blütezeit der Stadtbrand von 1812, der allerdings im Nachhinein betrachtet auch seine Vorteile hatte. Da er nämlich praktisch die gesamte Bausubstanz ein-

1 und 3 Sommerfeeling im Thermalstrandbad, das Österreichs größten Sandstrand sein Eigen nennt. **2** Das historische Frauenbad wurde in eine Galerie für zeitgenössische Kunst umgebaut. **4** Der mit Thermalwasser gespeiste Naturschwimmteich im historischen Thermalbad von Bad Vöslau. **5** Straßencafé am Josephsplatz. **6** Wohnraum im Jagdschloss Mayerling, in dem Kronprinz Rudolf 1889 Selbstmord beging.

äscherte, machte er einen vollständigen Wiederaufbau der Innenstadt erforderlich. Und der erfolgte in lupenreinem Klassizismus. Das Ergebnis: ein Bestand an Biedermeiergebäuden, wie ihn in Österreich kein anderer Ort besitzt. Meister dieser Architektur und in Baden so viel beschäftigt, dass er der Stadt seinen Stempel aufdrückte, war Josef Kornhäusel. Er schuf neben etlichen Bürgerhäusern und Villen unter anderem das Rathaus, den heute als elegantes Wellnesshotel geführten Sauerhof sowie für Erzherzog Karl die Weilburg, Österreichs bedeutendsten klassizistischen Schlossbau, der jedoch 1945 abbrannte.

Das (klein)bürgerlich-beschauliche Flair der ersten Hälfte des 19. Jahrhunderts hat sich in der Kurstadt trotz aller wirtschaftlichen Dynamik und ihrer Funktion als Schul- und Bezirkszentrum bis zum heutigen Tag erstaunlich unverfälscht erhalten. Baden – damit assoziiert man immer noch das k. u. k. Österreich, Beamte und Offiziere,

I Die Römertherme bietet alles, was man von einer modernen Badelandschaft erwarten darf. 2 Im historischen Franzensbad ist ein türkisches Hamam untergebracht. 3 Innenhof des Grand Hotel Sauerhof, einem Paradebau des Biedermeier.

Beethoven und Grillparzer, die gute alte Sommerfrische, viel Grün, behäbige, von Wohlstand zeugende Villen, Trabrennen vielleicht (die Gegend war in der Monarchie ein Zentrum des Pferdesports) oder auch Glücksspiel (hier steht seit 1934 Österreichs ältestes und, seit seinem Umbau 1995, Europas größtes Kasino). Weithin legendär ist auch noch das viel besungene »Wegerl« durch das Helenental, auf dem man entlang der Schwechat zwischen den beiden Burgruinen Rauhenstein und Rauheneck hindurch auf den Spuren Kronprinz Rudolfs bis nach Mayerling und weiter bis zum Zisterzienserstift Heiligenkreuz wandern kann. Zuallererst denkt man bei Baden allerdings an Thermalquellen und Kurbetrieb.

Seine balneologisch erstklassige Reputation hat sich der Nobelkurort, einigen kriegs- und konjunkturbedingten Zwischentiefs zum Trotz, über das 20. Jahrhundert hinweg erhalten, ja sogar noch ausgebaut. Einige ehemals renommierte Bäder hat man mittlerweile zwar zweckentfremdet – das Frauenbad etwa mit seiner imposan-

ten Säulenhalle als architektonisch extravagante Galerie für zeitgenössische Kunst, das Johannesbad als Kleinkunstbühne und das Josefsbad als Kaffeehaus. Doch die 14 auf Badens Boden entspringenden Quellen liefern mit beruhigender Regelmäßigkeit aus bis zu tausend Metern Tiefe weiterhin täglich rund sechs Millionen Liter des 36 Grad Celsius warmen Thermalwassers und hüllen den Ort stellenweise in eine mehr oder weniger intensiv »duftende« Schwefelwolke. Und die Möglichkeiten zu einem Bad in diesem »flüssigen, gelben Gold« sind nach wie vor verlockend.

Einen Mittelpunkt des feuchten und gesunden Treibens bildet von Anfang Mai bis Ende September immer noch das 1926 eröffnete Thermalstrandbad – ein 42 000 Quadratmeter großes Areal, auf dem dank eines riesigen Sandstrands mit Umkleidekabinen im Artdéco-Stil, dank Palmen, Cafés und Eissalons bisweilen das erstaunlich authentische Flair eines altösterreichischen Adriabades herrscht. In der Beckenlandschaft hingegen, bestehend aus zwei Schwefel-, einem Kinder- und zwei 50-Meter-Schwimmbecken, sorgt modernste Ausstattung mit Massagedüsen, Bodengeysiren, Strömungskanal, Wasserpilz und -rutsche für zeitgemäßes Wohlgefühl. Ganzjährig und unabhängig von Wind und Wetter kann man dem Stress und

den Belastungen des Alltags seit einigen Jahren in der Römertherme entfliehen. Ihr gigantisches Glasdach überspannt eine ultramoderne, mit allen Raffinessen ausgestattete Wellnesslandschaft. Die Anlage umfasst aber auch zwei Außenbecken und, unter dem Dach der in den 1840er-Jahren von den beiden Ring-straßenarchitekten Siccardsburg und van der Nüll erbauten Mineralschwimmschule, einen siebenhundert Quadratmeter großen Sauna- und Dampfbadbereich. Die vielfältigen Angebote des an-grenzenden Kurhauses und des Hotels Badener Hof ermöglichen, den Thermenbesuch zu einem Gesundheitsurlaub zu erweitern.

Apropos baden in k. u. k.-Atmosphäre: Schöne Reste derselben verströmen auch zwei weitere Thermalbäder in der Region. Zum einen das im benachbarten Bad Vöslau: Die Anlage, umgeben von duftenden Föhrenwäldern, öffnete 1926 ihre Pforten, bietet bis zu 10000 Gästen Platz und wurde immerhin von Theophil Hansen, dem Architekten von Parlament, Börse und Musikverein in Wien, gestaltet. Noch einen Schuss nostalgischer präsentiert sich das altehrwürdige Thermalfreibad von Bad Fischau – ein Juwel der Freizeitarchitektur mit Holzsteg und in edlem Schönbrunnergelb gestrichenen, hölzernen Umkleidekabinen.

Baden bei Wien

Anreise
Von Wiens Stadtgrenze gut 20 km über die A 2 oder stressfreier in rund 75 Min. von der Wiener Ringstraße mit der Badner Bahn.

Attraktionen
Baden: Innenstadt mit Kaiserhaus, Stephanskirche, Städtisches Rollett-Museum, Beethovenhaus, Puppen- und Spielzeugmuseum, Kasino im Kurpark, Rosarium im Doblhoffpark, Stadttheater und Sommerarena (Operettenfestival), Galerie im Frauenbad.
Umgebung: Stift Heiligenkreuz, Jagdschloss Mayerling mit Kronprinz-Rudolf-Gedenkstätte, Heurigenbesuch in den Winzerorten Gumpoldskirchen und Pfaffstätten.

Aktivurlaub
Kulturwanderweg Baden–Heiligenkreuz–Mayerling über das »Wegerl im Helenental«. Golf-Arena mit acht Plätzen im Umkreis von 35 km, www.golfarena.baden.at.

Essen und Trinken
Café Metternich, Kaiser-Franz-Ring 12, Tel. 0 22 52-8 07 20, Juwel im Biedermeierstil mit köstlichen Torten und Cremeschnitten.
Villa Nova, Helenenstr. 19, Tel. 0 22 52-20 97 45, So., Mo. Ruhetag, mediterrane, fischorientierte Küche mit asiatischem Touch in alter Herrschaftsvilla mit großem Garten.

Übernachten
Grand Hotel Sauerhof ****, A-2500 Baden, Weilburgstr. 11–13, 88 Zimmer, Tel. 0 22 52-4 12 51, Fax 0 22 52-4 80 47, www.sauerhof.at. Prächtiges Biedermeierpalais mit Gourmetrestaurant, großzügigem Fitness-Vital-Center samt Hallenbad über hauseigener Thermalquelle, Beautyfarm.
Badener Hof ****, A-2500 Baden, Pelzgasse 30, 72 Zimmer, Tel. 0 22 52-4 85 80, Fax 0 22 52-4 85 80-57 20, www.badenerhof.at. Modernes, exklusives Gesundheits- und Kurhotel mit breitem medizinischen Angebot und direkter Anbindung zu Kurzentrum und Römertherme.
Schloss Weikersdorf ****, A-2500 Baden, Schlossgasse 9–11, 100 Zimmer, Tel. 0 22 52-4 83 01 0, Fax 0 22 52-4 83 01-1 50, www.hotelschlossweikersdorf.at. Romantisches Schlosshotel inmitten des Rosariums, modernes Innendesign, 1000 qm großer Beauty-und Spabereich, Restaurant mit Haubenküche.

Die Bäder
Römertherme, moderne Badelandschaft mit 900 qm Wasserfläche, diverse Dampfbäder und Saunaformen, Wellnesscenter, Therapiezentrum, geöffnet tgl. 10–22 Uhr, Brusattiplatz 4, Tel. 0 22 52-4 50 30, www.roemertherme.at.
Thermalstrandbad, riesige Open-Air-Anlage mit größtem Sandstrand Österreichs und 5000 qm Wasserfläche, geöffnet Mai bis Ende September, tgl. 8.30–18 oder 19 Uhr, Helenenstr. 19, Tel. 0 22 52-4 86 70.
Kurzentrum, vielfältiges Therapieprogramm, Anwendungen von Schwefelwasser bei Rheuma und Erkrankungen des Bewegungsapparats, der Atemwege und Verdauungsorgane in Form von Bädern, Schlammpackungen und Trinkkuren, direkt neben der Römertherme, Brusattiplatz 4, Tel. 0 22 52-4 45 31, www.badener-kurzentrum.at.

Informationen
Tourist Information, A-2500 Baden bei Wien, Brusatiplatz 3, Tel. 0 22 52-2 26 00-6 00, www.baden.at.

Schnee und Thermalwasser – eine spannungsreiche Mischung für die Kurgäste von Bad Scuol.

Schweiz

Exklusiver geht's nicht
Bad Ragaz – Kurort von Welt am Alpenrhein

*Europas ergiebigste Akratotherme entspringt
am Grund einer unwirtlichen Schlucht. Aber das Ambiente,
in dem man ihr Wasser heute genießt, sucht – nicht nur in der Schweiz
– seinesgleichen. Ob Spahouse, Tamina Therme oder Grandhotels:
Wohlfühlluxus, wo man hinblickt.*

Wenn nicht eine solche Hotelkultur, welche dann darf man als »klassisch, auf allerhöchstem Niveau« bezeichnen? Ein Entree, getaucht in warme, hellgoldene Farben, diskreter Stuck, Marmor, weite Treppen mit schmiedeeisernen Balustraden, angrenzend lichtdurchflutete Salons mit Sesselandschaften auf dicken Teppichen unter kristallenen Lüstern. Auch die Zimmer und Suiten – Sinfonien aus edlen Stoffen und Hölzern, Draperien, intarsierten Parketten, wertvollen Möbeln ... Gepolsterte Eleganz fern von jedem Protz, wohin man blickt, diskret gepaart mit Hightechservice. Einen feinen Kontrapunkt bildet die moderne Kunst, die gerahmt die Flure ziert. Dazu erweisen sich gleich sechs Restaurants als Refugien raffinierter Gaumenfreuden. Im Herzen der Anlage befindet sich, als Mittelpunkt der weitläufigen Wellnesszone, das Helenabad – antikisch gestaltet mit marmornen Arkaden, Gipsbüsten, stuckierter Kassettendecke und gefüllt mit wohlig temperiertem Thermalwasser.

Draußen vor der Bilderbuchkulisse aus Berggipfeln und sattgrünem Wald laden beiderseits der Allee aus Richtung Chur und Davos zwei herrlich schattige Plätze zum Golfen ein. Der Rasen und die Rosenrabatte rund um den Gartenpool und an der Zufahrt scheinen wie mit Pinzette und Nagelschere manikürt. Livrierte Herren öffnen Neuankömmlingen den Wagenschlag mit einer Dezenz, die generationenalter Tradition und Schulung im Umgang mit anspruchsvollen Gästen entspringt. Willkommen, deuten ihr Blick und Händedruck, willkommen in den Grandhotels Bad Ragaz – einem der elegantesten Health-, Spa- und Golf-Resorts der Welt!

Wer zu Beginn des dritten Jahrtausends in dem weltberühmten Kurort im hier breiten Tal des Alpenrhein weilt, kann sich die beängstigenden Szenen aus der Pionierzeit des hiesigen Badewesens wohl beim besten Willen nicht vorstellen. Denn die Anfänge der Thermenkultur im sogenannten Sarganserland, nahe bei Liech-

1 und **4** Das antikisch gestaltete Helenabad bildet das Herz der weitläufigen Wellnesszone der Grand Hotels. **2** Sinnträchtiges Wandbild im frisch renovierten Dorfbad. **3** Auch Gaumenfreuden kommen im Dorfbad keineswegs zu kurz.

tenstein zu Füßen des über 2800 Meter hohen Pizol, standen einst, was Wirkung und Stil betrifft, im denkbar größten Kontrast zum heutigen Wohlfühlluxus. Vier Kilometer von dem ehemaligen Bauerndorf Ragaz entfernt, in den Bergen, hat sich über die Äonen das Wasser des Bächleins Tamina eine extrem enge und tiefe Schlucht in den Fels gefräst. An deren Grund tritt mit konstant 36,5 Grad Celsius eine nur schwach mineralisierte »reine, warme Quelle«, Europas wasserreichste Warmwassertherme, zutage. Die Überlieferung weiß von ihrer Entdeckung im 11. Jahrhundert zu berichten. Einen regulären Badebetrieb organisierte um 1242, also knapp fünfzig Jahre, bevor sich die drei Urkantone zum »Ewigen Bund« der Eidgenossen vereinten, ein gewisser Hugo II. von Villingen – seines Zeichens Abt der 740 oberhalb von Ragaz gegründeten Benediktinerabtei Pfäfers. Lange Zeit führte der einzige Weg hinab zu den in den Fels geschlagenen Badekesseln über hängende Holzleitern. Patienten, die unter Schwindel litten, wurden, in Tücher gewickelt, mit verbundenen Augen in Körben abgeseilt. Bis ins späte 14. Jahrhundert mussten die Heilsuchenden, da ständiges Ab- und Aufsteigen zu gefährlich war, am Stück sechs bis sieben Tage am Boden der Schlucht ausharren. Kein Wunder, dass manch einer die Situation als äußerst bedrohlich, ja paranormal empfand. Der schmale Lichtspalt zum Himmel hin und der von Dämpfen umwabberte Felsschlund mit offenbar direktem Kontakt zum brodelnd heißen Erdinneren veranschaulichten auf furchterregende Weise das damals gängige Bild eines höllischen Jenseits. Auch nachdem das Kloster 1382 »vierzig Schuh über dem tosenden Schluchtwasser« auf Tragebalken, die man zwischen die Felswände klemmte, erste Holzbauten mit Zimmern, Küche und Stube errichtet hatte, galt das Bad weiterhin als »Ort der Schattennacht«, als »Gruft, schwärzer und schaudriger noch als der Acheron oder Styx«, wie Heinrich Schobinger, ein Arzt aus St. Gallen, bekannte. Noch im frühen 17. Jahrhundert – längst schon erleichterte eine hölzerne Brücke den Zugang und hatte Paracelsus die »Kräftewirkung der Pfäferser Therme« fachkundig gelobt – schilderte Karl Paschal, der Königliche Französische Botschafter in Bünden, die Taminaschlucht als Ort, an dem »Luftgestalten von Geistern ungescheut umher flat-

tern« und der Waldbach »eilt mit grässlichem Geheule … und stürzt von Zorne schäumend trübe Fluten, der hohen Berge Kinder wild herab …«.

Es dauerte weitere hundert Jahre, bis die Benediktinermönche am Rande der Schlucht jenes barocke Badehaus und Hospiz errichten ließen, das, durch eine Armenanstalt und ein Duschbad erweitert, bis 1969 in Betrieb bleiben sollte, als oben in Valens die Rheuma- und Rehaklinik eröffnete. Und das, in den 1980er- und 90er-Jahren schrittweise restauriert, heute ein Kloster- und ein Bademuseum, eine Paracelsus-Gedenkstätte und ein gutes Restaurant beherbergt. 1840 schließlich, zwei Jahre nach der Säkularisierung des Klosters, wurde parallel zu einem ersten Fahrweg eine Leitung aus Holzrohren gebaut, die das »Pfäferser Gold« aus der Schlucht bis nach Ragaz beförderte. Dort entstand im sogenannten Hof, der ehemaligen Statthalterei und kleinen Residenz der Fürstäbte, das erste, noch bescheidene Badehotel des künftigen Kurorts. Der Startschuss für die Karriere zum international bekannten Bad erfolgte 1868. Da verkaufte der Kanton St. Gallen einem gewissen Bernhard Simon die Domäne Ragaz samt der Konzession zur Nutzung der Thermalquelle. Simon, ein gebürtiger Schweizer, der als Architekt zahlreicher Adelspalais in St. Petersburg zu Geld und Ruhm gelangt war, ließ in Windeseile ein Grandhotel, den Quellenhof, sowie den Kursaal und mehrere Villen errichten. Parallel schuf er Park- und weitere Badeanlagen, unter anderem das europaweit erste Thermalhallenbad. Binnen kürzester Zeit mutierte das bisherige Bauerndorf zu einem Treffpunkt für Europas Reiche, Mächtige und Schöne. Vor allem russische Aristokraten reisten in großer Zahl für mehrmonatige Kuren an. Im Gepäck brachten sie ihren mondänen Lebensstil mit. Ab da sollte Bad Ragaz über die Jahrzehnte, allen Wirtschaftskrisen und den beiden Weltkriegen zum Trotz, seinem Ruf als Badeort von Welt ohne Unterbrechung gerecht werden. An seinem Ausbau waren neben Simon auch andere Architekten von Rang wie Gottfried Semper, Felix Wilhelm Kubly und Léopold Stanislas Blotnitzki beteiligt. In seinen Gästebüchern aus der frühen Blüte finden sich die erlesensten Namen der Alten Welt, von den Fuggern, Habsburgern und Hohenzollern

1 Das im Herbst 2006 als »Spahouse« wieder eröffnete Dorfbad. 2 In solch privatimen Einzelräumen genießt man als Gast des Dorfbades vielerlei Baderituale. 3 Nachbildung der Taminaschlucht im Spa-Bereich der Grand Hotels. 4 Der Gipfel des Pfäfers spiegelt sich in der Fassade der berühmten Spielbank. 5 Thermalwassertankstelle im Dorfbad.

1 So lässt sich's logieren: Fürstensuite im Hotel Quellenhof. 2 und 3 Es darf serviert werden: im Restaurant der Grandhotels und durch den Butler in der Suite. 4 und 5 Foyer und Treppenhaus im Quellenhof. Die Gusseisengeländer stammen aus dem Vorgängerbau.

bis zu den Esterházy und Thurn und Taxis. Auch Lord Mountbatten, der letzte britische Vizekönig von Indien, oder amerikanische Millionäre und die Stars der jungen Filmwelt wie Mary Pickford oder Douglas Fairbanks erwiesen Bad Ragaz ihre Reverenz. Um 1880 galt der Komplex aus den Grandhotels Quellenhof und Hof Ragaz mit den zugehörigen Nebengebäuden, Bädern und Chalets als größtes Kur-Etablissement der Schweiz.

Einen mit den Pionierleistungen Bernhard Simons vergleichbaren Neurungsschub bedeutete der Totalabbruch des Quellenhofs im Jahr 1995 und sein Wiederaufbau als nunmehr zeitgemäßes Luxushotel in historischer Hülle binnen nur 22 Monaten. Ebenfalls in den 1990ern entstand der To B. Health Club, eine 3000 Quadratmeter große, hoteleigene Wohlfühloase, die neben dem erwähnten Helenabad unter anderem einen römisch-irischen Bereich, ein

Sportbad, Whirlpools und Saunalandschaften umfasst. Seit 2001 komplettiert das Kasino das Freizeitangebot des Resorts.

Ohne Zweifel bilden die beiden Grandhotels das touristisch-balneologische Herzstück von Bad Ragaz. Zumal ihnen ein hochkarätiges medizinisches Zentrum und an der Rückseite die Tamina Therme, eine vielgestaltige, öffentlich zugängliche Badelandschaft (die übrigens ab 2008 von Grund auf erneuert wird), angeschlossen ist. Außerdem wartet der Kurort noch mit etlichen weiteren Einrichtungen auf, die Körper und Seele gleichermaßen verwöhnen. Da ist zum Beispiel das im Herbst 2006 eröffnete Spahouse im 140 Jahre alten Dorfbad, in dem man nach modernsten medizinischen Erkenntnissen naturheilkundliche Therapien mit Wellnessanwendungen verquickt. Wellness im Verbund mit kosmetischen Behandlungen steht auch im Beautycenter »ad fontes« im Vordergrund. Der Traditionellen Chinesischen Medizin hingegen haben sich die Experten des Zentrums MediQi verschrieben. Für zusätzlich wohltuende Wirkung sorgt die herrlich wanderbare Natur der Region zwischen Prättigau und Walensee, Rätikon und den Glarner Alpen.

Bad Ragaz

Anreise
Auto: A 3 (aus dem Raum Zürich) oder A 13 (aus dem Raum Bodensee) Richtung Chur bis Ausfahrt Bad Ragaz.
Bahn: über Zürich oder Bregenz und St. Gallen.

Attraktionen
Taminaschlucht und Altes Bad Pfäfers mit Paracelsus-Gedenkstätte, Kloster- und Bademuseum (Zufahrt nur mit Schluchtenbus oder Rössliposcht), Trinkhalle und historisches Dorfbad, Pinakothek im Alten Rathaus, Kirche St. Pankraz und Leonhardkapelle, Open-Air-Skulpturenausstellung (Triennale), Burgruinen Freudenberg und Wartenstein, Pfäfers mit ehemaliger Abtei, Walserdorf St. Martin im Calfeisental, Heidihaus und -dorf, Schloss Sargans, Vaduz, Chur, Thusis mit Via Mala, GeoPark Sarganserland-Walensee-Glarnerland.

Essen und Trinken
Äbtestube, Gourmetrestaurant im Grand Hotel Hof Ragaz, nur abends, So., Mo. Ruhetag, 16 Gault-Millau-Hauben, edles Ambiente in historischen Räumlichkeiten.

Übernachten
Grandhotels Bad Ragaz: Quellenhof ***** und *Hof Ragaz* ****, beide CH-7310 Bad Ragaz, 106 bzw. 135 Zimmer, Tel. 0 81-3 03 30 30 oder 0 0800-80 12 11 10, Fax 0 81-3 03 30 33, www.resortragaz.ch. Führendes Health-, Spa- und Golf-Resort der Schweiz, fabelhaft in Ausstattung, Service und Ruf. Angeschlossen: die Clubs To B. Health, Beauty und Hairstyling, Tamina Therme, Medizinisches Zentrum für Prävention und Rehabilitation, Swiss Olympic Medical Center.

Baden und Kuren
Das Thermalwasser der Taminaquelle findet vor allem bei Lähmungen, Rheumatismus und Kreislaufstörungen Anwendung. *Tamina Therme*, Nachfolger des europaweit ersten Thermalhallenbads mit zwei Innen- und einem Freiluftbad samt Whirlpool, Wasserfall, Strömungskanal, Sprudelsitzen, -liegen und -grotte, Ruheraum und Solarien (33–36,5 Grad Celsius), im Angebot Wassergymnastik, Massagen, geöffnet tgl 7.30–21 Uhr, Tel. 0 81-3 03 27 41, www.resortragaz.ch.
Spahouse im Dorfbad, seit Herbst 2006 im restaurierten historischen Gemäuer, vielfältige Badeanwendungen, Baderituale im privaten Rahmen, Naturheilverfahren und Ernährungstherapien im Schaub Institut, geöffnet Di. bis Do. 9–19 Uhr, Fr., Sa. 10–22 Uhr, So. 10–18 Uhr, Tel. 0 81-3 30 17 50, Am Platz 1, Postfach 320, www.spahouse.ch.
Ad fontes, Beauty- und Wellnesscenter mit klassischer Kosmetik, Massagen, fernöstlichen Behandlungen, Schwimmbad, Sauna, Solarium, Kneippen usw., angeschlossen Vitalcenter und Gästehaus Vitalresort, Tel. 0 81-3 02 40 10, Kirchgasse 18, www.adfontes-wellness.ch.
MediQi, das 1996 gegründete erste von mittlerweile acht Schweizer Zentren für Traditionelle Chinesische Medizin, sämtliche Behandlungsmethoden von Akupunktur und Kräutermedizin bis Schröpfen und Moxibustion, Mo.–Fr. vor- und nachmittags geöffnet, genaue Zeiten erfragen, Tel. 0 81-3 00 46 60, Bartholoméplatz, www.mediqui.ch.

Informationen
Bad Ragaz Tourismus, CH-7310 Bad Ragaz, Am Platz 1, Tel. 0 81-3 00 40 20, Fax 0 81-3 00 40 21, www.spavillage.ch.

Eintauchen in die Welt des Zen
Therme Vals – wo Baden zur Meditation wird

Tief in den Bergen Graubündens schuf der Architekt Peter Zumthor einen Badetempel ohnegleichen. Der aus Quarzitplatten geschichtete Kubus entpuppt sich im Inneren als mystische Höhle, deren faszinierende Strenge die Sinne entschlackt und die Seele sensibilisiert.

Eine »einzigartige archaische Bade- und Therapielandschaft voll stiller Sinnlichkeit«, eine »Lektion in Sachen Mut und Ästhetik«, »ein Bad, wie es die Welt noch nie gesehen hat« ... Als Vals, der Hauptort des gleichnamigen, für sein Mineralwasser berühmten Tals im westlichen Graubünden, 1996 nach zehnjähriger Planungs- und Bauarbeit der Öffentlichkeit seine neue Therme präsentierte, überschlug sich die internationale Architekturkritik vor Euphorie. Die kleine Gemeinde hatte das Visionäre gewagt: Auf 1250 Meter Seehöhe gelegen und seit der Zuwanderung der Walser aus der Gegend um Zermatt vor über siebenhundert Jahren eine deutschsprachige Insel in der sonst rätoromanischen Surselva, hatte sie des Längeren schon, wie so viele Bergdörfer, massiv unter Abwanderung und Überalterung gelitten. Doch Anfang der 1980er Jahre kaufte sie das örtliche, schwer defizitäre Thermenhotel und beauftragte Peter Zumthor mit der Planung eines neuen Bades. »Als sich die Valser dazu entschlossen hatten, einen modernen, für die Region untypischen Bau zu realisieren«, erinnert sich Annalisa Zumthor, Direktorin des Hotels und Ehefrau des gefeierten Architekten, »sagten alle: Ihr ›spinnt‹. Heute ist die Therme weltweit bekannt.« Bereits im ersten Jahr zählte der Geniewurf ihres Mannes doppelt so viele Besucher wie erwartet, im zweiten wurde er unter Denkmalschutz gestellt. Die investierten 26 Millionen Franken (17 Millionen Euro) sind auf dem besten Weg, sich zu amortisieren. Vals zählt heute wieder mehr als tausend Einwohner, Tendenz weiter steigend. Der Bündner Ort ist längst zum Pilgerort für Architekturbegeisterte und weltgewandte Schöngeister avanciert. Eine Möglichkeit, das Unvergleichliche der Therme Vals zu beschreiben, besteht in der Auflistung all dessen, was man in ihr nicht findet: Rohre und Roste beispielsweise, Schilder und Schächte, Kacheln oder Kunststofftüren. Auch die anderswo gängigen Installationen wie Rutschen und Düsen, Sprudler und Strömungskanäle sucht man vergebens. Einige wenige Wände aus Beton, gebürstetes Mes-

1 Vierbeinige Bewohner von Vals auf Futtersuche. **2** Badefreuden unter freiem Himmel. **3** Hotel-Therme: Blick von der Lobby zum Restaurant Roter Saal. **4** Das Außenbad der Therme Vals, gelegen auf 1250 Meter Seehöhe im Graubündner Tal.

1 Panoramablick von der Lobby des Hotel Therme. **2** und **3** Beauty-behandlung und ein Gesundheitstrunk danach, genossen in der Well-nessabteilung des Bades. **4** Im Innenbad: Die Mauern der Therme sind zehntelmillimetergenau aus Natursteinplatten, 60 000 insgesamt aus dem ortseigenen Steinbruch, geschichtet.

sing bei den Geländern, Mahagoni in der Garderobe, schwarze Ledervorhänge, hölzerne Liegen ... Doch als Grundmaterialien dominieren das weiche Wasser und der rohe Stein. Es gilt, das stille, mystische Ritual des Badens, des Sichreinigens und Entspannens, der Entschlackung der Sinne zu erfahren.

Alle Mauern des so strengen wie eleganten quaderförmigen Baus, auch die tragenden, wurden aus Natursteinplatten im Verbund-mauerwerk geschichtet. 60 000 sind es insgesamt, die in nur drei verschiedenen Stärken auch Decken, Beckenböden, Treppen, Türöffnungen und Sitzbänke bilden. Der graugrün schimmernde Gneis stammt aus dem ortseigenen Steinbruch. Er wurde mit modernsten Maschinen zehntelmillimetergenau zugeschnitten und genauso präzise verlegt. Von außen betrachtet gleicht das Gebäude, von dem sein Schöpfer sagt, dass es »mit aktuellen

Architekturtrends nichts zu tun hat«, in seiner Gesamtheit einem durchlöcherten Monolith. Und fügt sich damit in die uralte Tradition der Steinkulte, denen die Alpenbewohner seit grauer Vorzeit in Form von Menhiren und Steinkreisen huldigten.

Betritt man den Kubus, gelangt man zunächst in einen engen, düste-ren Gang. Aus Kupferrohren rinnt ungefiltert Valser Wasser. Seine Mineralien, vor allem das ionisierte Eisen, überziehen die Wände Tropfen für Tropfen mit rostfarbenen Ablagerungen – ein Memento an das unweigerliche Verfließen der Zeit und zugleich ein wunder-schönes Trugbild, als führe der Weg hinab in die geologischen Tie-fenschichten der Graubündner Berge. Doch am Ende erblickt man die Badelandschaft: Inmitten des zentralen Raums liegt das große Becken, um dieses gruppiert, durch Wände abgetrennt und unter-schiedlich temperiert mehrere kleine. Zum Erhitzen dient das rote Feuerbad, zum Abkühlen das blaue Eisbad, zum Schwitzen der pechschwarze Dampfbereich. Hinzu kommen ein Blütenbad mit Blumen, die Quellgrotte und das Klangbad, in dem man das aus dem Erdinneren strömende Wasser hört. Apropos Akustik: Sie ver-setzt den Gast dieses wässrig-kavernösen Labyrinths generell in

einen seelischen Schwebezustand. Es tönt blechern, vibriert, klingt nach und hallt wider – eine Klangwelt, die an ein tibetisches Kloster, vielleicht auch an pränatale Erfahrungen erinnert. Ein besonderer Leckerbissen für sensible Ohren sind die »sounding stones«, eine ausschließlich durch Steininstrumente erzeugte Installation, mit der Fritz Hauser, ein Baseler Komponist, bewirkt, was sich sonst nur mühevoll mittels Entspannungsübungen erlernen lässt, das völlige Loslassen nämlich.

Solcherart nahezu neu geboren, fühlt man sich reif für den Genuss diesseitiger Freuden: So streckt man sich im Ruheraum auf einer der Liegen à la Corbusier aus und lässt den Blick durch die Panoramafenster über die Almwiesen, die Tannenspitzen und die grandiose Bergwelt schweifen. Danach gönnt man sich in den grausilbrig getönten Therapieräumen eine Meerschlamm-Minze-Packung oder eine Anti-Aging-Maske, eine Lymphdrainage, eine Lomi-Lomi-Massage oder eine Manicure de luxe und lässt sich schließlich – reinsten Gewissens nach so viel innerer und äußerer Läuterung – nebenan, im Hotelrestaurant »Roter Saal«, von Küchenchef Urs Dietrich kulinarisch verwöhnen.

Vals

Anreise
Auto: A 3 aus Richtung Zürich oder A 13 aus dem Raum Bodensee bis Chur, S 19 über Flims nach Ilanz, von dort 20 km durch das Valser Tal.
Bahn: mit der SBB nach Chur, von dort mit der Rhätischen Bahn nach Ilanz und weiter mit dem Postbus nach Vals.

Attraktionen
Hochgebirgsnatur, Dorfkern mit historischer Bausubstanz, Heimatmuseum im Gandahus, Bildhauerei Walker, Atelier Zameia, Therme-Laden im Haus Zerfreila mit Zumthor-Möbeln.

Aktivurlaub
Höhen- und Gratwandern, Gletschertouren, Klettern, Besteigung des Rheinwaldhorns und der Gipfel des Adulamassivs, Mineralien suchen, Mountainbiken, Vita Parcours, Skigebiet Dachberg 3000 mit fünf Liften, Snowboardvalley, Rodeln, Lang- und Schneeschuhlaufen, Winterwandern.

Essen und Trinken
Restaurant Roter Saal im Hotel Therme, Anfang April bis Mitte Juni geschlossen, mit 14 Gault-Millau-Punkten prämierte kulinarische Hochämter, von Chef Urs Dietrich täglich in Form sechsgängiger À-la-carte-Menüs zelebriert, bei denen man aus 16 Gerichten wählen kann. Für Gesundheitsbewusste 1000-kcal-Diät, Di. und Fr. Teilbüfett oder Galadiner, Reservierung unerlässlich.
Restaurant Chessi im zum Hotel Therme gehörigen Haus Zerfreila, tgl. Vier-Gänge-Menü, auf Wunsch vegetarisch, ab 12 Uhr frische Paste, hausgemachtes Eis. Für den Aperitif, Digestif oder Schlummertrunk empfiehlt sich die Bar in der Blauen Halle.

Übernachten
Hotel Therme, CH-7132 Vals, 140 Zimmer in vier Häusern, Tel. 0 81-9 26 80 80, Fax 0 81-9 26 80 00, www.therme-vals.ch. Vielstöckiges Gebäude aus den späten 60ern, das von Peter Zumthor zurzeit innen schrittweise zeitgemäß umgestaltet wird, jedes neu gestaltete Zimmer im Haupthaus (Provisorien) mit schwarzen Schleiflackmöbeln, Seidenvorhängen, dazu individuelle Gestaltung mit Kelims, Gabehs und Möbelklassikern des 20. Jahrhunderts, zum Hotel gehörig: Haus Selva mit Direktverbindung durch eine Passerelle zu Haupthaus und Therme sowie die Apartment-/Außenhäuser Tomül und Zerfreila. Empfehlenswert: Buchung mit Halbpension.

Das Bad
Einzige Thermalquelle Graubündens, Innen- und Außenbad (32 bzw. 34 Grad Celsius), Eis- (14 Grad Celsius) und Feuer- (42 Grad), Blüten- (33 Grad Celsius) und Klangbad (35 Grad Celsius), Schwitzstein mit Dampfkammern (42 Grad Celsius), Klangstein mit Steinmusik, Trinkgrotte mit Quellwasser, Klangraum »sounding stones« von Fritz Hauser, Wellnessangebot: Massagen (u. a. Ganzkörper, Wasser, Stein, Klangschalen, Lomi-Lomi) und Bäder (u. a. Milch-, Erkältungs-, Rosenblütenbad), Moorpackungen, Lymphdrainage, Ayurveda, Thalasso, diverse andere Beautybehandlungen. Saison: Ende Mai / Anfang Juni bis Ende März/ Anfang April (jährlich neu festgelegt), geöffnet tgl. 11–20 Uhr, für Hotelgäste exklusiv auch 7–11 Uhr, Mi., Do., So. auch 22.30–24 Uhr, für Tagesgäste Ticketreservierung vorab empfohlen, für Kinder unter fünf Jahren kein Zutritt, Tel. 0 81-9 26 89 61, Infoband: 0 81-9 26 80 08, Terminreservierung für Wellnesstherapien Tel. 0 81-9 26 88 21, www.therme-vals.ch.

Informationen
Büro Visit Vals, CH-7132 Vals, Poststraße, Tel. 0 81-9 20 70 70, Fax 0 81-9 20 70 77, www.vals.ch.

Wiedergeburt im Unterengadin
Grüezi und »Cordialmaing Bainvgnü« in Scuol

Büvetta Tarasp Trinkhalle

Genussbaden wie die alten Römer und Iren vor der Kulisse spektakulärer Dreitausendergipfel: Die einstige »Bäderkönigin der Schweiz« heißt Gäste auf Rätoromanisch willkommen und knüpft mit dem »Bogn Engiadina Scuol« erfolgreich an alte Blütezeiten an.

Der Moment hat zweifellos etwas Mystisches – als stünde man in Begriff, eine geheimnisvolle Gegenwelt zu erkunden: Da öffnet sich auf den bloßen Impuls einer Magnetkarte hin eine zuvor undurchdringlich erschienene Felswand. Ein Wasserschleier versiegt. Man durchschreitet trockenen Fußes die Schleuse, streift das Badegewand ab, duscht und lässt sich zunächst in einem Warm- und dann in einem Heißluftbad aufheizen. Danach bekommt man mit einer Seifen-Bürsten-Massage die Unreinheiten des Alltags weggeknetet und -geschrubbt. Es folgt ein Potpourri wechselwarmer Dampf- und Wasserbäder, bei dem man, nackt und nur zu zweit oder maximal zu viert, von Becken zu Becken wandert und die porentiefe Entspannung genießt. Vollends jegliches Zeitgefühl verliert man, wenn man zu guter Letzt, frisch eingecremt und in ein Leintuch gehüllt, auf einer Liege im Panorama-Ruheraum dahindöst und die Wohltaten nachwirken lässt.

»Römisch-Irisches Bad« haben die Schöpfer des Bogn Engiadina, des Engadin Bads, in Scuol alias Schuls diese mit viel Marmor licht und gediegen gestaltete Oase der Sinne getauft, weil in ihr zwei traditionsreiche Badekulturen verschmelzen: die der alten Römer, die auf sanftes Erhitzen und Abkühlen mit warmer Luft, wohltuendem Wasser und waberndem Dampf setzt, und die der Iren, die seit je trocken-heiße Luft vorzieht. Das gut zweistündige Zeremoniell, bei dem jedem Gast ein Begleiter kompetent und diskret zur Seite steht, bietet ein in seinem balsamischen Effekt für Seele und Leib unübertreffliches Erlebnis. Doch stellt der Badekomplex in seiner Gesamtheit ein Nonplusultra alpiner Wellnessarchitektur dar. Ob Dampf- oder Sprudel-, Sole- oder Sportbad, Saunalandschaft, Kalt- oder Warmwassergrotte: Überall plätschert und sprudelt, düst und dampft es aufs Angenehmste. Ein besonderes Hochgefühl erlebt, wer sich im 35 Grad Celsius warmen Außenbecken, die würzige Bergluft um die Nase, mit Blick auf Piz Lischana, Piz

1 und **4** Die Büvetta Nairs, die zwischen Fluss und Fels gezwängte Trinkhalle im traditionsreichen, Zwei Kilometer von Scuol gelegenen Bäderort Tarasp-Vulpera. **2** Mauerdekor im Dorf Sent. **3** Die Seifen-Bürsten-Massage ist nur eine von mehr als einem Dutzend Stationen im Römisch-Irischen Bad.

Pisoc und die anderen Dreitausender der Unterengadiner Dolomiten, sanft durch den gekurvten Strömungskanal treiben lässt.

Die Grundlage für solch ergötzliches Badevergnügen bildet ein geologisches Phänomen, das sogenannte Unterengadiner Fenster: Auf rund 850 Quadratkilometern haben hier, am Oberlauf des Inn, während Jahrhunderttausenden die Gletscher jene undurchlässigen Schichten aus ostalpinem Gneis und Dolomit weggefräst, die die umliegende Region sonst bedecken. Durch den darunterliegenden Bündnerschiefer können vulkanische Gase aus tieferen Bereichen ungehindert aufsteigen. Dabei lösen sie, vermengt mit Grund- und Sickerwasser, Minerale aus dem Gestein. Das Ergebnis sind kalte, alkalische Heilquellen, von denen in sehr unterschiedlicher Zusammensetzung, als Eisensäuerlinge, mit Glauber- oder Bittersalz angereichert, allein in Scuol und dem Nachbardorf Tarasp-Vulpera knapp zwei Dutzend aus dem Boden sprudeln.

Dokumentiert ist die Nutzung der örtlichen Mineralwässer für Heilzwecke seit dem 14. Jahrhundert. Weithin bekannt und vermehrt besucht wurden die Quellen, nachdem zweihundert Jahre später Paracelsus und der Züricher Naturforscher Conrad Gesner

ihre therapeutische Wirkung lobend beschrieben hatten. Freilich sollte sich die Infrastruktur noch lange auf primitive Brunnen und hölzerne Wannen beschränken. Bis weit in nachnapoleonische Zeit – der korsische General hatte Graubünden mitsamt dem Engadin 1803 der Eidgenossenschaft zuerkannt – waren es hauptsächlich bodenständige Bauern und Wirte aus dem benachbarten Tirol, die an den Oberinn zum Kuren kamen. Wobei die Behandlungsmethoden mehr als zweifelhaft waren. Kurärzte gab es keine. Vielmehr wurde, wie eine zeitgenössische Chronik festhielt, »gesoffen, was das Zeug hielt, und bedauerlicherweise auch mehr«. Eine Kur dauerte normalerweise drei bis höchstens fünf Tage. Zu Speck, Tiroler Knödeln und flaschenweise Kalterer Wein wurden enorme Mengen an Salzwasser getrunken. Bis zu 24 Maß täglich, getreu dem Motto: »Halt er's aus, wird er g'sund. Sonst geht er eben z'grund.« Einen massiven Aufschwung erlebte der örtliche Bädertourismus dann ab Mitte des 19. Jahrhunderts. Da küsste der Bau der ersten Talstraße 1853 den bis dahin weitgehend isolierten Unterengadin aus seinem Dornröschenschlaf. Eine Fahrstraße über den Flüelapass schuf 1866 die Verbindung hinüber nach Davos und ins Rhein-

1–3 Warmwasserbecken und Ruheraum in der Römisch-Irischen Abteilung. 4 Ein unvergleichliches Erlebnis: Baden mit Blick auf die Unterengadiner Gipfel. 5 Bunte Sitzecke im Hotel Belvedere in Bad Scuol. 6 Rund 33 Millionen Euro ließ sich Scuol das neue Erlebnisbad samt Therapieeinrichtungen kosten. Im Bild: der zentrale Indoorbereich.

tal, eine zweite führte – seit 1872 – über den Ofenpass ins Val Müstair und an die Etsch. Rundum erfasste nun Unternehmergeist das Land. Zahlreiche Kurgebäude und noble Hotels wurden gebaut, Tennis- und Golfplätze angelegt. Kurz vor dem Ersten Weltkrieg erfolgte der Anschluss über Zernez und Samedan an die Rhätische Bahn. Und 1914 gründete man in den südlich angrenzenden Tälern mit dem Parc Naziunal Svizzer, wie er auf Rätoromanisch heißt, den ersten Nationalpark Europas, ja den nach Yellowstone und Krüger dritten weltweit. Die Geschäfte mit dem Heilwasser florierten in Scuol damals plötzlich so sehr, dass die Salzwasser-Aktiengesellschaft es zeitweise sogar in Flaschen bis nach Berlin exportierte, wo man es bevorzugt mit heißer Milch vermischt trank.

Schwebt man heute mit der Gondelbahn von Scuol auf den Motta Naluns oder wandert auf dem herrlichen Höhenweg hinüber nach Ftan, sieht man unten am Inn und am Hang vis-à-vis noch manch architektonische Relikte aus jenen goldenen Zeiten stehen. Bewacht von Schloss Tarasp, jener mächtigen, vor über 950 Jahren erbauten Bilderbuchburg, die der Dresdner Odol-Mundwasser-

Fabrikant Karl August Lingner im frühen 20. Jahrhundert vor dem Zerfall gerettet und aufwendig saniert hat, lugen zwei Jugendstiljuwele zwischen den Nadelwäldern hervor. Es sind der Schweizerhof, ein zurzeit als Robinson Club geführter Hotelpalast, und ein Schlösschen – die vor einigen Jahren als Familenhotel wiederbelebte Villa Engiadina. In Vulpera hat man auf leicht ironische Weise die Tradition des Kurparks wachgerufen: Auf einem weitläufigen Plateau beschwören, kokett über den gepflegten Rasen verstreut, Bruchstücke alter Bäderarchitektur – ein Springbrunnen, Säulen, zwei hölzerne Pavillons, ein Wandelgang – historistisches Ambiente.

Auch unten an der Innbrücke, im Ortsteil Nairs, erinnern spektakuläre Gebäude an jene Blütezeit, da Scuol gemeinsam mit dem zwei Kilometer westlich gelegenen Dorfzwilling Tarasp-Vulpera den Beinamen »Bäderkönigin der Alpen« trug und die illustren, vielfach blaublütigen Gäste den Duft der weiten Welt in das enge Tal an der Südseite der Silvrettagruppe brachten. Da stehen zum Beispiel das mittlerweile als Kulturzentrum genutzte frühere Kurmittelhaus und das als Hotel Scuol Palace wiederauferstandene, ehemalige Kurhaus Tarasp. Blickfang und eines der Wahrzeichen des Unterengadin ist die Büvetta Nairs. Hinter der langen Fensterfront dieser am rechten Ufer zwischen Fluss und Felswand eingezwängten Trinkhalle und unter der silbrigen Kuppel ihrer Rotunde herrschte anno dazumal Highlife. Luxuriöse Läden luden die Müßiggänger zum Souvenirkauf ein. Im Sommer wurden – damals schon – Misswahlen veranstaltet. Vor allem aber traten unter ihrem Dach die drei stärksten Glaubersalzquellen Europas, benannt nach den Missionaren Bonifazius, Luzius und Emerita, gefasst zutage. Sie strömen nach wie vor. Doch wird die Büvetta heute nur noch sommers einmal in der Woche für eine Stunde – montags am frühen Nachmittag – aufgesperrt, damit nostalgisch gestimmte Touristen vom Wasser kosten und die mitgebrachte Flaschen und Kanister füllen können. Die beiden Weltkriege und Rezessionen brachen dem Bündner

1 Ein Flaggschiff der örtlichen Hotellerie ist das geschichtsträchtige, rundum auf Hochglanz modernisierte Viersternehaus Belvedere. 2 Von der Hotelterrasse genießt man winters wie sommers ein stimmungsvolles Panorama. Im Hintergrund: die Kirche von Scuol. 3 Und den Après-Drink nach dem Dinner nimmt man in der hoteleigenen Bar.

Bädertourismus alten Stils das Genick. Ihm kann man heute bloß noch in jenem Mineralwassermuseum, das der Hotelier Rolf Zollinger im Souterrain seiner Villa Post in Vulpera mit viel Detailliebe eingerichtet hat, begegnen. Denn die letzte Chance auf eine Renaissance vereitelte ab den 1950er Jahren der gewandelte Zeitgeist. Bewegungsbäder, Trink- oder Terrainkuren (mit Letzteren war ausgedehntes Spazierengehen gemeint) lockten in der neuen Ära des Massensports und Ferntourismus keine Gäste an. Alte Trümpfe wie die Heilkraft des Wassers und das reizarme Höhenklima allein stachen nicht mehr, schmeckten nun zu sehr nach Krankheit und Therapie. Die kommerzielle Rettung in Form neuer Gästeschichten brachte zunächst der Bau der Skiarena Motta Naluns. Später reicherte Scuol das sommerliche Wanderangebot mit Modesportarten wie Gleitschirmfliegen, Raften und Mountainbiken an. Das Ende der badetouristischen Durststrecke kam für den renommierten Ferienort mit dem Wellness-Trend. Auf ihn setzten die 2000 Einwohner, indem sie Anfang der 1990er Jahre mit 50 Millionen Franken, rund 33 Millionen Euro, jenes exquisite Erlebnisbad samt angeschlossenem Therapiezentrum schufen, mit dem Scuol seither seinen Anspruch auf Rückerhalt des alten Adelstitels einer »Badekönigin« eindrucksvoll signalisiert.

Scuol mit Tarasp-Vulpera

Anreise
Bahn: Rhätische Bahn ab Landquart durch den Vereinatunnel, täglich einmal Badezug »Aqualino Scuol« ab Zürich.
Auto: Raum Zürich–Landquart–Flüelapass, ab Landeck innaufwärts, Südtirol–Münstertal–Ofenpass.

Attraktionen
Scuol-sot/Unterscuol mit sgraffitoverzierten Häusern und dem Museum d´Engiadina Bassa in der Chà Granda.
Tarasp-Vulpera: Trinkhalle Nairs, Schloss Tarasp, Museum im Hotel Villa Post.
Umgebung: Bergbau- und Bärenmuseum Schmelzra in Schar, Bierbrauerei in Tschlin, Schweizer Nationalpark, St. Moritz mit Segantini-Museum, Silser See und Berninabahn.
Spezialtipp: Molkebad im Holzzuber unter freiem Himmel auf der Alp Laisch, Reservierung: Tel. 0 78-7 08 25 31.

Aktivurlaub
Wandern, etwa von der Motta Naluns (Seilbahn!) über Prui und Alp Laret nach Ftan, von Scuol durch die Clemigaschlucht nach Avrona und Tarasp, durch das Val Mingèr über den Pass Sur il Foss ins Val Plavna, oder im nahen Nationalpark; Biken auf den mehr als 250 km Mountainbike-Routen; alpine Hochtouren rund um oder auf die 14 Dreitausender der Region; Golfen auf dem Neun-Loch-Platz von Vulpera; Skisport (80 km Pisten), Paragliding und Deltafliegen von der Motta Naluns, Rodeln, Eislaufen und Eisstockschießen in Tarasp.

Essen und Trinken
Villa Maria in Vulpera, Tel. 0 81-8 64 11 38, kein Ruhetag, Hotel-Restaurant mit Gourmetanspruch, täglich Raclette und Käsefondue.
Restaurant im Schlosshotel Chastè in Tarasp-Sparsels, Tel. 0 81-8 61 30 60, Montag, Dienstag Ruhetag, Tafeln auf Relais-&-Chateaux-Niveau.

Übernachten
Belvedere ****, CH-7550 Scuol, 62 Zimmer, Tel. 0 81-8 61 06 06, Fax 0 81-8 61 06 00, www.belveder-scuol.ch. Schick-elegantes, mit viel Liebe zum (Designer-)Detail geführtes Edelquartier für Individualisten, sonnige Panoramalage im Dorfzentrum, exzellentes Restaurant, hauseigener Wellnessbereich, Indoor-Direktzugang zum Bogn Engiadina.
Chasa Belvair ***, CH-7550 Scuol, 33 Zimmer, Tel. 0 81-8 61 25 00, Fax 0 81-8 61 25 50, www.belvair.ch. Komfortables, auf Hochglanz renoviertes Mittelklassehaus mit sehr persönlicher Note, zentral, unmittelbar neben dem Bäderkomplex.

Das Bad
Bogn Engiadina Scuol (Engadin Bad Scuol), Wellnesszentrum mit Bäder- und Saunalandschaft, Römisch-Irischem Bad, Mineral- und Aromabädern usw., Trinkkuren, Therapiezentrum, geöffnet tgl. 8–22 Uhr, Tel. 0 81-8 61 20 00, www.scuol.ch.

Informationen
Engadin/Scuol Tourismus, CH-7550 Scuol, Tel. 0 81-8 61 22 22, www.scuol.ch.
Tarasp-Vulpera Turissem, CH-7553 Tarasp, Tel. 0 81-8 61 20 52, www.tarasp.ch.

Die Kettenbrücke ist die älteste und bekannteste der neun Budapester Donaubrücken.

Europas neue Länder

Auf Kur im Empire

Franzensbad – kleine Stadt mit großer Geschichte

Die nahe Eger gelegene Kurstadt mag weniger mondän glänzen als ihre beiden westböhmischen Geschwister, doch als neoklassizistisches Gesamtkunstwerk ist sie ein Juwel. Ihr Naturmoor sowie die zwei Dutzend Mineralquellen besitzen ganz besondere Wirkkraft.

Es ist eine der geschichtsträchtigsten und baulich kostbarsten Städte Böhmens – das altehrwürdige, an der Handelsroute zwischen Prag und Nürnberg gelegene Eger. Bereits im 12. Jahrhundert ließ hier Friedrich I. Barbarossa eine prunkvolle romanische Pfalz errichten. Auch für die Nachfolger des rotbärtigen Kaisers war die von deutschen Kaufleuten gegründete Stadt von Wichtigkeit: Sein Sohn Heinrich VI. feierte in ihr regelmäßig Weihnachten und Friedrich II., dessen Sohn, berief den Hoftag fünfmal hierher. Über die Jahrhunderte war die Stadt Mittelpunkt des Egerlands, jener von Kaiser- und Böhmerwald, Erz- und Fichtelgebirge umrahmten Nordwestecke Böhmens, deren überwiegend deutschsprachige Bevölkerung bis zu ihrer Vertreibung 1945 tief zurückreichende Traditionen mit aufwendigen Trachten, prächtiger Fachwerkarchitektur und einem speziellen Dialekt pflegte.

Nur drei, vier Autominuten von Cheb, wie Eger auf Tschechisch heißt, entfernt liegt Františkovy Lázně, Franzensbad. Der kleinste der drei berühmten Kurorte Westböhmens stand stets etwas im Schatten der beiden mondänen Geschwister Karls- und Marienbad. Dafür bot er ein erholsames Refugium für jene, die dem Society-Trubel entfliehen wollten. Bekannt waren seine stark salz- und kohlensäurehaltigen Quellwässer wohl schon sehr bald, nachdem Mönche, allen voran Zisterzienser aus dem nahen Kloster Waldsassen, die Gegend kolonisiert hatten. Im späteren Mittelalter wurde der »Egerer Säuerling« aus der Franzensquelle eifrig getrunken. Dutzende Frauen waren hauptberuflich damit beschäftigt, das schmackhafte Nass nach Eger zu tragen, wo es als Tischwasser Bier und Met Konkurrenz machte. Seine Heilkraft wurde um 1600 erkannt und alsbald intensiv genutzt. Zu jener Zeit stand die Humoralpathologie hoch im Kurs, wie sie einst Hippokrates und Galen gelehrt hatten. Ihr gemäß galt es, die »vier Leibsäfte« – Schleim, Blut, gelbe und schwarze Galle – in Balance zu halten. Nahm einer überhand, erkrankte der Mensch und musste das böse

1 Die von Sphingen bewachte Lazenska Polyklinik. **2** Whirlpool im Aquaforum. **3** U Trí Lilie, ein elegant renoviertes Kurhotel aus der Pionierzeit. **4** Der neoklassizistische Pavillon der für Trinkkuren verwendeten Franzensquelle steht auf dem zentralen Platz der Stadt.

Gift schleunigst loswerden. Dies gelang am wirksamsten durch Aderlässe oder eben Ausschwemmung mittels Mineralwässern. Dementsprechend boomten Trinkkuren. So stieg die Franzensquelle bald zu einer der berühmtesten Heilquellen Europas auf. Während des Dreißigjährigen Krieges wurde ihr Säuerling, flaschenweise abgefüllt, in alle Metropolen Mitteleuropas versandt.

Lange Jahre gab es im Bereich der Quelle keine Unterkunft. Die Wirtsleute und Hoteliers von Eger wachten eifersüchtig über ihr Quartiermonopol. Ihre Gäste mussten entweder frühmorgens per Kutsche zur Quelle fahren oder sich das begehrte Elixier herbeischleppen lassen. Anfang des 18. Jahrhunderts endlich gab der Stadtrat grünes Licht: An der Quelle wurde ein Gast- und Badehaus mit 12 Zimmern und 14 Kabinen errichtet. Doch erst ein gewisser Bernhard Adler verbesserte die Situation grundlegend. Als junger Stadtarzt, der ihn Wien studiert hatte, setzte er zwecks Verbesserung der Hygiene 1791 den Bau eines Pavillons über der Quelle durch, ließ sie ordentlich fassen und mit einem Gitter schließen. Die Wasserträgerinnen freilich sahen ihre Existenz bedroht und wurden rabiat. Im Zuge des »Egerer Weiberaufstands« demolierten sie sämtliche Einrichtungen. Mit »Viktoria«-

Rufen rückten sie dem allzu fortschrittlichen Herrn Doktor, den sie als »Brotdieb« beschimpfen, sogar zu Leibe. Dieser jedoch intervenierte an allerhöchster Stelle: Leopold II., der soeben in Prag gekrönt worden war, entsandte umgehend eine Untersuchungskommission. Doch die Stadträte von Eger beschlossen in vorbeugendem Gehorsam, aus Furcht vor Sanktionen, einen Kurort aufzubauen. Dessen Namenspatron wurde Franz, als österreichischer Kaiser der erste seines Namens, Nummer zwei als letzter Kaiser des Römischen Reiches Deutscher Nation. Der 27. April 1793, an dem er die Pläne dafür absegnete, gilt als Gründungsdatum von Franzensbad.

Nun entstand zunächst entlang einer Hauptachse, der heutigen Národní třída, die als Corso von der Franzensquelle leicht hügelan verläuft, ein Straßendorf. Seine Häuser besaßen bereits jeweils eigene Badezimmer. Doch das erste öffentliche Privatbad sollte erst 1827 Christof Loimann, seines Zeichens späterer erster Bürgermeister der Stadt, bauen. Inmitten der napoleonischen Kriege begann der anfänglich Franzensdorf getaufte Ort zu wachsen. Öffentliche Bauten, zunächst ein neuer Quellpavillon, Kolonnaden, das Gesellschaftshaus samt Gaststätte, wurden errichtet und Reiter-

1 Die Glauberhalle, unter deren Dach die Quellen Glauber III und IV gefasst sind. **2** Der Beginn der Neuen Kolonnaden. **3** Der Pavillon der Luisenquelle. **4** Národní třída, die zentrale Fußgängerachse, führt schnurgerade auf den Pavillon der Franzensquelle zu. **5** Die Eingangshalle ins Kaiserbad.

feiner klassizistischer Kurort entstand – auf schachbrettartigem Grundriss und planmäßig umgeben von weitläufigem Grün. Struktur und Stadtbild haben sich aus jener Pionierzeit weitgehend bis in die Gegenwart erhalten. Franzensbad, das 1865 zur Stadt erhoben wurde, im Ersten Weltkrieg Lazarettstadt war und im Zweiten, obwohl Teil des nationalsozialistischen Deutschlands, von Bomben zum Glück verschont geblieben ist, verströmt mit seiner homogenen, in zartem Weiß und Gelb gehaltenen Empire-Architektur und den gepflegten Parkanlagen heute noch eine wohltuend unzeitgemäße Beschaulichkeit, ja Intimität. Seinen Mittelpunkt bildet der Friedensplatz (Náměstí Míru). Hier stehen die neue Kolonnade und, ihr zur Seite, das Gasbad, in dem man durchblutungsfördernde Kohlendioxidbäder und auch Gasinjektionen verabreicht bekommt. Vor allem jedoch befindet sich hier der Pavillon der Franzensquelle. Unter seiner Kuppel schenkt eine ältere Dame in weißem Kittel für 1,50 Kronen den Becher das elf Grad Celsius

alleen in Straßen umgewandelt. 1852, als der Ort zur eigenständigen Gemeinde wurde, besaß er bereits sechs Mineralquellen. Auch seine immens heilkräftigen eisen- und schwefelhaltigen Moorbäder fanden längst systematisch Anwendung. Bis etwa 1870 gesellte sich eine Vielzahl von Pensionen und Kurhäusern hinzu. Kurz: Ein kleiner,

kalte, trübe Heilwasser aus. Gleich daneben steht die Bronzestatue des František alias Franzl: Das nackte Knäblein auf seiner Kugel mit dem Fisch in Händen ist Hoffnungsträger für Frauen mit unerfülltem Kinderwunsch. Wer ihn, möglichst an delikatem Punkt, berührt, darf sich angeblich schon bald über Nachwuchs freuen. Das Metall an der angeblich Wunder wirkenden Körperstelle ist auffällig blank gewetzt. Vis-à-vis erhebt sich das Gesellschaftshaus (Společenský dům), in dessen prächtigem Saal seit 1794 die geschätzten Gäste bei Speis und Trank, Konversation und Tanz dem sozialen Highlife frönten. Heute ist hier ein elegantes Restaurant und im Stock darüber das Kasino untergebracht. Einen Block weiter, in der Národní třída, steht das Haus »Zu den drei Lilien« (Nr. 3), in dem 1808 Goethe logierte und, hofseitig, die – kürzlich erst renovierte – Fachwerkfassade des ersten Loimann'schen Bades zu bewundern ist. Schräg gegenüber steht bis heute das Kurhaus Sevastopol (Nr. 4), in dem Beethoven seine »Siebte Sinfonie« komponierte.

Flaniert man von der Franzensquelle südwärts, steht man alsbald vor einer Trinkhalle, die 1930 als letztes architektonisch bedeutsames Kurgebäude von Franzensbad entstand: Ihr Inneres, ein in elegantem Weiß und Pastellrosa gehaltenes Säulenrund mit glänzenden Messingarmaturen, birgt die Glauberquellen III und IV. Letztere

1 Restaurant im Gesellschaftshaus, unter dessen Glasboden Fische schwimmen. **2** Im großen Saal nebenan wird eifrig das Tanzbein geschwungen, eine Etage darüber ist das Kasino zu Hause. **3** Erholsames Treiben im Hallenbad des 2005 eröffneten Aquaforums. **4** Beschauliches Plätzchen im gepflegten Waldkurpark. **5** Treppenhaus im Kurhotel Imperial.

ist mit 22 Gramm Salz pro Liter die stärkste ihrer Art auf der Welt. Insgesamt verfügt Franzensbad über 24 mineralische Quellen. Bei einem Gang über knirschenden Kies durch die Parks kann man einigen weiteren beeindruckenden Anlagen die Parade abnehmen. Westlich des Stadtzentrums zum Beispiel steht die Louisenquelle, ein auf Säulen gestützter Rundbau aus den 1820er-Jahren im Empirestil. Richtung Südosten führt vom Friedensplatz die schattige Isabella-Promenade geradewegs auf die nur wenig jüngere Kolonnade der Salz- und Wiesenquelle zu. Und unmittelbar vor deren Haupteingang sprudelt die nach dem Stadtgründer benannte Adler-Quelle.

Von hier sind es am Rand des Smetana-Parks und am schlossartigen Kaiserbad aus dem Jahr 1880, einem der vielen örtlichen Kurbauten des Architekten Gustav Wiedermann, vorbei, nur wenige Schritte zur jüngsten, badetouristischen Attraktion – dem Aquaforum. Mit diesem 2005 eröffneten Erlebnisbad, das von Grotten und Saunen bis zu Wasserrutschen und Whirlpools mit einer bunten Palette moderner Installationen für Spaß, Entspannung und Fitness aufwartet, scheint Franzensbad die Weichen für eine erfolgreiche Zukunft auch als Wellnessdestination für Jung und Alt gestellt zu haben.

Franzensbad / Františkovy Lázně

Anreise
Auto: A 93 von Norden bis Ausfahrt Selb Nord, von Süden bis Marktredwitz Nord, dann jeweils weiter auf der Bundesstraße (E 49).
Bahn: EC bis Cheb/Eger, von dort 5 km mit Regionalzug.

Attraktionen
Franzensbad: Stadtbild mit Kuranlagen, Gemeinschaftshaus, Quellenhäusern und Parks, Stadttheater, russisch-orthodoxe Olgakirche.
Umgebung: Waldpark Amerika, Natalie-Friedenspark, Naturschutzgebiet Soos, jüngster Vulkan Mitteleuropas auf dem Kammerbühl (Komorníhůrka), Burg Seeberg (Ostroh), Antonien-Höhe und Stöcker-Mühle, Cheb/Eger, Schloss Kynžvart, Marienbad, Kloster Teplá.

Aktivurlaub
Wandern, Radfahren, Reiten, Segeln und Surfen auf dem Jesenice-See, Schwimmen im Skalka-See, Mai bis Oktober Kolonnaden-Konzerte.

Essen und Trinken
Goethe, Národní třída 1, Tel. 03 54-50 01 80, kein Ruhetag, gediegen tafeln im eleganten, stuckverzierten Saal des Gesellschaftshauses auf Europas größtem Bodenaquarium, unter dessen Glasabdeckung sich japanische Koi tummeln.

Übernachten
Imperial, CZ-35101 Franzensbad, Sady B. Smetany, 49 Zimmer, Tel. 03 54-20 66 00, Fax 03 54-20 66 52, www.imperial.franzensbad.cz. Luxuriöses, architektonisch opulentes Villenhotel im des Stadtpark, Service und Küche erstklassig, angeschlossen: medizinisch bestens ausgestattetes Balneo-Zentrum für Therapien und Wellness, 1878 von Karl Wiedermann erbaut, Schauplatz der ersten Begegnung des späteren und letzten k.-u.-k.-Kaiserpaares Zita und Karl.
U Trí Lilie, CZ-35101 Franzensbad, Národní třída 10, 29 Zimmer, Tel. 03 54-20 89 00, Fax 03 54-20 89 95, www.trililie.franzensbad.cz. Elegant renoviertes Kurhotel aus der Pionierzeit der Stadt, fachärztliche Beratung und diverse Anwendungen sowie qualitätvolles Restaurant plus Café-Konditorei im Haus.

Die Bäder
Drei historische Badehäuser und diverse hoteleigene Therapie- und Wellnesseinrichtungen sowie 24 Heilquellen für Trinkkuren mit den stark CO_2-haltigen Mineralwässern, Moorbäder und -packungen, CO_2- und Gasbäder, Gasinjektionen, allesamt vor allem gegen Frauen-, Herz- und Gefäßleiden sowie bei Problemen mit dem Bewegungsapparat.
Außerdem eine europaweit einzigartige Gynäkologische Heilanstalt für Kinder, Kontakt Bad Franzensbad AG (s. u.).
Aquaforum, modernes Erlebnisbad mit 1500 qm Wasserfläche, vier Innen- und drei Außenbecken, Wassergrotte und -rutsche, Whirlpools, Saunen, Wellnessbehandlungen, gutem Restaurant; Ulice 5. Kvêtna 106, geöffnet tgl. 9–21 Uhr, Tel. 03 54-20 65 60, www.aquaforum.info.

Informationen
Bad Franzensbad AG, CZ-351 01 Františkovy Lázně / Franzensbad, Jiráskova 3, Tel. 03 54-20 11 11, Fax 03 54-20 11 22, www.franzensbad.cz, Kur-Information auch im Hotel Trí Lilie, Národní třída 10, Tel. 03 54-20 11 04 und im Büro FL-Tours, Americká 2, Tel. 03 54-54 31 62.

Den Sümpfen entstiegen
Marienbad – keineswegs nur Melancholie

Die nordböhmische Kurstadt mit dem klingenden Namen ist keine zweihundert Jahre jung. Doch Goethes »Marienbader Elegie« und Alain Resnais Kultfilm »Letztes Jahr in Marienbad«, vor allem aber ihre über hundert heilkräftigen Quellen sowie die elegante Fin-de-Siècle-Architektur haben ihr schon früh Weltruhm beschert.

Dass das dem alten Herrn Geheimrat noch passieren musste: Da hatte er sich, 1821 war's, zwecks Erholung vom Getriebe und den Intrigen in Weimar nach Marienbad begeben. Und dort, im Südwesten des berühmten nordböhmischen Bäderdreiecks, begegnete er einer jungen Dame, in die er sich postwendend verliebte. 74 Lenze zählte Goethe, erst 17 Ulrike von Levetzow. Zwei Sommer lang verbrachte das ungleiche Paar gemeinsam spazierend und parlierend. Dann beschloss er, um ihre Hand anzuhalten. Der Vorschlag zeitigte nicht die erwünschte Wirkung. Der Dichter räumte enttäuscht das Feld und schrieb noch auf dem Nachhauseweg in der Kutsche die »Marienbader Elegie« – jene 23 schmerz- und entsagungsvollen Verse, die dem wenige Jahre zuvor erst offiziell zum Kurort erhobenen Dorf schon am Beginn seiner Karriere äußerst werbewirksam zu dauerhaftem literarischen Ruhm verhalfen. Der Weimarer Dichterfürst mied ab da die von ihm so geschätzten böhmischen Bäder für den Rest seines Lebens. Für Marienbad jedoch hatte die Zukunft gerade erst begonnen.
Gekannt haben die wenigen Menschen, die damals hier an den Ausläufern des Kaiserwalds siedelten, die örtlichen Heilquellen bereits im Hochmittelalter. Und 1528 schon hat Ferdinand I. ihr Wasser wegen des hohen Gehalts an Glaubersalz erforschen lassen. Doch blieb es einem gewissen Dr. Johann Nehr vorbehalten, Ende des 18. Jahrhunderts als Erster die Heilwirkung der eisenhaltigen, stark mineralisierten Säuerlinge systematisch zu analysieren. Er war es auch, der an der Marienquelle – die anfangs wegen ihres fauligen Schwefelgeruchs auch Stinkerquelle hieß – den Bau zweier noch sehr bescheidener Badehäuser veranlasste. Nehr war Ordinarius an jenem 15 Kilometer entfernt im Tal der Teplá gelegenen Prämonstratenserkloster, das gut sechshundert Jahre zuvor zwölf Mönche aus der Gegend um Prag unter Führung eines Edelmanns namens Hroznata gegründet hatten. Der Abt dieses unter ande-

1 Nostalgie pur im von Gartenarchitekt Václav Skalník gestalteten Kurpark. **2** Eine süße Spezialität sind die Kolonáda-Waffeln. **3** und **4** Mittelpunkt des Kurbetriebs und zugleich Wahrzeichen der Stadt ist die 1889 fertiggestellte Neue Kolonnade, in der regelmäßig Kurkonzerte aufgeführt werden.

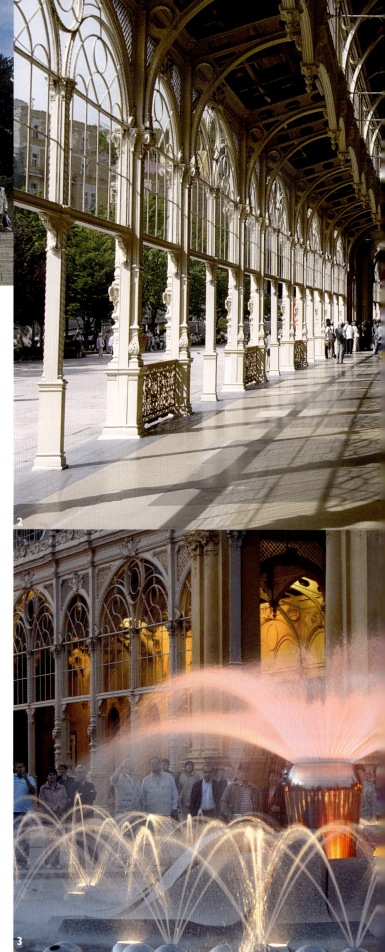

I Die Karolinenquelle in der Nordostecke des Kurparks. **2** Das Guss-eisengerippe der Neuen Kolonnade. **3** Die »Singende Fontäne« unter-hält Flaneure mit raffinierten Licht- und Tonspielen. **4** Hlavni třída, Marienbads Hauptstraße, ist linkerseits von üppig dekorierten Gründer-zeitfassaden gesäumt.

rem für seine barocke Basilika und die riesige Bibliothek berühm-ten Klosters, ein gewisser Karl Kaspar Reitenberger, erwies sich als weitsichtig genug, die Pläne Nehrs tatkräftig zu unterstützen. Der tannengrüne, auf fast sechshundert Höhenmetern gelegene Talkes-sel, in dem insgesamt über hundert Mineralquellen zutage treten, war noch um 1800 ein äußerst schwierig zugängliches Sumpfge-biet. »Alles, was man sah«, notierte Nehr, »erregte Furcht, Wider-willen und Abscheu; Berge, Thäler, Wasserrisse und Gesümpfe, Stein- und Sandhügel, vermoderte Stöcke und Windbrüche wech-selten unausgesetzt untereinander ab.« Doch nachdem einmal ein Steinpfad zu den Quellen angelegt, ein Krankenhaus errichtet und erste Patienten empfangen worden waren, wuchs die Bekanntheit des Weilers sehr schnell. Binnen kürzester Zeit wurde aus dem zivi-lisationsfernen Tal eine malerische Parkstadt mit Wohn- und Badehäusern im Stil des Klassizismus und Empire, mit schmucken Wandelhallen, Pavillons und Promenaden. Hauptverantwortlich für die so durchdachte wie ansprechende Struktur der Retortenstadt, die sich weitgehend bis heute erhalten hat, war neben Nehr der Gartenarchitekt Václav Skalník. Als Goethe anreiste, war Marienbad bereits ein ernsthafter Konkurrent für das ungleich ältere, etwa dreißig Kilometer Luftlinie entfernte Karlsbad. »Seit drey Jahren«, schrieb der glücklos Verliebte 1821 beeindruckt an seinen Sohn, »ist es recht Ernst, in den nächsten dreyen wird man Wunder sehen.«

Auch nur einen Teil der prominenten Gäste Marienbads aufzählen zu wollen, würde etliche Buchseiten füllen. Begnügen wir uns mit punktuellem »Namedropping«: So umfasst die Liste kurender Herrscher unter anderen Zar Nikolaus II., den Habsburgerkaiser Franz Joseph I., dessen italienischen Amtskollegen Umberto und den Britenkönig Eduard VII. Aus der Dichterzunft reisten – neben

dem, in der mitteleuropäischen Bäderlandschaft jener Jahre nahezu allgegenwärtigen Goethe – zum Beispiel Franz Kafka, Nikolaj Gogol, Henrik Ibsen, Friedrich Nietzsche, Adalbert Stifter, Stefan Zweig, Mark Twain und Rudyard Kipling an. Unter den Tonkünstlern sind zuvorderst zu nennen: Frédéric Chopin, Antonín Dvořák, Gustav Mahler, Richard Wagner und Johann Strauß. Und dann stellten sich auch noch so illustre und betuchte Herren wie Mister John Morgan, der als US-Bankier den Panamakanal finanzierte, der armenische Ölmagnat Calouste Gulbenkian oder der französische Automobilkönig Louis Renault ein. Als reichsten Gast aller Zeiten führt die Chronik übrigens Muzaffar ad Din, seines Zeichens Schah von Persien, auf. Der beehrte Marienbad mitsamt seiner kolossalen Entourage im Jahr 1900 und erregte allein durch seine Spenden und Ordensverleihungen großes Aufsehen.

Lohnender freilich als das Blättern in der vergilbenden Ortschronik ist wohl der Lokalaugenschein in der Kurzone der heutigen, 35 000 Einwohner zählenden Stadt. Die ist nach wie vor, wie von Skalník und Nehr seinerzeit geplant, an der Hlavnitřda ausgerichtet. Mehrere Kilometer misst diese Hauptstraße, an der entlang eine geschlossene Front aus vierstöckigen Gebäuden der späten Grün-

derzeit steht. Deren Fassaden sind in sattem Schönbrunnergelb, in Orange-, Ocker- oder Beigetönen getüncht und zuckerbäckerhaft reichlich mit Säulen, Statuen und Stuck, Balkonen und Gesimsen versehen. Sie bilden einen kraftvollen Kontrast zum Kurpark, der sich als grünes Band die Talmulde hinaufzieht. Fast alle Häuser wurden in den letzten Jahren auf Hochglanz renoviert. Sie beherbergen Glas- und Souvenirläden, Kaffeehäuser und Konditoreien, in denen man *oplatky*, die berühmten mit Nüssen, Vanille, Zimt und Zucker bestreuten »Kolonáda«-Waffeln, kaufen kann. Viele sind Hotels, besondere Glanzstücke sind das »Excelsior« und, am oberen Ende, das »Pacifik«. Vergleichsweise schlicht mutet der »Weiße Schwan« (Bílá labut, Nr. 47) an, in dem 1836 Chopin auf dem Weg von Paris nach Warschau logierte. Heute ist im Stock über dem Touristenbüro zu Ehren des großen Polen ein kleines Museum eingerichtet.

Auf der Hlavnitřda stand bis 1938 auch Marienbads Synagoge. Sie wurde in der Reichskristallnacht bis auf die Grundmauern niedergebrannt. Das rotziegelige Kirchlein der Anglikaner hingegen an der Parallelstraße Ruská, ein Stück hügelan, hat alle Anfechtungen des Krieges und der Kommunisten überlebt und bietet jetzt, adrett restauriert, einen würdigen Rahmen für Kunstausstellungen. Auch das russisch-orthodoxe Gotteshaus, ein pompöser, neobyzantinischer Bau, ist wieder zugänglich. Es birgt eine aus Porzellan und Email geformte Ikonostase, die bei der Weltausstellung in Paris im Jahr 1900 für Furore sorgte und mit neun Kilogramm Kobalt und Gold beschichtet ist.

Mittelpunkt des Kurbetriebs und zugleich Wahrzeichen der Stadt ist die 1889 fertiggestellte Neue Kolonnade: eine neobarocke Wandelhalle aus Glas und Gusseisen, 120 Meter lang, leicht gekrümmt, an der Innendecke mit luftigen Fresken, außen mit schwülstigen Stuckornamenten versehen. Der Nouvelle-Vague-Regisseur Alain Resnais schuf mit seinem rätselhaften Kultfilm »Letztes Jahr in Marienbad« 1961 ein cineastisches Denkmal. Einst war die Kolonáda Treffpunkt der eleganten Gesellschaft.

Badeluxus im kürzlich auf Hochglanz renovierten Fünfsternekurhotel Nové Lázně: **1** Die historische Kabine, in der einst Englands König Eduard VII. badete. **3** und **4** Belle Époque im Stil der Antike: der säulenbestandene Saal des Römerbads. **2** und **5** Deckenmalerei und Fenster in der Kaiserkabine. **6** Ruhebereich im Royal Spa Center. **7**–**9** Trinkbrunnen und Treppengeländer im Kurhotel Centralní Lázně.

1 Das Nové Láznê alias Neubad atmet als prachtvollstes Kurhotel Marienbads bis heute die Grandeur der Zeit um 1900. 2 Eingang ins hauseigene Kaffeehaus. 3 Das ehemalige Hotel König Eduard und, rechts davon, das Spa-Hotel Hvêzda begrenzen im Norden den Goethe-Platz. 4 Jugendstilkabine für Mineralbäder im Centralní Láznê.

Reger Betrieb herrscht hier vor allem am Morgen auch heute noch, wenn die Kurgäste mit der Schnabelkanne in der Hand trinkend auf und ab schlendern. Ihr Wasser holen sie an der Kreuzquelle in dem klassizistischen Pavillon nebenan. Oder an der Karolinenquelle in der strahlend weißen Kolonnade am anderen Ende der Promenade.

Dort, an der Ostseite des Kurparks, hinter der »Singenden Fontäne« und der oktogonalen Mariä-Himmelfahrt-Kirche, stehen in einer Reihe die drei nach der Kolonnade wohl imposantesten Kurgebäude der Stadt: Das Zentralbad, jener jüngst als Viersternehotel adaptierte Komplex, auf dessen Areal bis zum heutigen Tag die so geschichtsträchtige Marienquelle entspringt, weist in seinen Behandlungsräumen noch das Originalambiente – den Keramik-

schmuck, die Messingarmaturen und blauen Kacheln – aus der Bauzeit, den frühen 1890er Jahren, auf. Ebenfalls die Opulenz des späten Historismus weist das benachbarte Kasino auf, in dessen Saal man gelegentlich noch das Tanzbein schwingen kann. Eine Klasse für sich stellt schließlich das Neubad dar. Als zweifellos prachtvollstes Kurhotel Marienbads atmet es – nach seiner kürzlich abgeschlossenen Generalsanierung mehr denn je – noch die Grandeur des Fin de Siècle. Fünfsterneluxus bekommt man hier nicht nur als Hotelgast geboten, sondern auch als Kurzbesucher, der sich gegen eine nicht allzu hohe Gebühr für ein paar Stunden mit Bädern, Massagen oder Moorpackungen nach Herzenslust verwöhnen lassen kann. Wer sich dann zwischen den Marmorsäulen des Römischen Bades im warmen Wasser suhlt, im Royal Spa massieren lässt oder gar im Wannenbad des mit orientalischen Mosaiken ausgekleideten Königskabinetts seinen Träumen aus 1001 Nacht nachhängt, versteht nur allzu gut, weshalb selbst König Eduard VII., Marienbads wohl herausragendster Gast, seinerzeit von hier gar nicht mehr wegfahren wollte.

Marienbad / Mariánské Lázně

Anreise
A 93 Hof–Regensburg bis Ausfahrt Marktredwitz Nord, B 303 bis Cheb, ab da B 21 noch ca. 20 km bis Marienbad.

Attraktionen
Marienbad: Kurpark mit Neuer Kolonnade, Kreuz- und Karolinenquelle und Singender Fontäne, Goetheplatz mit Stadtmuseum, Haus Chopin, anglikanische, russisch-orthodoxe und Mariä-Himmelfahrt-Kirche.
Umland: Barockschloss Bečov, Abtei Teplá, Metternich-Schloss in Kynžvart/Königswart, Karls- und Franzensbad, Cheb/Eger, Benediktinerkloster Kladruby, Brauereimuseum in Chodovar, Pilsen.

Aktivurlaub
Spaziergänge und Wanderungen (z. B. zum Klader Teich und Torfmoor, Mofetten-Lehrpfad im Naturschutzgebiet Smrad'och), Golfen auf den Plätzen von Marienbad, Kynžvart und Teplá, Reiten, Radfahren, Schwimmen und Segeln am Regent-See, Seilbahn und Alpinski auf dem Krakonoš, Mountainbiken und Skilanglaufen im Kaiserwald, Stadttheater, Kasino, Kolonnadenkonzerte, Chopin-Festival (im August).

Essen und Trinken
U Zlaté koule (Zur goldenen Kugel), Nehrova 26, Tel. 03 54-62 44 55, kein Ruhetag, rustikal möbliertes, aber für seine kreative böhmische Küche als »Tschechiens Restaurant des Jahres 2003« prämiertes Lokal.

Übernachten
Esplanade *****, CZ-35301 Mariánské Lázně, Karlovarská 438, 65 Zimmer und 26 Suiten, Tel. 03 54-67 61 11, Fax 03 54-62 78 50, www.esplanade-marienbad.cz. Bald schon 100 Jahre altes Großhotel in ruhiger Lage am nordöstlichen Stadtrand, als zeitgemäßes Luxusquartier adaptiert, elegante Ausstattung, großzügiger Spabereich mit Hallenbad, eigene Tennisplätze und Indoor-Driving-Range.

Die Bäder
Die etwa 40 Quellen auf Marienbads Stadtgebiet sind sehr unterschiedlicher Zusammensetzung, aber alle hypotonische, 7–10 Grad Celsius kalte Säuerlinge. Wichtigste Anwendungen: Trinkkur, Kohlensäure- und trockene CO_2-Bäder, (Unterwasser-) Massagen, Inhalationen, Gasinjektionen, Moorpackungen, Hy- drotherapie; Hauptindikationen: Erkrankungen der Nieren, Harn- und Atemwege, Bewegungs- und Stoffwechselstörungen.
Centrální Lázně (Zentralbad mit Viersternehotel, 108 Zimmer), breite Palette traditioneller Kuranwendungen in originalem Gründerzeitambiente, gut ausgestattete Wellness- und Beautyabteilung, freie Nutzung der Schwimmbecken im Nové Lázně, Goethovo náměstí 1.
Nové Lázně (Neues Bad mit Fünfsternehotel, 98 Zimmer und 7 Suiten), Prachtbau aus der Belle Époque, bestes und schönstes Kurhotel der Stadt, überaus stilvolles, 1600 qm großes Royal Spa Centre mit Römerbad (drei Schwimmbecken, Whirlpool, Sauna, Königskabinett für Wannenbäder), umfassendes Angebot für Hydrotherapie, Rehabilitation, Wellness und Kosmetik usw., exzellente fachärztliche Betreuung. Info und Buchung für beide: Marienbad Kur & Spa Hotels, CZ-35329 Mariánské Lázně, Tel. 03 54-63 41 11, www.marienbad.cz.

Informationen
Infocentrum, CZ-35301 Mariánské Lázně, Hlavni třída 47/28, Tel. 03 54-62 24 74, Fax 03 54-62 58 92, www.marianskelazne.cz.

Magnet für Majestäten und Künstler

Karlsbad – Königin unter Böhmens Bädern

Oblaten, Becherovka, Sprudel und Grandhotel Pupp:
Die vor gut 650 Jahren von Karl IV. gegründete Stadt an der Teplá
ist aus vielerlei Gründen legendär. Nachdem sie im 19. Jahrhundert zu
den mondänsten Kurorten des Kontinents zählte, erlebt sie seit
der Wende eine glorreiche Wiedergeburt.

Die Gründungslegende erinnert frappant an jene Bad Gasteins. Wie bei dem Weltbad in den Salzburger Tauern, so war es auch hier, zwischen Erzgebirge und Kaiserwald, ein waidwunder Hirsch, dessen Verfolgung zur Auffindung des Heilwassers führte. In diesem nordtschechischen Fall war es Karl IV., der König von Böhmen und römisch-deutscher Kaiser, der Mitte des 14. Jahrhunderts auf der Jagd ins Tal der Tepl gelangt war. Ihre Majestät habe, so pflegen Karlsbader Großväter ihren Enkeln seit unzähligen Generationen zu erzählen, das Tier zwar getroffen, doch dieses war noch kräftig genug, um mit einem Sprung von einem hohen Felsen zu entkommen. Jagdhunde seien ihm gefolgt, hätten jedoch bald jämmerlich gejault, da sie mit ihren Pfoten in den bis über siebzig Grad Celsius heißen Salzquellen gelandet waren. Des Kaisers Leibarzt stellte fest, dass das Wasser Heilkraft besaß, und empfahl wärmstens die Gründung eines Badeortes. Im Nu entstand eine Siedlung und wurde die Existenz des flüssigen Schatzes publik. Alsbald »pilgerten die ersten Kranken von nah und fern zu dem wundersamen Ort, um von ihren Leiden zu genesen«. 1370 schon erhob Karl IV. sein Karlsbad, das er mittlerweile bereits mehrmals besucht hatte, zur königlichen Stadt. Im 15. Jahrhundert war Karlovy Vary, so der tschechische Name, zwar immer noch der einzige Kurort im Böhmerland. Sein Renommee jedoch reichte schon so weit über die Grenzen hinaus, dass es zahlreiche Landesherren, beispielsweise die Markgrafen aus Bayreuth oder diverse Fürsten aus Sachsen, beehrten. Damals saßen die hochwohlgeborenen Gäste beiderlei Geschlechts gemeinsam in denselben Wannen. Musikanten spielten auf, es wurde gebechert und gevöllert. Man blieb stundenlang im Wasser, da man glaubte, die erkrankten Gewebeteile, ja überhaupt die Krankheiten würden durch die extrem aufgeweichte Haut, ihre weit offenen Poren und Risse, entweichen. Aus diesem Grund hießen die Bäder seinerzeit auch »Hautfresser«.

1 Bei der Kurpromenade entlang der Marktkolonnade. **2** Einer von zahlreichen prachtvollen Giebeln in der Straße Vřídelní. **3** Ausgelassene Stimmung im Traditionslokal Egerländer Hof. **4** Das Westend, eines der eleganten Villenviertel, erstrahlt seit den 1990er Jahren in neuem Glanz.

1 Shoppingbummel in der Einkaufsmeile Vřídelní. 2 Die Marktkolonnade am gleichnamigen Platz, erbaut von Ferdinand Fellner und Hermann Helmer. 3 Der erhaltene Teil der gusseisernen Parkkolonnade am Dvořák-Park, ebenfalls ein Werk des umtriebigen Architektenduos aus Wien. 4 Die in den 1870er Jahren nach Plänen Josef Ziteks errichtete Mühlbrunnkolonnade.

Zu Beginn des 16. Jahrhunderts propagierte ein prominenter, praktisch veranlagter Kurarzt die Idee, die ehrenwerten Gäste sollten das Heilwasser trinken, statt mit oft schmerzhaften Folgen endlos darin zu baden. Zunächst kam es auch dabei zu maßlosen Übertreibungen: Manche Patienten veranstalteten regelrechte Trinkorgien und ließen sich täglich mit bis zu siebzig Messbechern volllaufen. Allmählich aber obsiegte die Vernunft und der Konsum wurde einer strikteren Kontrolle unterzogen. Neue therapeutische Wege wies um 1760 ein gewisser Dr. David Becher: Er erforschte nicht nur als Erster die genaue Zusammensetzung der Wässer, sondern predigte auch ein neues kurärztliches Credo, das da lautete: »Zu den Quellen!« Seither trinkt man in Karlsbad gleichsam ambulant – beim Promenieren. Und zwar, damit die gelösten Minerale nicht die Zähne angreifen, aus den berühmten langschnabeligen Kännchen

und, damit man sich nicht etwa verkühle, bevorzugt im Schutz von Säulenhallen, den legendären Kolonnaden.

Spätestens ab dem Ende des 17. Jahrhunderts gab sich Europas Elite aus Politik, Kunst und Gesellschaft in dem vom milden Klima und der schönen Lage an den Ausläufern des Schlaggenwalds gesegneten Städtchen in Scharen ein Stelldichein. Unter den Prominentesten waren August der Starke, die drei Großen, Zar Peter, Katharina und Friedrich, später Bismarck, der Britenkönig Eduard VII. und, wie könnte es anders sein, auch die umtriebige Kaiserin Elisabeth alias Sisi. Klemens Wenzel Fürst von Metternich, Österreichs restaurativer Außenminister, bescherte der Stadt traurige Berühmtheit, als er 1819 in den Karlsbader Beschlüssen die Staaten des Deutschen Bundes auf eine rigorose Unterdrückung aller vormärzlich-demokratischen Bewegungen einschwor. Und schließlich genoss auch die Crème de la Crème der Künstler und Denker, von Leibniz und Herder, Schiller und Fontane über Beethoven, Tschaikowskij, Chopin, Liszt, Brahms und Grieg bis Wagner, Marx und Freud, um nur einige der Namhaftesten zu nennen, Charme und Glanz von Europas Modebad Nummer eins. Insgesamt 13-mal zog es auch Goethe nach Karlsbad. Der Dichterfürst erwog angeb-

lich sogar, in seinem Lieblingskurort, den er »neben Weimar und Rom für den lebenswertesten Ort der Welt« hielt, ein Haus zu kaufen.

Das Bäderviertel Karlsbads – sein sogenanntes Geschäftsviertel liegt weiter nördlich, im bereits flacheren Einzugsbereich der Ohře (Eger) – schmiegt sich äußerst malerisch an die steilen Ufer der Teplá. Nicht von ungefähr kommt das poetische Bild vom »Diamanten inmitten von Smaragden«, das Alexander von Humboldt angesichts der vielstöckigen, dicht gestaffelten, von tiefgrünen Laubwäldern gerahmten Häuserzeilen prägte. Doch die Enge des Tales birgt auch Tücken: Immer wieder verheerten Hochwässer die Stadt. Weitflächige Feuersbrünste und diverse Kriege taten ein Übriges. So kommt es, dass weite Teile häufig neu errichtet wurden und das Gros der heutigen Bausubstanz relativ jungen Datums ist. Karlsbads goldenes Zeitalter war das ausgehende 19. Jahrhundert, als die Eisenbahnlinie nach Eger und Prag eröffnet wurde (1870/71) und neue Gasthöfe, Hotels, Wohn- und Badehäuser wie Pilze aus dem Boden wuchsen. Die betuchte Klientel reiste erster Klasse in Pullmann-Waggons aus Wien, St. Petersburg, Paris oder Ostende an. Den Kontakt zur Heimat gewährleistete während der

meist vielwöchigen Aufenthalte das modernste Post- und Telegrafenamt der Monarchie. Und wie es sich für ein Weltbad geziemt, waren auch die kulinarischen Vergnügen exquisit. Zudem hatten die Gastronomen rund um das Heilwasser ein spezielles Produktrepertoire kreiert: Sie fabrizierten Karlsbader Pastillen und die bis heute berühmten Oblaten, die bevorzugt mit einer Mandel-Haselnuss-Creme gefüllt sind. Der Kaffee wurde mit Mineralwasser gekocht und der Teig für die Palatschinken damit angerührt. Und 1807 schon erfand der Apotheker Josef Becher jenen magenschonenden Kräuterlikör, der seither als Digestif, abgefüllt in die typisch grünlichen, flachen Flaschen, unter dem Markennamen Becherovka seinen unverkennbaren, bittersüßen Geschmack rund um den Globus verbreitet.

Besondere Profiteure des Booms, die der Stadt etliche Repräsentationsbauten im Stil des späten Historismus – drei Kolonnaden, das Kaiserbad, ein Grandhotel und das im Inneren von Gustav und Ernst Klimt dekorierte Theater – hinterließen, waren Ferdinand Fellner (1847–1916) und Hermann Helmer (1849–1919). Das umtriebige wie erfolgreiche Architektenduo aus Wien schuf im Laufe eines nahezu halben Jahrhunderts über ganz Europa verstreut, zwischen

Zürich und Czernowitz, Hamburg und Odessa, allein an die fünfzig Theaterbauten. Eine Tatsache, die es, rückwirkend betrachtet, für eine prägende Rolle im kosmopolitischen Karlsbad prädestinierte. Wandert man entlang der Teplá von ihrer Mündung in die Eger talaufwärts, spaziert man an einer schier endlosen Reihe eleganter Gründerzeitfassaden vorbei. Gleichsam als Wächter über dieses Konglomerat aus bourgeoisen und feudalen Bauformen ragt am Taleingang linker Hand ein grauer 16-geschossiger Betonturm empor. Das Kursanatorium Thermal wurde Mitte der 1970er Jahre als Vorzeigestück sozialistischer Baukultur in die Landschaft geklotzt und sollte wohl dem »heillos dekadenten« Ort eine gebührliche Portion Modernität verleihen. Keine Frage, dass man die architektonische Missetat mittlerweile gerne ungeschehen machen würde. Aber wie? Immerhin fungieren die fünf Kinosäle des Komplexes als Aufführungsort des Karlsbader Filmfestivals, das mit Unterbrechungen seit 1960 in der ersten Woche des Juli Stars und die neuesten Streifen aus aller Welt an die Teplá bringt.

Augenblicklich mit der Stadt versöhnt ist, wer sich dem rechten Flussufer zuwendet: Da stehen zwei prächtige Badehäuser aus der

1 Elegantes Zimmer in einer Suite des Hotel Bristol. **2** Es kann serviert werden – im französischen Gourmetrestaurant des Hotel Carlton Palace. **3** und **5** Hallenbad im Spa beziehungsweise Eingangsbereich des Carlton Palace. **4** Das Zámecké Láznê alias Schlossbad wurde nach der Wende in ein Thermalbad umgewandelt, das modernsten Ansprüchen gerecht wird.

Zeit um 1900. Dazwischen liegt der Dvořák-Park mit jener Statue des berühmten Komponisten, die dem Gedenken an die europäische Erstaufführung seiner neunten Sinfonie »Aus der neuen Welt« im Juli 1894 in Karlsbad gewidmet ist. Und an deren Rand hat ein Teil der alten, gusseisernen Parkkolonnade die Zeitenläufte überdauert.

In Karlsbad quillt thermales Mineralwasser an insgesamt achtzig Stellen aus dem Boden. Ein knappes Drittel davon entspricht den gesetzlichen Kriterien von Naturheilquellen. 13 der bekanntesten – sie tragen Namen wie Nymphen-, Schlangen- oder Freiheitsquelle, sind nach Libussa, Karl IV., Fürst Wenzel oder Stephanie benannt – werden in fünf Kolonnaden und drei Brunnenpavillons gefasst. Sie sind zwecks Trinkkur der Öffentlichkeit zugänglich. Der mit Abstand glanzvollste Quellenbau und zugleich das Wahrzeichen des Kurviertels ist die Mühlbrunnkolonnade. Für diese 132 Meter lange Halle aus den 1870ern stand die italienische Renaissance Pate. Die benachbarte Marktkolonnade hingegen erinnert mit ihrem reichen Schnitzwerk an die Schweizer Holzbauweise. Hier wie dort pflegen des Morgens bis zum heutigen Tag zwischen den Säulen scharenweise Gäste mit grummelndem Bauch und Schnabelkännchen in der Hand zu wandeln.

Karlsbads mit Abstand stärkste und größte Quelle ist der sogenannte Sprudel. Bis zu 2000 Liter seines 73,4 Grad Celsius heißen Wassers schießen zu Füßen des Schlossturms und der geschwungenen Barockfassade der Maria-Magdalena-Kirche viele Meter hoch aus dem Boden. Und mit ihnen die zweifache Menge Kohlendioxid. 1975 hat man die Fontäne mit hohen Glaswänden und einem Flachdach samt gläsernem Kegel neu »verpackt« – eine weitere architektonische Untat, die freilich der Beliebtheit der Sprudelkolonnade auch als gesellschaftlicher Treffpunkt keinen Abbruch tat. Wie extrem hoch der Mineralgehalt des Wassers ist, sieht, wer neben dem Fluss und den dicken, dampfenden Rohren, durch die das Heilwasser in die Bäder und Hotels geleitet wird, hinab in die unterirdischen Räume steigt. Dort lässt man das Wasser auf eigens präparierten Gestellen über potenzielle Souvenirs – Rosen, Kettchen oder Modeschmuck zum Beispiel – rieseln. Nach nur ein bis zwei Wochen sind sie von einer feinen, sandfarbenen Sinterschicht überzogen.

1 Das Grandhotel Pupp – noch nie glänzte es so wie heute – ist das führende Haus am Platz. 2 und 3 Grandrestaurant und Festsaal des im Kern über 300 Jahre alten, Pupp'schen Hotelkomplexes. 4 Mala Dvořána, die »Kleine Halle« mit Café und Bar.

Auch am oberen Ende der Stadt, wo sich die beiden abschüssigen Seiten des mäandrierenden Tals schon sehr nahe rücken, hinterließ die Gründerzeit einige besonders prächtige Bauten: unten am Fluss, inmitten eines Englischen Parks, das Hotel Richmond, ein Stück weiter das 1895 fertiggestellte Kaiserbad (Láznê I). Und auf einer Anhöhe thront das nicht minder grandiose, vom französischen Architekten Ernest Hébrard (1875–1933) konzipierte Hotel Imperial. Den ohne Zweifel klangvollsten architektonischen Schlussakkord setzt freilich am Westufer der Teplá, gleich neben der Talstation jener Standseilbahn, die hinauf zur Freundschaftshöhe und zum Dianaturm führt, das Grandhotel Pupp. Der kolossale Kasten, zu wesentlichen Teilen ebenfalls von Fellner und Helmer geplant, ist aus zwei kurz nach 1700 errichteten Festsälen hervorgegangen. Erster Bauherr war Johann Georg Pupp, seines Zeichens Zuckerbäcker des Grafen Chotek und durch Heirat zu Vermögen gelangt. Seine Nachfahren erweiterten den Komplex sukzessive, bis er 1905 durch den Festsaal seinen krönenden Abschluss erhielt.

Wer heute nach einem Schaufensterbummel durch die von Edelboutiquen und Juwelieren gesäumte Lázeňská und die Alte Wiese (Stará louka) vor dieser edelsten aller Karlsbader Nobelherbergen landet, kann sich kaum vorstellen, welche Atmosphäre hier vor 1989 herrschte. Angesichts der auf Hochglanz renovierten Fassaden verblasst die Erinnerung rapide. Jene grauen Jahrzehnte scheinen fern, als die Alte Wiese »Straße der Helden vom Dukla-Pass« und das »Pupp« »Moskva« hießen, als in seinem schwelgerisch stuckierten Salon Gruppen nordmährischer Taubenzüchter und sibirischer Traktoristen Kartoffelsuppe löffelten und die Luft draußen mehr nach Kohlenruß als Fichtennadeln roch. Längst ist der kollektivistische Geist dem individualistischen gewichen. »Vielleicht ein klein wenig zu radikal«, wie manch Einheimischer angesichts des Andrangs neureicher Gäste und Investoren aus dem einst in »Brüderlichkeit« verbundenen Moskau leise murren mag. Sei es, wie es sei: Jedenfalls wurden im Frühjahr 2006 zentrale Szenen von »Casino Royale«, dem bislang jüngsten James-Bond-Streifen, im pompösen Ambiente des »Pupp« und im Kaiserbad vis-à-vis gedreht. Eine Art cineastischer Ritterschlag, wie er am Beginn des dritten Jahrtausends dem globalen Publikum wohl nicht passender Karlsbads Rückkehr auf die touristische Weltbühne hätte vor Augen führen können.

Karlsbad / Karlovy Vary

Anreise
Auto: A 93 bis Ausfahrt Marktredwitz Nord, B 303 über Cheb/Eger nach Karlovy Vary/Karlsbad (ca. 50 km).
Bahn: Fernstrecken aus München, Frankfurt, Berlin mit Umsteigen in Marktredwitz oder Cheb.

Attraktionen
Karlsbad: Kurviertel mit Hotel- und Bäderarchitektur, Barock-kirche St. Maria Magdalena (Dientzenhofer), russisch-ortho-doxe Kirche St. Peter und Paul, Stadtmuseum und -galerie, Becherovka-Museum, Kristallglashütte Moser mit Museum und Schaumanufaktur.
Umland: Loket, Sokolov, Jáchymov, Barockschloss Bečov mit Schrein des Hl. Maurus, Abtei Teplá, Marienbad, Metternich-Schloss in Kynžvart/Königswart, Franzensbad, Cheb/Eger.

Aktivurlaub
Promenadenwege, u. a. zum Hirschensprung, auf die Peters- und Freundschaftshöhe (Standseilbahn!), zu Goethewarte und Dianaturm, Wandern, Biken, Skifahren und Skilanglaufen im Kaiserwald (Slavkovský les) und im Erzgebirge, Reiten, Golfen (Plätze in Olšova Vrata, Cihelny und Marienbad), Karlsbader Musikherbst, Filmfestival (Juli), Stadttheater.

Essen und Trinken
Café Elefant, Stará Louka 30, Tel. 02 46-03 02 46, kein Ruhe-tag, fast 300 Jahre altes Café, legendär als eine Wiege der 1848er-Revolution, gute Kuchenauswahl, amüsante Aussicht auf die Flaniermeile Alte Wiese.

Übernachten
Grandhotel Pupp *****, CZ-36091 Karlovy Vary, Mírové námě-stí 2, 111 Zimmer (plus 117 im zugehörigen Viersternepark-hotel) Tel. 03 53-10 96 30, Fax 03 53-22 66 38, www.pupp.cz. Mehr als 300 Jahre alte Hotellegende, Luxusquartier zahlloser gekrönter Häupter und Künstler, mit Grandrestaurant, Café, Becher's Bar, Kasino, hoteleigenem Orchester, Festsaal, Ent-spannungs- und Therapiezentrum inkl. Beauty- und Zahnstudio.

Kuren und Baden
Zwölf heiße Heilquellen, eine kalte Mineralquelle, dazu Natur-gas, Schlamm und Moor, Anwendung: Trink- und Badekuren, Schlammpackungen, Inhalationen, Indikationen: Erkrankungen des Verdauungstraktes und des Bewegungsapparats sowie Stoffwechselprobleme wie Diabetes, Gicht und Übergewicht.
Zámecké Lázně (Schlossbad), aufwendig rekonstruierter Kur-komplex in der historischen Schlosskolonnade, zentrale Lage zwischen Sprudel- und Mühlbrunnkolonnade, großes Thermal-schwimmbecken, eigene Quellen, vielfältiges Massagepro-gramm, Aquagymnastik, Kneipp- und Elektrokur, Kohlenstoff-bäder, Inhalationen usw., Zámeckývrch 1, geöffnet Mo.–Fr. 7.30–19.30 Uhr, Sa., So. ab 8.30 Uhr, Tel. 03 53-22 58 20, www.edengroup.cz.
Alžbětiny Lázně (Elisabethbad, auch Bad V), 1906 für bürgerli-che Gäste erbautes Badegebäude, bestes Frischwasser-Hal-lenbad der Stadt (25-m-Becken) mit Relaxbecken, Whirlpools, Sauna; Heilkuren, ambulante Reha und direkt erhältliche Well-nessanwendungen wie Bäder, Packungen, Kosmetik, Smeta-novy sady 1145/1, geöffnet Mo.–Fr. 9–12 und 13–21Uhr, Sa. 9–21 Uhr, So. 9–18 Uhr, Tel. 03 53-22 25 36, www.spa5.cz.

Informationen
Infocentrum Mĕsta Karlovy Vary, CZ 36001 Karlovy Vary, Lázeňská 1, Tel. 03 53-32 11 76 und Terminál Dolní nádraží, Západní ul., Tel. 03 53-23 28 38, www.karlovyvary.cz.

4

Mineralien und Schwefelschlamm
Piešťàny – das Vorzeigebad der Slowakei

Das traditionsreiche Kurbad im Tal der Waag verwöhnt und heilt mit stark mineralhaltigen Wässern und schwefeligem Schlamm. Die auf einer Insel im Fluss gelegenen Badeanlagen verströmen wohltuende Beschaulichkeit, neuerdings jedoch auch zukunftsorientierte Modernität.

Trenčianske oder Rajecké Teplice, Bardejov, Bojnice oder Dudince, um nur einige der namhaftesten zu nennen: Die Slowakei verfügt über eine Vielzahl traditionsreicher Kurorte, von denen sich seit der Wende mehr und mehr auch wieder regen Zulaufs deutschsprachiger Gäste erfreuen. Der berühmteste und am besten ausgestattete, Piešťany, liegt 85 Kilometer nordöstlich der Hauptstadt Bratislava inmitten des hier weiten und fruchtbaren Tales der Waag (Váh). Die Region Považie, so ihr slowakischer Name, ist uralter Kulturboden. Im nahen Čachtice zum Beispiel oder in Beckov zeugen mächtige Burgen von der schon früh überragenden strategischen Bedeutung. Die urbanen Wurzeln von Städten wie Trenčín und Žilina reichen weit ins Mittelalter zurück. Und 1938 fand im Nachbarort Moravany ein Bauer beim Pflügen sogar eine aus einem Mammutzahn geschnitzte, auf ein Alter von 23 000 Jahren geschätzte alte Venusstatuette.

Ausschlaggebend für die Besiedlung von Piešťany waren wohl von Anbeginn die zehn Thermalquellen, die hier um die 68 Grad Celsius heiß und mit einem Gehalt von etwa 1500 Milligramm Mineralstoffen je Liter aus einer Tiefe von 2000 Metern an die Erdoberfläche sprudeln. Sie, die vor allem bei organischen Nervenleiden sowie Rheuma und anderen Erkrankungen des Bewegungsapparats helfen, waren bereits den Römern und Quaden bekannt. Systematisch genutzt wurden sie freilich erst ab dem 16. Jahrhundert. Damals grub man einfach Löcher in den Boden, die sich selbsttätig mit Wasser füllten und so als archaische Badewannen dienten. Nachhaltig besserten sich die Verhältnisse erst, nachdem die Stadt und ihre Quellen 1720 in den Besitz der Grafen Erdödy übergingen. Die neuen Herren ließen neben den Erdgruben hölzerne Badehäuser und bescheidene Unterkünfte errichten. Dennoch war Ludwig van Beethoven, der auf Empfehlung seines Gastgebers Graf Brunswick 1801 in Piešťany Linderung seiner rheumatischen Leiden suchte, ob der dürftigen Infrastruktur noch ziem-

I Ausflugsboote auf der Waag (Váh). **2** Keramische Dekoration auf der Fassade des Hotels Thermia Palace. **3** Das mit Jugendstilkacheln verkleidete Spiegelbad im Kurhaus Irma. **4** Trinkbrunnen, Promenade und Café vor den Kuranlagen des Napoleonbades.

1 und 3 Jugendstil pur: Kuppeldecke und Wanddekoration des Schlamm-
bades im Kurhaus Irma. 2 Treppenaufgang im Jugendstilhotel Thermia
Palace. 4 Das tägliche Kurkonzert im ausgedehnten Kurpark von
Piešťany.

lich enttäuscht. Er hätte eine Generation später kommen sollen.
Da hatten die Erdödy zwecks Behandlung der Verwundeten aus
den napoleonischen Kriegen ein richtiges, noch dazu elegantes
Badegebäude finanziert und das Kurwesen merklich professiona-
lisiert.

Den großen Aufschwung zum mondänen Heilbad allerdings
bewirkte erst gegen Ende des 19. Jahrhunderts eine Familie Winter.
Sie pachtete die Anlagen, baute ein schickes Jugendstilbad und ein
Grandhotel, sorgte für ein begleitendes Kulturprogramm und
lockte so mit Erfolg gekrönte Häupter, Hochadel und Künstler aus
halb Europa an die Waag. Zugleich erschloss sie dem Bad, indem
sie das landesweit erste balneotherapeutische Arbeiterhospital
gründete, eine zusätzliche, wenn auch minderbetuchte Klientel.
Heute kommen etwa 45 000 Kurgäste pro Jahr nach Piešťany, etwa
ein Drittel davon stammt aus dem Ausland. Das eigentliche Städt-

chen, am westlichen Flussufer gelegen, erweist sich als klein, aber
überraschend dynamisch: eine adrette Fußgängerzone mit Läden,
Cafés, Art-nouveau-Häusern, ein weitläufiger Park mit Musikpavillon und Spazierwegen, an dessen Rand sich ein kleines Balneologisches Museum und ein Haus der Kunst befinden, in dem regelmäßig die Slowakische Philharmonie gastiert. Vor allem aber: viel
Jugend und gepflegt gekleidete Flaneure. Der eigentliche Kurbetrieb konzentriert sich seit alters auf der östlich gelegenen, von
einem Seitenarm der Waag umflossenen Bäderinsel (Kúpeľňý
ostrov). Sie ist zu Fuß über die Kolonnadenbrücke erreichbar, eine
Konstruktion im Bauhausstil mit zwei überdachten, durch eine
Glaswand getrennten und mit Kiosken, Eisständen und Souvenirläden gesäumten Gängen. An ihrem stadtseitigen Kopf zieht
Piešťany Wahrzeichen, die Statue des Krückenbrechers, die Blicke
auf sich. Auf der Insel, von der Autos weitgehend verbannt sind,
stößt man zunächst auf das Thermia Palace Hotel und das Irma-
Bad, zwei 1912 im Stil der Wiener Secession errichtete und
soeben umfassend renovierte Architekturjuwele. Weiter nördlich
erstreckt sich, in üppiges Grün gebettet, der Komplex des Balnea-

zentrums mit seinen vier Siebzigerjahre-Hotels. Auch ihre Ausstattung wurde nach der Wende, teils für Rehabilitationspatienten, teils für Wellnessgäste, auf zeitgemäßen Standard gebracht. Und im Südbereich der Insel, gleich neben dem Thermia Palace, steht, ebenfalls jüngst von Grund auf saniert, das Napoleonsbad. Hinter seinen klassizistischen Säulen kann man sich – auch als Kurzzeitbesucher – entspannende Massagen und Wannenbäder verabreichen lassen. Vor allem aber besteht hier – wie im Irma – die Möglichkeit zu einem Schlammbad. Dazu ist zu wissen, dass Piešťany abgesehen von Heilwassern auch über Schwefelschlamm verfügt, der als besonders wirksam gilt. Ähnlich dem Fango im italienischen Abano Terme wird er mithilfe spezieller Technologien vorab zur vollen, biologisch-chemischen Reife gebracht – eine buttrig-schmierige extrem wärmeleitende Masse, die bei Hautproblemen und gegen Entzündungen Wunder wirkt. Im Schlammbad steht der Kurgast direkt auf dem Boden des Flussbetts, aus dem wie aus feinen Poren heilendes Quellwasser aufsteigt. Die Fußsohlen stecken dabei in wohlig warmem Schlamm und es fühlt sich an, als würden sie sanft massiert.

Piešťany

Anreise
Auto: von Wien auf der A 9, von Prag auf der D 2 nach Bratislava, von da A 61 nach Piešťany.
Bahn: via Wien oder Prag in die Hauptstadt, von dort mit dem Regionalzug weiter.

Attraktionen
Piešťany: Balneologisches Museum, Oldtimermuseum, Konzerte im Haus der Kunst und im Stadtpark.
Umgebung: Schifffahrt auf dem Stausee Śľňava (Juni bis September), Burg(ruinen) Tematín, Čachtice und Beckov, Höhle Čertova Pec, Waldpark Červená Veža, Trenčín, Kurort Trenčianske Teplice, Žilina, Trnava, Nitra, Bratislava.

Aktivurlaub
Golfplatz im Nordteil der Badeinsel, Schwimmen im Freibad Eva, Wassersport am Śľňava-Stausee, Kanufahren auf der Waag, Wandern und Skifahren im Erholungsgebiet Bezovec, Radfahren, Angeln.

Essen und Trinken
Benátky, Topolčianska 1, Tel. 0 33-7 72 11 89, mittelpreisiges Restaurant, sehr hübsch direkt am Fluss gelegen (Terrasse!), angeschlossen: sympathische Pension.
Café Mon Bijou, Beethovenova sady 16, gemütliche Adresse für Kaffee und Kuchen am Rande des Stadtparks.
Le Griffon, Winterova 29, Tel. 0 33-7 74 19 03, www.legriffon.sk/de, rustikales, gepflegtes Restaurant mit gehobener internationaler Küche zu vernünftigen Preisen.

Übernachten
Thermia Palace ****, SK-92129 Piešťany, Kúpelný ostrov, Tel., Fax und Website siehe Information Slowakisches Heilbad AG. Flaggschiff der örtlichen Hotellerie, frisch renoviertes Jugendstiljuwel mit luxuriöser Ausstattung und ebensolchem Service, 97 Zimmer und 14 Suiten, zugehörig: Grandrestaurant und Café Alexander, Irma-Bad mit Außenthermalbecken und Beauty Emporium für Körper- und Gesichtskosmetik.
Hotelkomplex Balnea ***/****, SK-92129 Piešťany, Kúpelný ostrov, insgesamt über 1000 Zimmer, Tel. 0 33-7 75 53 95, Fax 0 33-7 62 37 43, www.badpiestany.com. Vier Häuser – Esplanade, Palace, Splendid und Grand – 1970er-jahre-Architektur, zeitgemäß modernisiert, reiches Gastronomie- und Freizeitangebot, angeschlossen: großflächige Wasserwelt und Saunalandschaft, Direktzugang zum Balneo-Rehabilitationszentrum.

Die Bäder
Behandlungen: Schlammpackungen und -bad, Foto-, Licht-, (Gas-)Kohlensäuretherapie, Wannenbäder, Wassertherapie, Kneippkur, Massagen, diverse Wellness-, Beauty- und Vitalanwendungen. Angeboten in den Kurhotels (s. o.), im Irma- und Napoleonsbad.
Schlammbad: Bassin mit Naturboden aus 10–30 cm dicker Schwefelschlammschicht, darüber 50–90 cm Mineralwasser mit ca. 40 Grad Celsius, Badedauer: 5–10 Min.
Spiegelbad: Bassin mit künstlichem Boden, 39 Grad Celsius warmes Mineralwasser schulterhoch, 10–20 Min.

Informationen
Slowakisches Heilbad Piešťany AG, SK-92129 Piešťany, Winterova 29, Tel. 0 33-7 75 77 33, Fax 0 33-7 75 77 39, www.badpiestany.com.
Informationszentrum Piešťany (PIC), SK-92129 Piešťany, Pribinova 2, Tel. 0 33-7 71 96 21, www.pic.piestany.sk.

Baden wie ein Pascha
Budapest – Mitteleuropas Mekka der Badekultur

Auf den Spuren der Römer und Osmanen wandelt, wer in die Thermaltempel der ungarischen Hauptstadt eintaucht. Den geduldigen Müßiggänger erwarten Genüsse – fast wie aus 1001 Nacht!

Sie ist die einzige Hauptstadt der Welt, die ganz offiziell den Titel einer »Bäderstadt« tragen darf. Und es gibt wohl auch keine zweite Millionenmetropole, für deren Bewohner Bäder einen ähnlich zentralen und unverzichtbaren Ort öffentlicher Kommunikation und kollektiven Wohlempfindens darstellen. Der Besuch ihres *gyógyfürdö* oder *göz*, wie sie ihr Stammbad salopp gerne nennen, ist für die Budapester, ähnlich dem Kaffeehaus, fixer Bestandteil der Alltagskultur. Dementsprechend legen sie beim Besuch auch eher urbane denn therapeutisch-thermale Verhaltensmuster an den Tag. Selbstverständlich lieben sie es, sich faul im körperwarmen Wasser zu suhlen, mit geschlossenen Augen dem sanften Geglucke und Geplätscher zu lauschen und dabei die Reste der von draußen eingeschleppten Eile abzustreifen. Selbstverständlich suchen nicht wenige Linderung ihrer diversen Zipperlein. Doch mit ebensolcher Hingabe wird auch über Politik, Geschäfte und Literatur diskutiert, wird Zeitung gelesen, geraucht, getrunken, Karten und Schach gespielt.

Rund siebzig Millionen Liter Thermalwasser mit Temperaturen zwischen 20 und 76 Grad Celsius sprudeln täglich aus dem Boden von Bad Budapest. Das heilkräftige Elixier ist reich an Calcium, Magnesium und Natrium, Hydrogenkarbonat, Chlor und Sulfat. Mancherorts enthält es zudem Schwefel und Jod, Brom, Fluor und Radon – ein Mix an Substanzen, der erwiesenermaßen gegen Gicht und Rheuma, Erkrankungen der Atemwege, des Herzens und der Blutgefäße sowie bei Nervenleiden hilft. Dass Budapests Wasser, wie der türkische Weltreisende Evliya Celebi im 17. Jahrhundert zu berichten wusste, auch »gegen die Franzosenkrankheit«, also die Syphilis, von guter Wirkung sei, entsprang freilich ebenso frommem Wunschdenken – oder kommerziellem Kalkül? – wie die seinerzeit kolportierte These, dass von der Pest verschont werde, wer in gehörigen Mengen dem Tokajer Wein zuspreche.

Sage und schreibe 118 Quellen sind innerhalb des Stadtgebiets erschlossen, nicht mitgezählt jene zahlreichen Bitterwasserquellen,

1 Ein Thermalbad als Jungbrunnen: Statue im Eingangsbereich des Gellért-Bades. **2** Die Schachspieler im Széchenyi-Bad: ein alltäglicher Anblick. **3** Das Café Central in der Károlyi Mihály utca. **4** Das Thermalschwimmbecken ist Kern- und Glanzstück des Gellért Fürdö.

von denen der Große Brockhaus schon anno 1898 vermeldete, dass sie zwar »von widerlichem, etwas säuerlichem Geschmack und hepatischem Geruch sind«, jedoch mit Erfolg etwa »bei Verschleimung, Magenkatarrh und Skrofulose angewendet werden«. Allein die drei großen Quellgruppen auf Budaer Seite, die des Gellért-, des József- und des Csillagberges, liefern zwischen vierhundert und tausend Liter heißes Thermalwasser pro Minute. Sie sind es, die bei niedrigem Pegelstand der Donau teilweise in deren Bett abfließen und an Wintertagen das Phänomen des dampfenden Flusses erzeugen.

Bei so viel gutem Wasser ist es kein Wunder, dass schon die Kelten dort, wo heute die Stadt steht, in heißem Wasser badeten. Sie nannten die Quellen *ak ink*, was mit »viel Wasser« zu übersetzen ist. Von dieser Bezeichnung leitet sich der Name jenes Außenpostens ab, den die Römer kurz nach der Zeitenwende hier errichteten. Aquincum wuchs im Nu zu einem Militärlager, in dem 6000 Legionäre lebten. Bald gesellte sich eine zivile Bürgerstadt hinzu, die zum Municipium und zur Hauptstadt der Provinz Unterpannonien aufstieg. Nicht nötig zu betonen, dass auch ihre Bewohner sich eifrig der Badelust hingaben. Sie hatten geschulte »Balneatoren«, die Offiziere und reiche Kaufleute mit Heilwasser und ausgiebigen Schlammbädern kurierten. Auf dem zentralen Ruinenfeld von Aquincum im Stadtteil Óbuda sind die Reste mehrerer Badeanlagen zu sehen, und auch Mosaike, die rosig nackte Mädchen und ausnehmend männliche Männer zeigen.

Ob Kaiser Friedrich Barbarossa 1189, als er als Kreuzritter ins Heilige Land unterwegs war, bei seinem Zwischenstopp in »urbe Attilae« mit seinem Gastgeber König Béla III. baden ging, haben die Urkunden nicht überliefert. Fest steht hingegen, dass das örtliche Bäderwesen im Mittelalter eine neue Blüte erlebte. Bereits im 13. Jahrhundert existierte an den als besonders heilkräftig gepriesenen Quellen am Südosthang des Gellértberges ein Kurbad, das im Magyarenland weithin Bekanntheit genoss. Zweihundert Jahre später frönte wenige Gehminuten stromaufwärts, im Rác Fürdö, dem noch heute im Stadtteil Tabán existierenden Raizenbad, König Matthias Corvinus der erlauchten Entblößung. Er ließ von seinem Schloss dorthin sogar einen Tunnel graben, um den wohlig erwärmten Leib nicht durch widrige Winde zu verkühlen.

Eine markante Zäsur bedeutete politisch wie balneologisch die Zeit der osmanischen Besatzung. Die neuen Herren vom Bosporus brachten den Ungarn infolge des Gemetzels von Mohács (1526) immenses Leid. Doch bescherten sie ihnen immerhin auch die

1 und 3 Eleganter Jugendstildekor prägt den Eingangsbereich des Gellért-Bades wie auch des gleichnamigen Hotels. 2 Die Männerabteilung des Gellért ist mit ihrem Majolikaschmuck eine besondere Augenweide. 4 Detail aus der Schwimmhalle des Gellért Fürdö.

Liebe zum Kaffee, Tabak und Paprika, zur Rose und – zum heißen Bad. Während der fast hundertfünfzig Jahre, die Konstantinopels Statthalter von der Burg in Buda aus mit eiserner Hand über ihr Eylet-i Budin, den türkisch besetzten Landesteil, herrschten, bauten sie in der Stadt zu ihren Füßen zahlreiche Moscheen, Karawansereien und auch *ilidje*, »türkische Bäder«. Die Reinigungsvorschriften, die ihnen der Islam als Vorbereitung zum Gebet auferlegte, waren streng und verliehen dem Besuch im Bad eine rituelle Form, die es entschlossen einzuhalten galt. Man hatte zunächst in Schwitzräumen zu dünsten, dann im warmen Wasser der schleichenden Verschrumpelung zu harren. Und ehe man, den rosahäutigen Leib in duftende Tücher gewickelt, die wohlige Ermattung genießen durfte, musste man sich auch noch den Händen eines Masseurs anvertrauen. Der schrubbte einem mit rauem, in Seifenwasser getunktem Handschuh Brust, Bauch, Beine und Arme, spülte sie zwischendurch mit eiskaltem Wasser aus blechernem Schöpfnapf ab und verrenkte einem bei der anschließenden Massage die Glieder, bis die Gelenke knackten.

Diese harte Schule wurde von den Budapestern allerdings bald verwässert. Die Stunden im Bad galten ihnen weiterhin in erster Linie als Seelenmassage. Freilich waren sie nun durch morgenländisches Raffinement und eine ganz neuartige Sinnlichkeit angereichert – durch Mokka, Tee und Wasserpfeifen, viel Marmor und

Zierkacheln, Dampf und ein schummrig-zweideutiges Licht, das durch farbige Glassterne im Kuppelhimmel hereinsickerte. Das architektonische Erbe der Sultane ist mancherorts bis heute unangetastet geblieben. So etwa im Rudas-Bad, das gleich neben dem Budaer Brückenkopf der Erzsébet híd, direkt am Donauufer steht: Pascha Mustafa Sokollu ließ ihm 1566 seine heutige Form verpassen. 2005 wurde es frisch renoviert. Das »Bad mit den grünen Säulen«, wie der bereits erwähnte Reisende Celebi es nannte, ist auch unter dem Namen Bruckbad bekannt und ist ein im Kern typischer Kuppelbau mit oktogonalem Hauptraum. Acht mächtige Bogensäulen stützen das Halbrund. Sie stehen direkt am Rand des ebenfalls achteckigen, fast hundert Quadratmeter großen Bassins. In den Ecken befinden sich vier kleinere Becken, die mit unterschiedlich temperiertem Wasser gefüllt sind. Wie die Männer – Frauen haben seit Kurzem an drei Tagen ebenfalls Zutritt! – hier angetan nur mit weißen Leinenschürzchen in Zeitlupe umherschlurfen, auf Bänken dösen oder schwatzend im Wasser hocken, glaubt man sich um vierhundert Jahre zurückversetzt. Nicht viel anders werden die türkischen Herren ihre Köpfe zusammengesteckt haben, allerdings

1 und **2** Die »moderne« Schwimmhalle und das aus der Osmanenzeit erhaltene »Bad mit den grünen Säulen« sind beide Teil des Rudas-Bad, das sich unweit der Elisabethbrücke am Budaer Donauufer erhebt. **3** Das Király Fürdö alias Königsbad wurde um 1570 erbaut und im späteren 18. Jahrhundert maßgeblich erweitert. **4** und **5** Zugang und Innenraum im Thermalbereich des Rudas Fürdö.

damals auch, um Geschäfte zu machen oder politische Ränke zu schmieden. Und, wer weiß, vielleicht hat sich hier seinerzeit der eine oder andere zwischendurch sogar der Liebe gewidmet oder die dampfumwölkte Szene mit einem Mord akzentuiert?

Im Dunkel vergangener Jahrhunderte kann man sich auch im Király Fürdö, unweit des Bem tér am Nordrand von Víziváros, der Wasserstadt, treiben lassen. Das Königsbad, dessen Name übrigens ganz profan von einer gewissen Familie König herrührt, die eine Zeit lang das Bad besaß, wurde wie das Rudas um 1570 erbaut und im späten 18. Jahrhundert maßgeblich erweitert. Hinter seiner leider recht desolaten, frühklassizistischen, mit Giebel, Pilastern und Balustraden versehenen Fassade verbergen sich vier kupfergedeckte, von einem goldenen Halbmond bekrönte Kuppeln, deren Formen an Schildkrötenpanzer erinnern. In dem wunderschönen zentralen, auch hier achteckigen Hamam-Raum gibt sich an Männertagen – tageweise sind auch Frauen zugelassen! – bevorzugt Budapests Schwulenszene ein Stelldichein.

Nicht mehr zu erkennen sind die türkischen Wurzeln beim Lukács-Bad. Die auf Budaer Seite vis-à-vis der Südspitze der Margareten-

brücke gelegene Anlage wurde nach 1760 mehrfach erweitert und präsentiert sich als Bad der Kontraste. Während seine Schwimmbecken hochmodern mit Sprudeln, Düsen und Strömungskanal ausgestattet sind, blättert am benachbarten Tageskrankenhaus, das die Schlamm-, Gewichts- und Wannenbäder beherbergt, teilweise arg der Fassadenputz ab. Das Lukács ist seit alters Treffpunkt von Künstlern, Intellektuellen und der Politprominenz. »Hier werden«, konstatierte der Schriftsteller György Sebestyén, »unter der Brause zuweilen Chefredakteure ernannt, Theaterpremieren zu Fall gebracht, ideologische Offensiven beschlossen. Hier schwimmt manchmal die halbe Regierung herum.« Sein Quellwasser, mit dem schon die Türken über Röhren aus Kiefernholz das Király-Bad speisten, hat offenbar besondere Heilkraft: Im romantischen Innenhof zwischen Trinkhalle und Schwimmabteilung künden zahlreiche Marmortafeln vom Glück gesundeter Besucher. So bezeugt ein Dr. Don Wallach aus Lemberg, »trotz strengen Winters hier sein langwieriges rheumatisches Leiden geheilt zu haben«. Und auch Mary Davis, die das Lukács offenbar lahm betrat und als Gazelle verließ, schwelgte 1937 in Dankbarkeit.

1 Das 1913 eröffnete Széchenyi-Bad gilt als Symbolbau der Budapester Boom- und Gründerzeit. 2 Lobby des Grand Hotel auf der Margareten-insel. 3 Die Außenbecken des Széchenyi Fürdö.

Das wohl berühmteste Bad und geradezu eine Pflichtstation für alle Touristen ist das Gellért. An seiner Stelle, zu Füßen des gleichnamigen Berges, saß angeblich schon in grauer Vorzeit ein Eremit in einer Höhle und genoss dank des Thermalwassers den Ruf eines Wunderheilers. Der heutige Gebäudekomplex, der auch das legendäre Luxushotel umfasst, wurde 1918 eröffnet und bietet Dampf- und Sprudelbäder, zahlreiche balneotherapeutische Einrichtungen, ein Open-Air-Wellenbad und, als Kern- und Glanzstück, ein knapp dreißig mal neun Meter großes, von antikischen Säulen und ausladenden Balkonen umrahmtes und von einem weiten, sommers aufschiebbaren Glasdach überwölbtes Thermalschwimmbecken. Sämtliche Räume sind verschwenderisch mit Marmor, Mosaiken und Majoliken dekoriert, wirken eher herbeigezaubert, denn erbaut. Dieses Jugendstiljuwel namens Gellért bildete in der Zwi-

schenkriegszeit das Tüpfelchen auf dem i für die Vermarktung Budapests als Weltzentrum der Badekultur und wirkte auf Europas Hautevolee wie auf Motten das Licht. Immerhin unterhielt die städtische Bäderverwaltung damals in allen Metropolen des Kontinents, ja sogar in New York und Rio de Janeiro eigene Büros und ist die Stadt seither – genauer seit 1937 – Sitz des Internationalen Heilbäderverbands.

55 Tempel der Badelust besitzt Budapest angeblich insgesamt. Der größte und mit Abstand pompöseste steht auf Pester Seite, am Nordrand des Városliget, des Stadtwäldchens, vis-à-vis dem Vidám-Vergnügungspark: Das Széchenyi-Bad, ein schönbrunngelber, schwülstiger Traum aus Neobarock und -renaissance, macht seinem Namenspatron, dem legendären Unternehmer, Reformer und Politiker des 19. Jahrhunderts, Graf István Széchenyi, alle Ehre. Bis dahin nur ein Provisorium mit Trinkhalle, galt der vier Millionen Goldkronen teure Bau bei seiner Eröffnung 1913 als Symbol jener Boom- und Gründerzeit, da Budapest aus dem Schatten Wiens

getreten und zur Weltstadt aufgestiegen war. Heute besuchen täglich an die 6000 Menschen dieses Volksbad. Ungefähr zwei Millionen sind es pro Jahr. Viele Einheimische kommen in die nüchtern gefliese Krankenabteilung, um sich mit von der Krankenkasse übernommenen Massagen, Schlammpackungen oder Kohlesäurebädern Bandscheibenprobleme und Gelenkentzündungen behandeln zu lassen. Betuchtere, unter ihnen viele Touristen, bezahlen indes die acht Euro Eintritt, um sich im Dampfbad, in der Sauna und anschließend in den sechs Außenbecken zu verlustieren. Dort schauen sie dann den berühmten Schach-Enthusiasten, die zu Dutzenden stundenlang schweigend bis zum Hals im Wasser über kniffligen Figurenstellungen brüten, über die Schulter. Oder sie delektieren sich an der zahlreich versammelten *jeunesse dorée*. Oder sie genießen im wohligen Wasser treibend die palastartige Kulisse, die speziell abends oder an kalten Wintertagen – das Széchenyi hat ganzjährig täglich bis 22 Uhr geöffnet! – von Dampfschwaden umhüllt an märchenhafter Romantik kaum zu überbieten ist.

Budapest

Anreise
Auto: Aus dem Raum Nürnberg/München über Linz und Wien (bis zur Grenze A1/A4), weiter auf M1 über Györ und Tata. Aus Richtung Berlin/ Dresden über Prag und Brno (D8/ D1/ D2) und Bratislava, Einmündung auf die M1 ca. 40 km westlich von Györ.

Attraktionen
Auf der Budaer Seite: Burgberg mit Matthiaskirche, Fischerbastei, Burgpalast mit Ungarischer Nationalgalerie, Kriegs- und Medizinhistorisches Museum (alle: erreichbar auch per Sikló/Standseilbahn), Gellértberg mit Zitadelle.
Auf der Pester Seite: Parlament mit Krönungsinsignien, Staatsoper und Konzertsaal Vigadó, St.-Stephans-Basilika, Postsparkasse, National-, Kunstgewerbe- und Ethnografisches Museum, Große Markthalle, Jüdisches Museum und Große Synagoge, Villenviertel entlang der Andrássy út, Heldenplatz mit Museum der Bildenden Künste, Burg Vajdahunyad und Stadtwäldchen, Margareteninsel.

Die Bäder
Széchenyi, XIV., Állatkerti boulevard 11, Tel. 01-3 63 32 10, einer der größten Badekomplexe Europas, innen: zwölf Thermalbecken, außen: Schwimm-, Erlebnis- und Thermalbecken, 20 bis 38 Grad Celisus, geöffnet ganzjährig, Innenbereich tgl. 6–19 Uhr, Außenbecken und Dampfbad tgl. 6–22 Uhr.
Gellért, XI., Kelenhegyiút 2–4, Tel. 01-4 66 61 66, innen: Schwimm- und Sprudelbad sowie neun Heilbecken, open air: Wellenbad, Thermal- und Kinderbecken, 26 bis 38 Grad Celsius, geöffnet Innenbereich 1. Mai bis 30. September. tgl. 6–19 Uhr, Oktober bis April Sa., So. nur bis 17 Uhr, Wellenbad nur 1. Mai bis 30. September tgl. 6–19 Uhr, FKK-Zone zum Sonnen: April–September 6–19 Uhr.
Rudas, I., Döbrenteitér 9, Tel. 01-3 75 83 73, ein Schwimm- und sechs Heilbecken mit 5, 4 x 9 m und 96 qm mit. 16, 28, 30, 33, 36 und 42 Grad Celsius, Schwimmbad: 278 qm und 29 Grad Celsius, ganzjährig geöffnet Mo.–Fr. 6–20 Uhr, Sa., So. 6–13 Uhr, Mo. und Mi.–Fr. nur Männer, Di. 6–20 Uhr nur Frauen, jeweils textilfrei, Sa., So. gemischt mit Badeanzug.
Lukács, II., Frankel Leó u. 25–29, Tel. 01-3 26 16 95, zwei Außenschwimmbecken, innen ein Erlebnis- und fünf Thermalbecken mit 22 bis 40 Grad Celsius, geöffnet 1. Mai bis 30. September tgl. 6–19 Uhr, Okt. bis April Sa., So. nur bis 17 Uhr.
Király, II., Fö u. 84, Tel. 01-2 02 36 88, vier Thermalbecken von 4, 8, 10 und 68 qm mit 26, 32, 36 und 40 Grad Celsius, geöffnet ganzjährig für Männer Di., Do., Sa. 9–20 Uhr, für Frauen Mo., Mi. 9–20 Uhr, Fr. 7–18 Uhr.
Dagály, XIII., Népfürdö u. 36, Tel. 01-4 52 45 00, diverse Open-Air-Schwimm- und -Thermalbecken, Wellen-, Erlebnis- und Kinderbecken, 26–36 Grad Celsius, ganzjährig geöffnet Mo.–Fr. 6–19 Uhr, Sa., So. bis 17 Uhr.
Alle Thermalquellen enthalten Natrium, Calcium, Magnesium, Wasserstoffkarbonat, Sulfat und reichlich Fluorid. Vielfältige Indikationen, von Gelenk-, Bandscheiben- und Kreislaufproblemen bis Gefäßverengungen, Neuralgien und Gastritis.

Informationen
Tourismusamt: H-1056 Budapest, Március 15. Tér 7, Tel. 01-2 66 04 79, www.budapestinfo.hu.
Städtische Bäderverwaltung: H-1138 Budapest, Népfürdö u. 38, Tel. 01-4 52 45 00, www.heilbaderbudapest.com.

Blühende Lotusblumen im November
Der Thermalsee von Hévíz – Ungarns heilkräftiges Naturjuwel

Nahe dem westlichen Ende des Balaton wartet ein balneologisches Wunder: Der größte natürliche Warmwassersee Europas lädt ganzjährig zum Open-Air-Bad. Trotz moderner Infrastruktur und zeitgemäßer Luxushotellerie verströmt der Ort das behagliche Flair vergangener Tage.

Der Balaton alias Plattensee, das fast sechshundert Quadratkilometer große »Meer der Ungarn«, stellt neben Budapest zweifelsohne den zweiten touristischen Hauptanziehungspunkt des Magyarenlandes dar. Sein seidiges, oft schon im Frühsommer laues Wasser, die Sandtrände und die häufig frische Brise machen aus diesem größten See Mitteleuropas ein familientaugliches Ferienrevier par excellence. Freilich dient dieser 77 Kilometer lange, aber nur drei bis fünf Meter tiefe Binnensee beileibe nicht bloß als Bade-, Wassersport- und Vergnügungszentrum. Er ist auch ein Hort der pannonischen Kultur. An seinem hügeligen Nordufer wird – malerische Winzerdörfer bezeugen es – seit Jahrhunderten Wein angebaut. Dahinter wachen mittelalterliche Burgen über das Land. Das Kloster Tihany blickt auf eine 950-jährige Geschichte zurück. Und nicht minder weit reichen die Wurzeln altehrwürdiger Städte im Hinterland, von Veszprém über Zirc bis Pápa, in die Vergangenheit. Doch auch wer statt Kulturdenkmälern und quirliger Ferienfröhlichkeit Ruhe und reine Naturerlebnisse sucht, wird fündig: Schutzgebiete wie die Halbinsel Szigliget oder der Kis-Balaton sind von Menschenhand kaum berührte Oasen der Stille.

Ein natürlicher Schatz der besonderen Art liegt sechs Kilometer von Keszthely, der westlichsten Gemeinde am Balaton, entfernt: Der Thermalsee von Hévíz ist mit 4,7 Hektar der nach Lake Tarawera auf Neuseeland zweitgrößte natürliche Warmwassersee der Welt. Ungefähr fünfhundert Liter Wasser pro Sekunde quellen auf seinem 36 Meter tiefen Grund aus zwei Erdspalten. Im Sommer erreicht der See, dessen Inhalt sich dank des massiven Zuflusses alle 28 Stunden vollständig erneuert und über das »Warmbächlein« (Hévíz heißt auf Deutsch »warmer Fluss«) abfließt, eine Temperatur von 35 Grad Celsius. Sie sinkt auch im Winter nicht unter 23 Grad Celsius, sodass selbst dann gebadet werden kann. Der in einer moorigen Ebene gelegene See ist von einem Grüngürtel aus

1 Einmaliges Erlebnis: Schwimmen zwischen Lotusblumen. **2** Die dreibogige Fußgängerbrücke zur Insel Kanyavar. **3** Das warme Thermalwasser des Sees fördert offensichtlich die Geselligkeit. **4** Termál Fürdö, das so traditionsreiche wie stimmungsvolle Badehaus am Thermalsee von Hévíz.

1 und 2 Die ausgedehnte Badelandschaft im Rogner Hotel & Spa Lotus Therme mit Indoor- und Outdoorbereich. **3** Innenhof im Rogner Hotel.

Wiesen, Bäumen und schattigen Spazierwegen umgeben und von einem Meer aus Abertausenden Lotusblumen bedeckt, die oft noch im November leuchtend rot blühen.

Das Hévízer Wasser enthält reichlich Schwefel, Radium, Kohlendioxid, Calcium, Magnesium und Hydrogenkarbonat. Von Ärzten empfohlen wird es vor allem bei motorischen Erkrankungen und Rheuma, doch soll es auch bei Frauenleiden sowie Magen- und Verdauungsproblemen helfen. Allerdings sollte man dem Kreislauf zuliebe pro Tag nicht länger als maximal zweimal eine halbe Stunde darin baden. Eine besonders intensive Heilwirkung besitzt der graubraune, körnige Schlamm, der als mehrere Meter dicke Schicht den Boden des Sees bedeckt. Auf kranke Gelenke gepackt, hemmt er Entzündungen und lindert Schmerzen. In der kalten Jahreszeit kann man im See schwimmend des Öfteren auch Opernsängern begegnen. Das Gemisch aus Wasserdampf und kalter Luft wirkt sich angeblich positiv auf angekratzte Stimmbänder aus.

Erstmals analysiert und wissenschaftlich beschrieben hat das heilsame Nass 1769 ein Arzt namens Ferenc Szláby. Das therapeutische und wohl auch ökonomische Potenzial des Thermalsees voll erkannt hat rund zwei Generationen später György Festetics. Zwar hatte der Ort schon 1795 sein erstes hölzernes Badehaus und offiziell das Attribut »Kurbad« erhalten. Doch erst jener Graf, dessen majestätisches Neobarockschloss in Keszthely bis heute von seinem immensen Reichtum an Geld, aber auch Geist zeugt, verwandelte Hévíz konsequent in einen Kurtreff ersten Ranges mit Bädern, Hotels und Sanatorien. Eine Zeit lang diente es, ähnlich wie Karlsbad, Gastein oder Abbazia, den Aristokraten, Magnaten und hohen Offizieren der k. u. k. Monarchie dazu, sich unter ihresgleichen stilvoll zu entspannen.

Seither hat sich um den See, in gebührendem Abstand, versteht sich, ein Kranz aus Hotels gelegt. Die großen unter ihnen – die mit den vier Sternen – bieten neben der medizinischen Beratung und

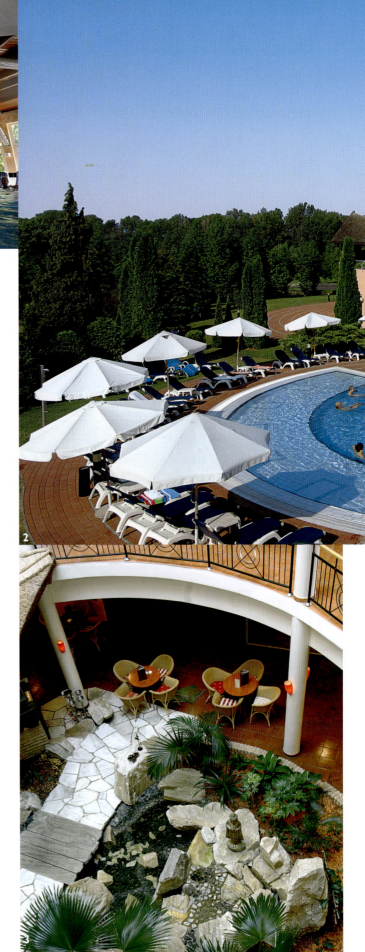

traditionellen Behandlungen längst auch die ganze Palette von Wellnessvergnügungen an, vom sprudelnden Spaßbad bis zu den exotischsten Massagen. Auch das gute alte, über Brücken erreichbare Badehaus mit seinen vier fotogenen Ecktürmchen inmitten des Sees wurde kürzlich von Grund auf modernisiert und mit Glaswänden und zeitgemäßen Therapieeinrichtungen versehen. Doch aller postkommunistischen Erneuerungslust und auch den weiter wachsenden Besucherscharen zum Trotz hat sich Hévíz eine sympathische, heute seltene Beschaulichkeit aus vergangenen Tagen bewahrt. Seine mehrheitlich österreichischen und deutschen Gäste genießen neben den im Vergleich zu anderen Bädern merklich niedrigeren Preisen das nostalgische Ambiente mit hölzernen Kabinen, Stegen und Pritschen. Sie hocken auf »Tratschbänken« im Wasser, baden oder lassen sich auf ausgeliehenen Gummireifen treiben. Im Anschluss genießen sie dann in einem der zahlreichen urgemütlichen Gasthäuser der Umgebung bei Ziehharmonikaklängen und einem Glas vom örtlichen Wein einen herzhaften Gulasch mit Nockerln, einen feinen Balatoner Karpfen mit Letscho (Paprika-Tomaten-Eintopf) oder einen süßen Palatschinken.

Thermalsee Hévíz

Anreise
Ab Wien (190 km): A 2 bis Ausfahrt Guntramsdorf, A 3 Richtung Eisenstadt, Grenzübergang Klingenbach, Sopron, Sárvár, Sümeg, von dort rechts über Bazsi und Zalaszántó nach Hévíz; ab Graz (170 km): A 2 bis Ausfahrt Fürstenfeld/Ilz, Grenzübergang Heiligenkreuz, Körmend, Richtung Zalaegerszeg/Balaton nach Hévíz. Bus-Direktverbindungen u. a. ab Wien, Linz, Salzburg, München. Nächster Flughafen: Sármellék.

Attraktionen
Keszthely mit Stadtkern, Festetics-Schloss, Balatonmuseum und Goldmark-Geburtshaus, römische Ruinen in Egregy, Naturschutzgebiet Kis-Balaton, Vulkanberg Badacsony mit Weinkellern und -gärten, Schloss Szigliget, Seehöhle in Tapolca, Burg Sümeg, ehemaliges Atelier des Malers Jószef Egry in Badacsonytomaj, Burg von Nagyvázsony, Balatonfüred, Halbinsel Tihany mit Abtei und Kirche, Porzellanmanufaktur Herend, Zirc mit Zisterzienserkirche, Veszprém, Pápa.

Aktivurlaub
Alle Arten von Wassersport und Schiffstouren auf dem Balaton, wandern, z. B. auf den Badacsony und zur Kisfaludy-Aussichtswarte, Balaton-Festival (Mai), Weinfestival (August) und Helikon-Musikfestival (alle zwei Jahre im Mai), alle in Keszthely, Vogelbeobachtung im Kis-Balaton, Kellertouren und Weinverkostungen in der gesamten Region.

Essen und Trinken
Bacchus, Keszthely, Erzsébet királyné 18, Tel. 0 83-51 04 51, www.bacchushotel.hu, kein Ruhetag, rustikales Traditionsrestaurant im Souterrain des gleichnamigen Hotels, ungarische Spezialitätenküche mit Wild-, Grill- und Balatoner Fischgerichten, regelmäßig Weinverkostungen; angeschlossen: das Weinmuseum mit Hunderten historischen Objekten aus Weinbau und Kellereigeschichte.

Übernachten
Rogner Hotel & Spa Lotus Therme *****, H-8380 Hévíz, Lótuszvirág u., Postfach. 80, 240 Zimmer und Suiten, Tel. 0 83-50 05 00, Fax 0 83-50 05 91, www.lotustherme.com. Exquisite Anlage inmitten eines 17 Hektar großen Parks mit Pitch & Putt Golfcourse, Driving Range, Sandtennisplätzen, Boccia und Fitnessparcour; vorzügliches Restaurant (Corvinus), mehrere Bars, großzügige Thermal- und Saunalandschaft mit Heilwasserbecken, Innen- und Außenpool, Jacuzzi, Laconium, Caldarium, Finnische-, Garten- und Aroma-Licht-Sauna, Beauty-Spa-Center mit großem Angebot an klassischen und exotischen Massagen, Tai Chi, Yoga, reichhaltiges medizinisches Therapieangebot.

Baden
Im je nach Jahreszeit 23 bis 35 Grad Celsius warmen Heilwasser des Thermalsees maximal zweimal eine halbe Stunde pro Tag, Eintrittskarten für drei, vier, fünf, sechs Stunden oder. den ganzen Tag, Anmietung von Kabinen möglich; im Seebad, dem Gebäude in der Seemitte, neuerdings Therapieabteilung mit umfassendem Behandlungsangebot, Massagen, kosmetischen Anwendungen, Dampfbad, Eishöhle, Finnische Sauna usw. Umfangreiches Wellnessprogramm in vielen Hotels des Ortes. Geöffnet in der Sommersaison tgl. 8.30–17 Uhr, im Winter 9–16 Uhr.

Informationen
Hévíz Tourist: Rákóczi utca 2, Tel. 0 83-54 01 75, Fax 0 83-34 04 79, www.heviz.hu.

Jungbrunnen dank saurem Wasser
Rogaška Slatina – traditionsreiche Trinkkur in Slowenien

Das magnesiumreiche Donat-Mineralwasser verhilft Gästen zu einer gesunden Verdauung. Beschauliches k. u. k. Flair, die örtliche Therme und das malerische Umland sorgen für seelisches Wohlbefinden.

Im äußersten Osten Sloweniens liegt, dreißig Kilometer von Celje und etwa gleich weit von Ptuj entfernt, der wohl altehrwürdigste und auch prominenteste Kurort der jungen Republik: Rogaška Slatina. Mit diesem Namen assoziiert man bis heute Kurtradition mit k. u. k. Geschmack. In der Tat waren es höchste Mitglieder des Wiener Hofes, die hier in dem wald- und weinreichen Hügelland am Oberlauf des heutigen Grenzflusses Sotla schon zu Anfang des 19. Jahrhunderts Heilung suchten und dem Ort das Flair eines Nobelbades verliehen. Die therapeutische Kraft des hiesigen, an Mineralstoffen extrem reichen Sauerwassers wurde freilich schon seit dem 16. Jahrhundert genutzt. Ein Alchemist und Arzt namens Leonhard Thurneysser hatte es 1572 analysiert, und sein deutscher Kollege Tabernaemontanus kurz darauf in einem Tractatus gepriesen. Als dann rund hundert Jahre später Péter Zrínjski, seines Zeichens Banus von Kroatien, mit dem Wasser seinen maladen Magen kurierte und in der Folge der Tiroler Topograf Georg Matthäus Vischer auf seiner Landkarte der Steiermark Rohitsch-Sauerbrunn, wie Rogaška auf Deutsch hieß, deutlich sichtbar vermerkte, verbreitete sich der Ruf der wundertätigen Quelle in Windeseile über Maribor und Varaždin bis nach Graz und Wien. Doch erst nachdem die steirischen Landstände um 1800 das gesamte Quellgebiet erwarben, Graf Ferdinand Attems als oberster Landesherr ein erstes Hotel und Schwimmbad bauen ließ und Erzherzog Johann, ein Stammgast während dreißig Jahren, höchstselbst die Pläne für den zentralen Park entwarf, stieg Rogaška in die oberste Liga der mondänen Kurorte der Monarchie auf. Ab da fanden illustre Herrschaften, unter ihnen mehrere Rothschilds, Napoleons Bruder Louis Bonaparte oder Franz Liszt, der hier konzertierte, und nicht zu vergessen der allerdurchlauchtigste Kaiser Franz Joseph, den Weg in die östliche Krain.

Viel Wasser ist seither aus den historischen Quellen namens Donat, Styria und Tempel gesprudelt. Anfang der 1950er Jahre wur-

1 Hotel Soca mit der Büste von Graf Ferdinand Attems, der die Entwicklung des Ortes vor 200 Jahren massiv förderte. 2 Der Ballsaal im Grand Hotel Rogaška, dem ehemaligen Kurhaus, zählt zu Sloweniens großen architektonischen Schätzen. 3 Ruheraum im Thermalbad des Grand Hotel Rogaška. 4 Die lichtdurchflutete Lobby des Grand Hotel.

1 Das ehemalige Kurhaus, heute Grand Hotel Rogaška, erstrahlt in lupenreinem Schönbrunnergelb. 2 Sommerspaß im öffentlichen Thermalbad. 3 Unter dem Dach des Brunnentempels tritt Rogaškas zentrale Mineralquelle zutage. 4 und 5 Im Spabereich des Grand Hotel.

den mittels neuer Bohrungen große zusätzliche Mengen erschlossen. Das kalte Elixier aus den Tiefen der Erde hilft dank seines europaweit einzigartig hohen Magnesiumgehalts (1040mg/Liter) und des zugleich vorteilhaft niedrigen Kochsalzgehalts famos gegen Beschwerden von Magen und Galle, Bauchspeicheldrüse und Leber, gegen Diabetes und Nierenleiden und beruhigt zugleich Nerven und Muskeln. Heutzutage lockt es über 40 000 Gäste pro Jahr an. Es wird während der Trinkkuren verabreicht – »morgens auf nüchternen Magen sowie vor dem Mittag- und Abendessen«. Zudem wird es jährlich in Abermillionen Flaschen gefüllt und unter der Markenbezeichnung »Donat Mg« nach halb Europa exportiert. Und 1991, im Jahr der staatlichen Unabhängigkeit, hat man 56 Grad Celsius warmes Thermalwasser erbohrt, das nun das öffentliche Wellnessthermalbad, die 1998 eröffnete Rogaška Riviera, speist.

Der Rundgang durch die weitgehend verkehrsbefreite Kurzone offenbart freilich Gegensätzliches. Da ist einmal das bauliche Erbe aus habsburgischer Zeit, als man Rogaška – im kur-medizinischen und elitär-touristischen Sinne, nicht politisch – als »Vichy von Slo-

wenien« bezeichnete: der Musikpavillon zum Beispiel, ein kleiner Rest der längst demolierten Wandelbahn aus Vorkriegstagen, unter deren Holzarkaden das Publikum an Regentagen flanierte. Im Juli und August pflegt hier nach wie vor zweimal täglich ein Kurorchester zum Promenadenkonzert aufzuspielen. Am andere Ende des Zdraviliški trg, des von Baumreihen gesäumten und mit Blumenrabatten aufwendig verzierten Zentralbereichs der Fußgängerzone, erhebt sich über der zentralen Mineralquelle in pastellenem Blaugrün der bald zweihundert Jahre alte Brunnentempel. Auch das

ehemalige Palais Erzherzog Johanns thront noch, nunmehr als Hotel Soca, auf seiner kleinen Anhöhe. Ihm zu Füßen stehen die bronzene Büste des Grafen Attems und als frühestes noch existierendes Gebäude die Alte Direktion, in der mittlerweile ein Dentalstudio den Gästen neuen Biss verleiht. Und auch die neoromanische, 1928 nach Plänen Jože Plečniks umgebaute Kapelle hat alle Umbrüche überdauert.

Andererseits ragt unmittelbar hinter dem erwähnten Musikpavillon ein zwölfgeschossiger Glas-Beton-Turm, genannt Terapija, himmelwärts. Seine Zweckmäßigkeit ist unbestritten. Bis heute sind hier viele der zentralen medizinischen Einrichtungen, Ordinationen, Bäder, Gymnastik- und Massageräume, untergebracht. Doch seine ästhetische Wirkung auf das Ortsbild war ebenso wie die der gleich alten, benachbarten Trinkhalle schon wenige Jahre nach der Fertigstellung (1964) gelinde gesagt umstritten. Auch den benachbarten Hotelkomplex Donat würde man heute wohl anders gestalten. Wie tröstlich, dass nebenan das ehemalige Kurhaus allen Zeitläuften zu trotzen vermochte. Seine ausladende, weiß-gelb getünchte, klassizistischen Fassade mit ihrem mächtigen Säulenportikus verleiht der Kurzone altmodische Eleganz. Und im Inneren beeindruckt der heute als Grand Hotel Rogaška genutzte Prachtbau mit einem grandiosen, auf Hochglanz renovierten Ballsaal, den Kenner zu den großen architektonischen Schätzen Sloweniens zählen.

Rogaška Slatina

Anreise
E 59 über Maribor oder E 57 von Ljubljana, Ausfahrt Slovenska Bistrica oder Celje, von dort jeweils etwa zwanzig Minuten bis Rogaška Slatina.

Attraktionen
In und um *Rogaška*: Kristallsaal im Grand Hotel Rogaška, Glas- und Bleikristallfabrik im Vorort Trzisce (Betriebsführungen), Grafisches Museum, Freilichtmuseum in Rogatec. *Umgebung*: Kloster Olimje mit alter Apotheke, Schloss Brežice, Galerie auf Schloss Kostanjevica, Kartause Pleterje, Kartause Žiče, Celje, Ptuj, diverse Weinstraßen bis hinüber nach Krško, Ptuj und Haloze.

Aktivurlaub
Wanderungen vom Zentrum Rodne bis Trojica (röm. Straße, ca. 2 Std.), zum Aussichtsturm Boc 3–4 Std. (Blick bis zum Plattensee), ostwärts zur Kirche Lošno zu Rogaška Gora/ Donat (3–4 Std., Führungen möglich); Weinberg-Route: Richtung Irije (leicht wellig bis auf 600 m Höhe, ca. 2 Std.), Golf in Olimje/Podčetrtek, Slovenske Konjice, Mokrice oder Ptuj.

Essen und Trinken
Restavracija Sonce, Celjska cesta 9, Tel. 03-8 19 21 61. Behagliches Traditionslokal mit regionalen Spezialitäten und exzellenten hauseigenen Weinen, eigener Keller zum Verkosten. Grand Café im Hotel Rogaška (s.u.), kein RT. Köstliche Mehlspeisen, opulentes Ambiente.

Übernachten
Grand Hotel Sava****, SI-3250 Rogaška Slatina, Zrdaviliški trg 6, 300 Zimmer (inkl. Hotel Zagreb), Tel. 03-8 11 40 00, www.rogaska.si. Zugehörig: Lotus Terme mit Spa- und Beautybereich, reichhaltiges Programm von Anticellulite und Aromatherapie bis Ayurveda.
Grand Hotel Rogaška****, SI-3250 Rogaška Slatina, 80 Zimmer und Apartments, Tel. 03-8 11 20 00, 03-8 11 27 44, Fax 03-811-20 12, www.terme-rogaska.si. Umfangreiche medizinische Entspannungs- und Beautyprogramme.

Die Bäder
Kurbad Rogaška, Zrdaviliški trg 9, Tel. 03-8 11 70 00, auf Vorsorge, Behandlung und Rehabilitation im Bereich Stoffwechsel und Verdauungsapparat sowie bei Stress und psychosomatischen Erkrankungen spezialisiert, über 200 Wellness- und gesundheitstherapeutische Leistungen, Screening und Diagnose, diverse Physiotherapien, Mineral- und Kräuterbäder, Fango- und Kräuterpackungen, Massagen, Lymphdrainagen usw.
Rogaška Riviera, Celjska cesta 5, Tel. 03-8 18 19 50, öffentliches Thermalbad mit sechs Außen- und Innenbecken und 1200 qm Gesamtwasserfläche.

Informationen
Tourismus Rogaška, SI-3250 Rogaška Slatina, Zdraviliški trg, Tel. 03-5 81 44 14, www.rogaska-slatina.si (nur auf Slowenisch).

Die Villa Barbarigo in den Euganeischen Hügeln bei Montegrotto.

Italien

Im Reich des Fango
Abano-Montegrotto – gesund durch Wasser, Algen, Schlamm

In den Euganeischen Thermen dreht sich – fast – alles um Fango. Der wundersame Schlamm hilft nicht nur bei Rheuma, sondern sorgt im Verbund mit Beautyzentren und der prachtvollen Umgebung auch bei Gesunden für »benessere« und »bella figura«.

Das Verfahren ist so simpel wie einzigartig und hat rheumatische Leiden von Abermillionen Menschen gelindert: Man nehme mineralhaltige Tonerde vulkanischen Ursprungs, die man als Schlamm vom Grund zweier kleiner, nahe gelegener Thermalseen baggert, und fülle sie in betonierte Becken. In diese lasse man kontinuierlich jenes segensreiche Thermalwasser fließen, das ein paar Jahrzehnte zuvor etwa achtzig Kilometer entfernt, in den Lessini-Bergen und kleinen Dolomiten, als Regen versickert ist und jetzt hier, am Fuß der Euganeischen Hügel, über achtzig Grad Celsius heiß, mit Salz, Brom und Jod angereichert, allerorten aus Tiefen von bis zu dreitausend Metern zutage tritt. Nach rund zwei Monaten haben spezielle, im Schlamm gebundene Bakterien und Mikroalgen den anfangs grauen Schlamm durchwachsen, dabei grünlich gefärbt, seine chemisch-physikalische Struktur verändert und ihm einzigartige therapeutische Eigenschaften verliehen. Nun wird dieser reife Fango mit einer Temperatur von 37 Grad Celsius direkt auf die Haut der Kurgäste appliziert, auf dass er – ähnlich entzündungshemmend, aber ungleich schonender als Cortison – nach und nach deren Arthrose, Arthritis und andere Rheumatismen lindere oder auch »nur« ihre Haut erfrische und geschmeidiger mache.

Als »größter auf Therapien mit Heilschlamm spezialisierter Badekurort Europas« wirbt Abano-Montegrotto um Publikum. Die Infrastruktur beeindruckt in der Tat: Über hundert Hotels zählt das Thermalzentrum, das auch kleine, aber traditionsreiche Nachbarsiedlungen wie Teolo, Battaglia und Galzignano Terme umfasst. Jedes Haus hat seine eigene Kurabteilung und Quelle. Alle zusammen verfügen über rund 250 Bäder und verzeichnen mehr als drei Millionen Übernachtungen pro Jahr. Auf andere Art ebenso imposant ist die Geschichte der Kurorte. Sie reicht weit in vorchristliche Zeiten zurück, als das illyrische Volk der Veneter hier am Ufer eines heiligen Sees Aponus, dem Schutzgott des Heilwassers, huldigte. Die Römer riefen später an den Quellen sogar ein Orakel an.

1 Die Villa Rosa in Torreglia – einer von Aberhunderten über die Region Veneto verstreuten Adelssitzen. **2** Portalbau am Eingang zum Colle del Montirone. **3** Prachtexemplar im örtlichen Schmetterlingshaus (Butterfly Arc). **4** Frühherbst am Thermalpool des Hotel des Bains Terme.

1 und **2** Der kostbar möblierte Eingangs- und der Badebereich des Grand Hotel Terme Trieste & Victoria. **3** Brunnen in der Fußgängerzone von Abano vor dem Hintergrund des – derzeit gesperrten – Grand Hotel Orologio. **4** Im Park des Hotel des Bains Terme.

Vor allem aber bauten die Römer Mons Aegrotorum, den »Berg der Erkrankten« – dessen lateinische Bezeichnung im heutigen Ortsnamen erkennbar ist – zu einem noblen Kurort mit breiten Straßen, Gärten, Brunnen, Bibliotheken, einem Theater, prächtigen Patrizierhäusern sowie marmor-, mosaik- und stuckverzierten Bädern aus. Im Herzen Montegrottos, auf dem Gelände des Hotel Terme Neroniane, zeugen heute archäologische Ausgrabungen von der antiken Blüte der Terme Euganee.

Auch im benachbarten Abano, das unter der Herrschaft des Augustus (31 v. Chr.–14 n. Chr.) zum mondänen Villenviertel aufgestiegen war, erinnert manches an die Frühzeit des Kurwesens: Auf dem Colle del Montirone etwa, einem kleinen Hügel in der Stadtmitte, findet sich noch die römische Quellfassung, in der bis vor wenigen Jahrzehnten heißes Wasser sprudelte. Den Zugang markiert ein mächtiges Portal mit korinthischen Säulen. Neueren Datums, nämlich klassizistisch, sind manche der Fassaden, die die Viale delle Terme, die wohltuend schattige, zur Fußgängerzone erklärte Hauptallee, säumen. Paradebeispiele sind das mit erlesenen

Antiquitäten möblierte Luxushotel Trieste & Victoria und schräg gegenüber das Grand Hotel Orologio. Letzteres ist mitsamt dem zugehörigen englischen Garten ein Werk des berühmten Architekten Giuseppe Jappelli aus dem frühen 19. Jahrhundert, das allerdings, seit geraumer Zeit schon seiner ursprünglichen Nutzung beraubt, einer neuen harrt.

Ein Gutteil der Bausubstanz in der Zwillingsstadt stammt allerdings aus ihrer jüngsten Blüte, der Wirtschaftswunderzeit der 1960er- und 70er-Jahre. Damals fuhren die zu neuem Wohlstand gelangten Deutschen und Österreicher scharenweise in den sonnigen Süden,

um hier, betört von der lässigen Eleganz der Italiener, dem Duft echter Espressi und dem Reiz des Dolcefarniente, ihre Wehwehchen zu kurieren. An jene Boomzeiten sucht die Stadtverwaltung mit dem 2005 eröffneten öffentlichen Thermalpark anzuknüpfen. Durch seine weitläufigen Grünflächen und die schicken Ladenkolonnaden lässt sich zwischen Schlammpackungen, Massagen, Schwitz- und Badekuren angenehm flanieren.

Bestandteil jeder Kur in Abano-Montegrotto ist selbstredend die Erkundung der Umgebung. Schließlich liegt es eingebettet in eine Kulturlandschaft von kaum überbietbarer Pracht. Da warten das altehrwürdige Padua und die Palladio-Stadt Vicenza. Monselice mit seinem grandiosen Castello ist nah, ebenso das Keramik-Städtchen Este, das Benediktinerkloster Praglia, auch Arquà Petrarca, wo Italiens neben Dante und Boccaccio wohl prominentester Dichter des Mittelalters seine letzten Jahre verbrachte. Nicht zu vergessen die vielen, normalerweise von wunderschönen Gärten umgebenen Villen, die sich Venedigs Adelige im 15., 16. und 17. Jahrhundert hier bauten. Und dann wäre da noch die nicht minder üppige Natur, namentlich in den Euganeischen Hügeln, die mit ihrer geradezu toskanischen Anmut begeistern und in der herrliche Weine und *prodotti tipici* wie Olivenöl, Honig und Maraschino, die nussigen Giuggiole oder der rohe Schinken aus Montagnana entstehen.

Abano-Montegrotto

Anreise
Auto: Über die Brennerautobahn (E 45) und die E 70 aus Richtung Mailand oder die E 55 über Udine und Venedig/Mestre nach Padua, von dort A 13 südwärts bis Ausfahrt Casello/Terme Euganee.
Bahn: bis Padova, von dort alle 15 Min. mit dem Bus nach Abano oder Terme Euganee/Montegrotto.

Attraktionen
Abano: Colle del Montirone mit Pinakothek und Galerie für moderne Kunst, Dom San Lorenzo, Maskenmuseum, Madonna della Salute, Kloster S. Daniele.
Montegrotto: römische Ausgrabungen, Schmetterlingshaus, Villa Draghi mit Museum für Glaskunst.
Padua: Piazza delle Erbe mit Palazzo della Ragione, Scrovegni-Kapelle, Antoniuskirche alias »Il Santo« und Eremitani-Kirche.
Vicenza: Altstadt mit Basilica, diversen Palazzi und Teatro Olimpico.
Euganeische Hügel: Kloster Praglia, Arquà Petrarca, Stadt und Schloss Monselice, Garten von Valsanzibio mit Heckenlabyrinth und Villa Barbarigo in Galzignano, Villa Selvatico, Catajo-Schloss und Museum der Flussschifffahrt in Battaglia Terme, die Villen Capodilista, Vescovi, Mocenigo.

Aktivurlaub
Wandern und Radfahren von Hügel zu Hügel und Weinkeller zu Weinkeller im Naturpark der Colli Euganei; Golfplätze in Frassanelle (www.golffrassanelle.it), Montecchia (www.golfmontecchia.it) und Padua (www.golfpadova.it).

Essen und Trinken
Aubergine, Abano, Via Vittore Ghislandi, 5, Tel. 0 49-8 66 99 10, Mo. Ruhetag, klassisches Familienrestaurant mit gehobener Küche.
Agriturismo Boscalbò, Tramonte di Teolo, Via Busa 12, Tel. 0 49-9 93 50 63, Mo. Ruhetag, sympathisches Ausflugslokal in Prachtlage über dem Kloster Praglia (Terrasse), gute Käse, Würste aus der Region, Weine und Prosecco aus eigenem Anbau.

Übernachten
Hotel des Bains Terme****, I-35031 Montegrotto Terme, Via Mezzavia 22, 100 Zimmer, Tel. 0 49-79 35 00, Fax 0 49-79 33 40, www.hoteldesbainsterme.it. Qualitätsquartier mit stilvollem Garten und exzellentem Restaurant.
Grand Hotel Terme Trieste & Victoria*****, I-35031 Abano Terme, Via Valerio Flacco 1, 189 Zimmer, Tel. 0 49-8 24 81 00, Fax 0 49-8 66 99 94, www.gbhotels.it. Erlesen ausgestattetes Haus am Hauptplatz, in dem im Ersten Weltkrieg Italiens Generalität logierte.

Die Kur
Kein zentrales Bad, vielmehr eigene Quelle mit Bademöglichkeit und Kurabteilung in jedem Hotel. Im Angebot: Fango- sowie Bade- und Hydrokinesitherapie im Schwimmbad oder Einzelwanne mit oder ohne Hydromassage, Inhalationen usw., vielerlei Wellness- und Beautyprogramme.

Informationen
Consorzio Terme Euganee Abano-Montegrotto, I-35031 Abano Terme, Largo Marconi 8, Tel. 0 49-8 66 66 09, www.abanomontegrotto.it.

Für die Zukunft gerüstet
Meran – postmodern statt k. u. k.

*Das »Davos« der Habsburgermonarchie hat
sein touristisches Image nachhaltig entstaubt: Unmittelbar neben
der malerischen Altstadt lockt eine neue Therme. Ihr Gestalter,
Stararchitekt Matteo Thun, hat mit dem schicken Glaskubus
neue Maßstäbe im Wellnessdesign gesetzt.*

Die Überraschung ist groß, und manch Traditionalist mag bei dem Anblick zunächst vielleicht sogar erschrecken: Da ist man soeben noch zwischen mittelalterlichen Häusern mit meterdicken Mauern, mit Lauben, Erkern und Türmen flaniert. Und nun, nach ein paar Schritten nur, die am alten Kurhaus vorbei- und auf einem Fußgängersteg über die Passer geführt haben, steht man vor einem Neubau, der mit Merans Altstadt krasser nicht kontrastieren könnte. Futuristisch wirkt der gläserne Kubus der Ende 2005 eröffneten Therme. Und auch das neue, postmoderne Designerhotel, das sich an der Ostseite der weiten, autofreien Piazza erhebt, wirkt nicht gerade kompatibel mit dem tradierten Bild des kaiserlich-königlich pittoresken Kurorts aus habsburgischer Zeit.

Meran, Herz des Landes an der Etsch und erste Hauptstadt der gefürsteten Grafschaft Tirol, besitzt als zweitgrößte Stadt Südtirols und auch durch seine Verbundenheit mit dem angrenzenden Burggrafenamt und dem Vinschgau, mit Ulten und dem Passeiertal seit alters große wirtschaftliche und politische Bedeutung. International bekannt aber ist es seit etlichen Generationen als Stätte der Erholung und Kurort von Welt. An seiner lieblichen Umgebung und dem milden Klima, in dem vor der schroffen Bergkulisse der Texelgruppe vielerlei Obst und herrliche Weine, ja sogar Palmen und andere, für diesen Breitengrad ziemlich exotische Pflanzen gedeihen, ergötzte sich bereits Kaiser Karl V. Deshalb legte er im Jahr 1522 auf dem Weg Richtung Süden hier einen längeren Halt ein. Doch die eigentliche Geburtsstunde des Kurortes schlug 1836, als der Stadtphysikus Josef Waibl eine wissenschaftliche Schrift über das besonders günstige Klima des Meraner Beckens sowie die heilsame Wirkung der örtlichen Trauben- und Molkekur publizierte. Zugleich pries ein Arztkollege namens Eduard Kuhn Meran als idealen Genesungsort für Lungenkranke, wo »die Kurgäste selbst

1 Die geschwungene Hauptfront des Kurhauses. **2** und **3** Impressionen aus dem Saunabereich, der, wie die gesamte Therme, von Stararchitekt Matteo Thun gestaltet wurde. **4** Über ein Dutzend lichtblaue Pools, grauer Stein, schwarze Kuben und bunter Deckendekor: die zentrale Halle der Therme Meran.

1 Das schicke, direkt am Fluss gelegene, Lifestylehotel Aurora. 2 Das in den 1870ern erbaute Kurhaus präsentiert sich innen prächtig illuminiert. 3 Ein Fußgängersteg über die Passer verbindet die Altstadt von Meran mit der neuen Therme. 4 Outdoorwhirlpool der Thermalhalle. 5 Die Jugendstilfassade des Kurhauses.

an Wintertagen problemlos mehrere Stunden im Freien spazieren können«. Ein drittes Büchlein schließlich, es entstammte der Feder des Leibarztes der Fürstin Schwarzenberg, lobte den Ort als »Jung-brunnen, in dem Luft, Wasser und Milch das natürliche Lebensende lange hinausschieben helfen«, und rührte in höchsten Adelskreisen in Wien erfolgreich die Werbetrommel. 1850 rief man vor Ort das erste »Kurkomitee« ins Leben. Inzwischen waren Kaiser Ferdinand I. und diverse Erzherzöge zum Kuren gekommen und auf der nahen Burg Schenna hatte sich Erzherzog Johann mit seiner nicht standesgemäßen Gattin, der Postmeisterstochter Anna Plochl, nie-dergelassen. Als entscheidender touristischer Impuls jedoch ent-puppte sich der Besuch Kaiserin Elisabeths mit ihren beiden Töch-tern Gisela und der chronisch kränkelnden Valerie im Jahr 1870. Die Kunde von Valeries Gesundung drang dank der Tratsch-und-Klatsch-Journale in alle Hauptstädte Mitteleuropas. Und als Sisi im folgenden Herbst erneut an der Etsch weilte, schnellten die Besu-

cherzahlen rapide nach oben. Nun gaben sich Adelige aus allen Ländern der Monarchie und des Deutschen Reiches, ja selbst aus England und Russland in Meran ein Stelldichein. Im Lesesaal des 1874 eingeweihten Kurhauses lagen über hundert Zeitungen aus – so international war das Publikum, für das damals jene Villen und Hotels entstanden, die zum Teil heute noch das Stadtbild prägen. Eine Wandel- und eine Trinkhalle, in der man Mineralwässer verabreicht bekam, wurden errichtet. In besagtem Kurhaus, das dank seiner prachtvollen Jugendstilformen am Nordufer der Passer bis heute alle Blicke auf sich zieht, gab es eine Schwimmhalle, Brause-, Volks- und Luxuswannenbäder und neuartige Behandlungsmethoden wie etwa Vibrationsmassagen im Angebot. Treibende Kraft beim Ausbau der Infrastruktur war Dr. Franz Tappeiner (1816 bis 1902). Auf sein Geheiß wurden zum Beispiel vielerorts mediterrane Gewächse gepflanzt und für Lungenpatienten entlang dem Fluss Liegestühle aufgestellt. Dank dieser Frischluftkur wurde Meran zum Vorläufer der berühmten Schweizer Lungenheilanstalten – eine Art habsburgisches Davos.

Der Schriftsteller Fritz von Herzmanovsky-Orlando (1877–1954) hat Meran, wo er des Längeren lebte, seiner Landschaft wegen ein »subtropisches Norwegen« genannt. Wie er liebten viele Künstler die Stadt. So verbrachte der lungenkranke Franz Kafka in der Pension Ottoburg sehnsuchtsvolle Tage. Arthur Schnitzler fiel auch hier der Liebe anheim und Christian Morgenstern heiratete sogar. Es war die Zeit, als er am »Palmström« schrieb. Auch Hofmannsthal, Rilke und Gottfried Benn verfassten in Meran Gedichte. Und Stefan Zweig schwärmte: »Norden und Süden, Stadt und Land, Deutschland und Italien, alle diese Kontraste gleiten sanft ineinander ... Wie mit runder Schrift hat die Natur mit bunten Lettern das Wort Frieden in die Welt geschrieben.«

Ihre beste Zeit hatte die »Perle Südtirols« vor dem Ersten Weltkrieg. Damals verzeichnete sie jährlich über eine Million Übernachtungen. Nach dem Zusammenbruch des Vielvölkerstaats waren die Hotels und Promenaden zunächst jedoch wie leer gefegt. Erst langsam rappelte sich die Stadt wieder auf. Als 1933 ein Geologe am Vigiljoch radonhaltiges Wasser aufspürte, mutierte der bis dahin vorwiegend klimatische Kurort zum Thermalkurort. Zunächst wurde das wertvolle Nass, das sich vor allem bei Kreislaufproblemen, Atmungs- und Verdauungsstörungen sowie Erkrankungen der Harnwege als heilsam erwies, ins alte Kurhaus geleitet. 1972 wurde dann im Stil der Zeit ein neues Kurhaus mit Schwimmhalle, Schlammbädern und Inhalationsräumen erbaut, das allerdings in

1 Farbenfrohe Elegance prägt auch den Bademantelgang vom Steigenberger Hotel zur Therme. 2 Schon die Gestaltung der Rezeption signalisiert, mit welch extravagantem Design das Steigenberger Hotel aufwartet. 3 und 4 Auch die Badezimmer und das hauseigene Thermalbad tragen die Handschrift Matteo Thuns.

den 1990er Jahren ästhetisch und funktional nicht mehr den Erwartungen entsprach. Eine grundlegende Erneuerung tat not. Zumal Merans Image unterdessen insgesamt merklich verstaubt war. Also schrieb man für ein neues, Therme und Hotel umfassendes Kurareal einen internationalen Architekturwettbewerb aus. Den gewann das Berliner Team Baumann und Zillich. Für die Detailarbeit, vor allem die Innengestaltung, engagierte man den in Mailand tätigen Stararchitekten und Designer Matteo Thun, der übrigens auch dem zugehörigen Steigenberger Hotel vis-à-vis seine gediegen-extravagante Handschrift verliehen hat.

Thun – der Name steht für Weltläufigkeit. Und auch für griffige Formulierungen: »Die Therme Meran ist nicht Hightech, sondern Hightouch!«, verkündete der gebürtige Südtiroler, der kurz zuvor im Nahbereich der Stadt mit dem Vigilius Mountain Resort und der Pergola Residence in Algund bereits zwei exklusive Hotels rea-

lisiert hatte, bei der Eröffnung. Was er meinte, offenbart sich bereits beim Blick von der Eingangshalle durch die Glasfront hinab in die zentrale Halle: Rund um ihre dreizehn lichtblauen Pools, von denen eines Sole, ein zweites Schwefelwasser enthält, dominieren Schwarz und Grau, und als Materialien Holz und Naturstein – schwarzer Schiefer, Veroneser Sandstein, Granit. So wird Baden auch zum taktilen Genuss. Eine bunte Deckendekoration kontrastiert, schwebenden olympischen Ringen gleich und nachts effektvoll beleuchtet, auf ironische Weise mit der puristischen Eleganz. In dunklen Farbtönen überaus stilvoll auch der separate Saunabereich mit seinen beiden von Bambus gesäumten Innenhöfen.

Heitere Leichtigkeit ließ Thun indes bei der Gestaltung des Spa & Vital Centers walten. Das Ambiente der 26 in einem eigenen Trakt untergebrachten Behandlungsräume steht in Analogie zur jeweiligen Nutzung – spritzige Mosaike für hydrotherapeutische Treatments, schlichte Bottiche für Einzelbäder, warme Hölzer und edle Ambertöne für Sandbad und kosmetische Abteilung. Sämtliche Anwendungen basieren auf Produkten, die in Südtirol gewonnen und veredelt werden: Äpfel und Molke, Trauben und Wacholder für Wohlfühlbäder, Schafwolle, Bergheu oder heimischer Sand zum

Entspannen, Kräutern von Bergbauern aus dem Ultener Hochtal oder Salz aus dem Gestein der Geißlerspitze für Aromamassagen. Sogar eine eigene Kosmetiklinie hat man entwickelt, die auf künstliche Duft- und Konservierungsstoffe verzichtet.

Integraler Bestandteil der Thermenlandschaft, die mit 7650 Quadratmetern die Ausmaße eines Fußballfeldes hat und mehr als 120 Millionen Euro kostete, ist der Außenbereich. Hier wartet ein weiteres Dutzend Pools – so etwa ein Kneipp-, ein Quell- und ein Strömungsbecken, ein Wasserfall, Felsgeysir und ein unterirdisches Dampfbad. Ihr angeschlossen ist ein gut fünf Hektar großer Park, in dem man als Gast frühmorgens schon im Bademantel promenieren, sich später im Schatten alter Bäume ausruhen und Seerosen aus der Froschperspektive betrachten kann. Bepflanzt und gepflegt wird diese Oase der Ruhe übrigens von den Gärtnern jener oben in den Hügeln am Stadtrand gelegenen Grünanlage des Schlosses Trauttmansdorff, die 2005 als »Schönster Garten Italiens« ausgezeichnet wurde. Sie haben hier jene Kombination aus mediterraner Vegetation in alpinem Rahmen perfektioniert, die schon so viele Generationen von Gästen – Kaiser, Künstler und andere Ästheten – beflügelt hat.

Meran

Anreise
Auto: von München A 8 und A 12 bis Innsbruck, A 13/A 22 über den Brenner nach Bozen, von dort Schnellstraße nach Meran. *Bahn*: ebenfalls über München, Innsbruck und Bozen.

Attraktionen
Meran: Altstadt mit Nikolaus-, Maria-Trost-, Hl.-Geist-Kirche und Burg, Kurhaus, Jüdisches, Städtisches und Frauenmuseum, KunstSchloss und Garten von Trauttmansdorff. *Umgebung*: Schlösser Tirol, Schenna (mit Mausoleum), Lebenberg, Lana (mit Obstbaumuseum), Messner Mountain Museum auf Schloss Juval, Glurns, Schluderns, Kloster Marienberg in Burgeis.

Aktivurlaub
Spaziergänge und Wanderungen (z. B. Passer- und Gilfpromenade, Tappeiner Weg, Meraner Höhenweg, Naturnser Sonnenberg, Naturpark Texelgruppe), Golfen in den Klubs Lana und Passeier, Reitzentrum/Pferderennen Meran-Mais, Klettergarten Schloss Fragsburg, herbstliches Törggelen, Stadttheater, Alpin und Nordic Ski.

Essen und Trinken
Sissi, Via Galilei 44, Tel. 04 73-23 10 62, www.andreafenoglio. com, Mo. Ruhetag, kleiner, aber feiner Gourmettempel, moderne Kreativküche auf Basis regionaler Traditionen, Spezialität: Paste.

Übernachten
Steigenberger Hotel Therme Meran **** sup. I-39012 Meran, Thermenplatz 1, 139 Zimmer, davon 26 Suiten, Tel. 04 73-25 90 00, Fax 04 73-25 90 99, www.meran.steigenberger.it. Neue, unmittelbar neben der Therme gelegene Luxusherberge im extravaganten Design Marke Matteo Thun, mit viel Holz, Leder, Swarovski-Strass, kühnen Farbkombinationen, zwei Restaurants – *Olivi* (mediterran) und *Wolkenstein* (Edelgourmet), Zedernlounge, Piazza-Bar, 1150 qm großer, extrem schicker Beauty- und Wellnessbereich mit Hallenschwimm- und Freibad, Whirlpool, Sauna usw., »Bademantelgang« zur Therme, die Hotelgästen tgl. von 7–9 Uhr exklusiv offen steht. *Rosenhotel Pienzenau *****, I-39012 Meran, Obermais, Pienzenau-Weg 1, 30 Zimmer, Tel. 04 73-23 40 30, Fax 04 73-21 20 28, www.hotelpienzenau.com. Gediegenes, familiär geführtes Landhaushotel, Ruhe- und Grünlage im Schlösser- und Villenviertel, 15 Gehminuten ins Zentrum, Sonnenbalkon, eigene Beautyabteilung, Outdoorpool, Rosengarten.

Die Therme
Therme Meran, über 120 Millionen Euro teure Badelandschaft mit 2000 qm Wasserfläche verteilt auf 25 Innen- und Außenbecken, zugehörig: 1400 qm großes Spa & Vital Center mit 26 Beauty- und Behandlungsräumen (Anwendungen u. a. mit Südtiroler Rohstoffen wie Trauben, Äpfeln, Molke, Kräutern und Wolle), dazu Ruhe- und Bewegungszonen, Inhalationszentrum, Kosmetikabteilung, zwei Arztpraxen; angeschlossen: acht Saunen (1250 qm), Fitnesscenter (600 qm), 5 ha großer Park mit Sportschwimmbecken, Seerosenteich, Kneipp-Parcours und Spazierweg rund um das Areal; das Parkhaus ist ein »Art Drive-in«, dessen Treppenhäuser und fünf Decks Künstler individuell gestaltet haben, Thermenplatz 9, geöffnet tgl. 9–22 Uhr, Tel. 04 73-25 20 00, www.thermemeran.it.

Informationen
Kurverwaltung Meran, I-39012 Meran(o), Freiheitsstr. 45, Tel. 04 73-27 20 00, www.meraninfo.it.

1

2

ALBERGO
CENTRALE BAGNI

3

4

Nostalgie im Liberty-Stil

Salsomaggiore Terme – Architekturjuwel aus der Belle Époque

Kuren, Kunst und Kulinarik: Ein Aufenthalt in dem Kur- und Badeort im Westen der Provinz Emilia-Romagna garantiert bis heute allen Sinnen höchste Freuden. Die Grandezza vergangener Tage bündelt sich in der Terme Berzieri, einem Badepalast der Extraklasse im sogenannten Liberty-Déco.

Der Anblick verdient wahrlich das Attribut atemberaubend: Wer von der Autostrada del Sole vom Norden kommend kurz vor Parma, bei Fidenza, ab- und die knapp zehn Kilometer bis Salsomaggiore weitergefahren ist, rollt nach der Stadtgrenze zunächst eine lange, von wenig aufregenden Wohnhäusern, Läden und kleinen Hotels gesäumte Straße entlang. Wendet man an deren Ende jedoch, im Zentrum, den Kopf nach links, traut man seinen Augen kaum. Da erhebt sich ein architektonisches Juwel – ein Palast von kolossalen Ausmaßen. Seine Fassaden sind mit weißem Marmor verkleidet, seine Gesimse, Pilaster, Balustraden und Säulen, Erker und Türmchen aus Travertin, Alabaster und Stuck, mit Keramiken, farbigen Fenstern und Mosaikbändern versehen. Liberty-Déco nennt die Kunstwelt die italienische Variante des späten Jugendstils. Im konkreten Fall haben sich unübersehbar orientalische Motive in das Dekor gemischt: byzantinische Medaillons, mesopotamische Säulen, Pagodenspitzen, Mogularchitektur. Was der Dekorateur Galileo Chini, der übrigens den Thron des seinerzeitigen Königs von Thailand gestaltete, und Ugo Giusti, als Architekt auch für die Tamerici-Therme in Montecatini und das berühmte Kasino von Monte Carlo verantwortlich, hier in zehnjähriger Bauzeit schufen und 1923 eröffnet wurde, ist eine Hybride aus altrömischem und Hindutempel, aus Renaissance- und Rajputenpalast. Über dem Hauptportal freilich prangt, von zwei Halbreliefs assyrischer Löwen flankiert, der antikisch anmutende Schriftzug »Thermae«.

Der faszinierende Eklektizismus findet im Inneren seine Fortsetzung: Entree, Vestibül, Korridore, Balkone und die monumentale Doppeltreppe sind mit kostbaren Materialien wie Achat, Bernstein, Lapislazuli, Gold und Bronze, mit Emaillien und Majoliken dekoriert. Auf Fresken, Fliesen und Reliefs wimmelt es von Odalisken und Nymphen, Greifen, Vögeln, Fischen sowie – die Wiener Secession

1 und 3 Details von der Fassade und im Spabereich. 2 Giebel einer alten Kurpension. 4 Altrömischer oder Hindutempel, Renaissance- oder Rajputenpalast: die Terme Berzieri, ein Monumentalbau aus den 1920er Jahren, weckt mannigfaltige Assoziationen.

1 Am Hauptportal verschmolz Architekt Ugo Giusti fernöstliche Elemente mit solchen des Art déco. 2 und 3 Auch das Innere der – zur Besichtigung frei zugänglichen – Terme, die Balkone und das Treppenhaus, ließ Dekorateur Galileo Chini überschwänglich ausgestalten.

und Gustav Klimt lassen grüßen – einer Fülle weiterer floraler und zoomorpher Symbolbilder westlicher und (fern-)östlicher Tradition. Die Fantasie schlägt Kapriolen. Besondere Blickfänge sind das »Triptychon der Hygieia«, der von Wellen umspülten Göttin der Gesundheit, und das prächtige, polychrome Glasdach.

Am Boden der Eingangshalle ist in Stein der Schriftzug »A Lorenzo Berzieri Precursore (zu Deutsch: dem Vorgänger) anno 1923« eingelassen. Der Landarzt Berzieri war es nämlich, der im Jahr 1839 die außerordentlich hohe therapeutische Wirkkraft des örtlichen Thermalwassers entdeckte. Die *Acque salsobromoiodiche* stammen aus unterirdischen Seen, den fossilen Resten eines Urmeeres, und treten aus über tausend Metern Tiefe 16 Grad Celsius kalt durch artesische Brunnen zutage. Sie enthalten neben anderen Mineralien Natrium, Jod und Brom, vor allem aber extrem viel Salz. Auf dem Platz vor der Terme Berzieri steht einer von fünf erhaltenen

historischen Brunnen. Unter seiner kunstvoll geschmiedeten Haube verkündet eine Tafel: »Gebohrt 1864, 715 Meter tief, Mineralsalzgehalt: 16 Baumé«. Ein Grad Baumé entspricht elf Gramm Salz pro Liter. Zum Vergleich: Das Mittelmeer misst ganze drei, das Tote Meer fünf Baumé.

Vor dem Bau der Terme Berzieri, einer der damals grandiosesten Badepaläste Europas, hatte sich an dem zentralen Platz ein Abfüllbetrieb für Speisesalz befunden. Die Saline von Salsomaggiore lieferte noch gegen Ende des 19. Jahrhunderts jährlich bis zu 1500 Tonnen des weißen Goldes. Gewonnen wurde es vor Ort freilich schon von den Kelten und Römern. Später führte von hier eine berühmte Salzstraße nach Mailand und nach Genua, wo man das kostbare Mineral verschiffte. Die erste Kuranstalt wurde schließlich 1847 errichtet. Zuvor hatte Marie Louise, ihres Zeichens Tochter des Habsburgers Franz II., nachmalige Gattin Napoleon I. und nunmehrige Herzogin von Parma, die Konzession des Heilwassers für die Verwendung von Kurzwecken verliehen. Die Sole zeitigte insbesondere bei Beschwerden der Atemwege, des Gelenk- und Bewegungsapparats sowie bei Frauenleiden famose

3

Resultate. Zudem wirkten der Thermalschlamm und dank seiner entwässernden und antiseptischen Eigenschaften auch das Salz bei Hautproblemen wahre Wunder. Dementsprechend erfreute sich die Terme bald schon bei – vor allem auch blaublütigem – Publikum aus ganz Italien großen Zuspruchs. Salsomaggiore kam mächtig in Mode.

In deutschsprachigen Landen ist der Ort bis heute – noch – wenig bekannt. In Italien hingegen kennt ihn jedes Kind. Immerhin finden hier seit Jahrzehnten, von der Rai landesweit übertragen, die Wahlen zur Miss Italia statt. Viele Model- und Schauspielerkarrieren, selbst jene von Sofia Loren, nahmen bei dem glamourösen Spektakel ihren Anfang. Die Stadt ist auch Bridge-Profis als Austragungsort internationaler Wettbewerbe ein Begriff und manch einem vielleicht sogar als Schauplatz der Pizzabäcker-WM. Im Mittelpunkt steht allerdings nach wie vor das Kurwesen. Entlang der Via Romagnosi, der zentralen Flaniermeile des 18 000-Einwohner-Städtchens, herrscht in der warmen Jahreszeit zwischen Straßencafés und Boutiquen das Laisser-faire einer echten *ville d'eaux*. Vereinzelt verströmen Liberty-Villen und Kurhotels, allen voran die

beiden altehrwürdigen, nach zwei verdienstvollen Kurärzten aus der Frühzeit benannten Häuser, das Grand Hotel Porro und das Valentini, noch nostalgisches Flair. Auch der Palazzo dei Congressi atmet, obwohl in seinen Seitenflügeln inzwischen eine Hotelfachschule und das Fossilienmuseum untergebracht sind und sein grandioser Kuppelsaal Kongresse für Zahntechniker und Tourismusmanager beherbergt, noch den Geist jener Belle Époque, als er Hotel Ritz hieß und Königin Elena samt Hofstaat in seinen Suiten logierte. Die Terme Berzieri freilich hat sich eine gründliche Verjüngungskur verpasst: Das Design ihrer langen Korridore und Behandlungsräume mag mit seinen Messingarmaturen, den Holztäfelungen, Zierkacheln und Keramikwannen noch anmuten wie anno dazumal. Die Apparate und Anwendungen jedoch dienen neuerdings einzig der Wellness und Beauty. Um medizinische Kurbehandlungen verabreicht zu bekommen, muss man sich in die nach dem Krieg im nahen Park gebaute Terme Zoja beziehungsweise ins Porro oder Valentini begeben.

In Salsomaggiore zu kuren, heißt natürlich nicht bloß schöner, jünger und gesünder zu werden, sondern auch, die Vorzüge der

1 und **2** Zufahrt zu dem von einem weitläufigen Park umsäumten Grand Hotel Porro. Bild darunter: im hauseigenen Restaurant. **3** An einer solchen Theke schmeckt der Espresso besonders echt. **4** Der schmiedeeiserne Thermalwasserbrunnen wurde 1864 erbohrt und steht vis-à-vis der Terme Berzieri. **5** Boutique im Ortskern von Salsomaggiore.

Region umfassend zu genießen. Immerhin befinden wir uns ziemlich genau im Schnittpunkt der Straßen zwischen Mailand und Bologna, dem Gardasee und der Ligurischen Küste – einer Kernzone also der von den Nordländern so viel geliebten und beschworenen *Italianità*. Hier, zwischen dem Po und den Ausläufern des Apennin, warten Kunst und Kulinarik im Überfluss. Man nehme nur das dreißig Kilometer entfernte Parma: Sein romanischer Dom mit Benedetto Antelamis Baptisterium, einer der, wenn nicht der schönsten Taufkirche Italiens überhaupt, das Teatro Regio, der kolossale, wenngleich unvollendete Palazzo della Pilotta der Familie Farnese oder jene Kirchen, deren Inneres Parmigianino, Corregio & Co. freskierten, lassen die Herzen von Kunstfreunden höher schlagen. Nicht minder grandios: das mittelalterliche Gebäudeensemble rund um die Piazza del Comune in Cremona, der ebenfalls keine halbe Autostunde entfernten Metropole des Geigenbaus, oder die Piazza dei Cavalli in Piacenza, der mittelalterliche

Kern von Reggio Emilia, die Ferrari-Stadt Modena, Bologna, Mantua … Auch im Nahbereich der Thermenstadt harren imposante Baudenkmäler der Entdeckung: Über das malerische Hügelland verstreut liegen Anlagen wie die Visconti-Burg in Castell'Arquato oder das Burgdorf von Vigoleno und unten in der Ebene Castello di Soragna oder Fontanellato mit seinem spektakulären Wasserschloss. Nicht unerwähnt bleiben dürfen natürlich die Wallfahrtsorte für Fans der *Opera italiana*: das Dörfchen Roncole zum Beispiel, wo noch jenes rustikale Haus steht, in dem am 10. Oktober 1813 Giuseppe Verdi das Licht der Welt erblickte, das benachbarte Städtchen Bussetto mit dem Allerheiligsten für Verehrer des Maestrissimo, dem Teatro Verdi, oder die nur drei Kilometer entfernte Villa di Sant'Agata, die ihm jahrzehntelang Lebensmittelpunkt war. Daneben ist die Gegend aber auch Teil des berühmten oberitalienischen »Food Valley«. Der Gedanke an einen goldgelben, mühlsteingroßen Laib *Parmigiano-Reggiano*, eine *spalla cotta*, gekochte Schweinsschulter, aus San Secondo, einen *prosciutto* aus Langhirano oder eine brutzelnd heiße *torta fritta*, gefüllt mit ein paar Scheiben vom *culatello* aus Zibello, dem allerfeinsten der feinen Parma-Schinken, lässt Gourmets wohl schon beim Lesen das Wasser im Munde zusammenlaufen.

Salsomaggiore Terme

Anreise
Auto: A 1 Milano–Bologna, Ausfahrt Fidenza (ca. 30 km nordwestlich von Parma), dann noch knapp 10 km.
Bahn: mit dem ICE (Rapido) bis Parma oder Regionalzug bis Fidenza, von dort mit dem E-Zug nach Salsomaggiore.

Attraktionen
Salsomaggiore: Terme Berzieri, Palazzo dei Congressi mit Fossilienmuseum, diverse Villen.
In der Umgebung: Burgen in Castell'Arquato, Vigoleno, Torrechiara, Bardi, Gropparello, Paderna, Soragna und Fontanellato, Verdi-Gedenkstätten in Roncole, Bussetto und. Villa di Sant'Agata.
Im weiteren Umland: Cremona, Piacenza, Parma, Reggio Emilia, Modena, Mantua, Bologna.

Aktivurlaub
Wandern und Biken im Hügelland des Apennin, Radfahren, Schwimmen, Reiten, Bocce-Bahnen im Stadtpark, 18-Loch-Anlage im örtlichen Golf & Country Club, insgesamt im Nahbereich zwischen Piacenza und Modena sieben Golfplätze, Bootsausflüge auf dem Po.

Essen und Trinken
La Porchetta, Viale Romagnosi 5, Tel. 05 24-57 41 11, Di. Ruhetag, traditionsreiche, recht elegante Restaurant-Pizzeria im Liberty-Stil, Familienbetrieb, zentral gelegen, Spezialitäten: Holzofen-Pizze, tgl. frischer Fisch.
Al Cavallino Bianco, Polesine Parmense, Via Sbrisi 2, Tel. 05 24-9 61 36, Di. Ruhetag, eines der Spitzenrestaurants der Region, direkt am Po, die Familie Spigaroli kredenzt spektakulär feine Speisen und Weine, Schinken und Würste aus eigener Produktion, organisiert Flussfahrten.

Übernachten
Grand Hotel Porro ****, I-43039 Salsomaggiore Terme, Viale Porro 10, 82 Zimmer, Tel. 05 24-57 82 21, Fax 05 24-57 78 78, www.hotelporro.it. Altgedientes, sorgsam renoviertes Kurhotel inmitten 60 000 qm privaten Parkgeländes, wenige Gehminuten von der Terme Berzieri, elegantes Restaurant mit guter Küche, eigenes reich ausgestattetes Kur- und Wellnesszentrum, freier Eintritt im Thermalschwimmbad des benachbarten Hotels Valentini, dem einzigen der Stadt, im Kombi-Angebot: attraktive Golf- und Wellness- bzw. Bike- und Spa-Pakete.

Das Bad
Terme Berzieri, Innenräume bei freiem Eintritt zu besichtigen, nur Anwendungen kostenpflichtig. Wellnessangebote: Thermalbäder mit diversen Ölen, Blüten und Kräutern als Zusätzen, Chromo- und Aroma-, Paraffin- und Fangotherapie, Massagen (u. a. »Nuvola«-Wasserbett-, horizontale Strahl-, Steinmassage), Ayurveda, Dampfsauna usw. Eigene reichhaltige Produktlinie für Kosmetika, medizinische (Kur-)Behandlungen, u. a. Physio-, Hydro-, Atmungs-, Balneotherapie und Rehabilitation in der angeschlossenen Terme Zoja bzw. der Privatklinik Villa Igea sowie dem Hotel Valentini und dem Grand Hotel Porro. Im Umland: Thermalort Tabiano Terme. Auskünfte: Terme di Salsomaggiore: Via Roma 9, Tel. 05 24-58 26 11, Fax 05 24-57 69 87, www.termedisalsomaggiore.it.

Informationen
Tourismusbüro: I-43039 Salsomaggiore Terme, Piazzale Berzieri, Galleria Warowland (gleich neben der Terme), Tel. 05 24-58 02 11, Fax 05 24-58 02 19, www.portalesalsomaggiore.it.

Dolce Vita vor großer Kulisse
Montecatini Terme – kuren wie einst die Film- und Opernstars

In Italiens berühmtestem Kurbad pflegt man die Tradition des »Termalismo«, der Harmonisierung von Körper und Seele mittels Heilwässern, auf höchstem Niveau. Schwelgerische Architektur und die Prachtlandschaft der Toskana bieten den gebührenden Rahmen.

Hätten Puccini oder Verdi die Handlung einer ihrer Opern in einem Kurbad angesiedelt, wäre dies wohl ihr idealtypisches Bühnenbild: ein monumentales, mit Statuen und viel Gusseisen verziertes Säulenportal, dahinter, überwölbt von üppig freskierten Kuppeln, lange, luftige Kolonnaden, kunstvoll gefasste Wasserbassins mit Springbrunnen, viel Marmor und Travertin, Blumenrabatte, an den Wänden großfigurige Keramikbilder mit metaphorischen Motiven über Jugend und Alter, Schönheit und Kraft. Heilwässer strömen aus glänzenden Messinghähnen. Elegant gewandete Kurgäste flanieren, umschmeichelt von nostalgischen Klängen des Kurorchesters, mit Trinkgläsern bewehrt durch die Brunnengalerie. Im opulent stukkierten Café studieren grau melierte Herren bei Cornetto und Cappuccino den »Corriere della Sera«. Andere unternehmen im Park nebenan auf Kieswegen, im Schatten mächtiger Kastanien und Platanen kurze Spaziergänge.

Die Terme del Tettuccio ist mit ihrer in den späten 1920ern von Ugo Giovannozzi geschaffenen Stilmelange aus Klassizismus, Art Liberty und Neobarock und dem unvergleichlich duftigen Flair zweifellos Montecatinis mondänste Badeanlage. Insgesamt freilich besitzt die auf halbem Weg zwischen Florenz und dem Meer im malerischen Hügelland des Valdinievole, des »Wolkentales«, gelegene 20 000-Einwohner-Stadt neun *stabilimenti termale*: die Terme Torretta mit der leicht verdaulichen und deshalb auch nachmittags zu genießenden Quelle Rinfresco, die bloß noch für Konzerte und Vorträge genutzte Terme Tamerici, ein Stück östlich die volkstümliche Terme La Salute und die 2005 erst eröffnete Terme Redi. Weiterhin die Thermen Leopoldine und Grocco, Letztere mit dem einzigen Hallenthermalbad der Stadt, und die Terme Excelsior, ehemals Kasino und Gran Caffè im Liberty-Stil, mit ihrem viergeschossigen, das Auge beleidigenden Anbau aus dem Jahr 1968. In Sichtweite der Terme Tettuccio schließlich, deren Name übrigens von jenem »Dächlein« herrührt, das diese Quelle schon im Mittel-

I Das vom Thermalort per Standseilbahn bequem erreichbare mittelalterliche Montecatini Alto. **2** und **3** Gläsernes Dekorelement und Arkaden der Terme Regina. **4** Säulenrund der Terme del Tettuccio, im Hintergrund die im Stil der Neorenaissance erbaute Terme Regina.

1 Abendkonzert in der Terme Tettuccio **2** Allegorische Kachelbilder über den marmornen Theken der Terme Tettuccio.

alter schützte, erhebt sich die Terme Regina, ein Arkadenbau Giovannozzis nach Art der Neorenaissance. Vor seinem Eingang steht das bronzene Wappentier der Stadt, ein flügelschlagender Reiher. Etwas oberhalb, im Park, wölbt sich der Rundpavillon über der Regina-Quelle und ihr zu Füßen liegt das Bagno di Cavalli, ein Brunnen, in dem früher Pferde ihre kranken Glieder gebadet bekamen. Die Geschichte von Italiens wohl berühmtestem Kurort reicht weit zurück. Bereits 1417 rühmte ein gewisser Ugolino in einer hydrologischen Schrift das Wasser der damals drei örtlichen Bäder, das »insbesondere gegen Rheuma, Unfruchtbarkeit und Hautkrankheiten sowie, getrunken, bei Funktionsstörungen von Leber, Galle, Magen und Darm hilft«. An einer der Quellen wurden gar römische Votivfigürchen gefunden. Den Startschuss zur Entwicklung zur stolzen *Ville d'eaux* gab allerdings erst Großherzog Leopold von Toskana. Der Habsburger, Sohn Maria Theresias und späterer Kaiser von Österreich, ließ Mitte des 18. Jahrhunderts nicht nur die Sümpfe der Gegend, ein berüchtigtes Brutgebiet für Malariamücken, trockenlegen und damit das örtliche Klima nachhaltig verbessern, sondern auch das Quellwasser analysieren. Nachdem Wissenschafter dessen Heilkraft bestätigt hatten, schuf er, inspiriert von einem Besuch im böhmischen Karlsbad, eine zeitgemäße Infrastruktur in Form dreier repräsentativer Badeanstalten (darunter die nach ihm benannte Terme Leopoldine), eleganter Parks und Alleen, Verwaltungsgebäude und eines ersten Hotels, die Locanda Maggiore.

Was Leopold I. für Montecatinis Infrastruktur, war für das Image des Ortes Giuseppe Verdi: Von 1882 bis 1899 kam der »große Alte« alljährlich im Juli mit Gattin Peppina zur Kur. Und versetzte, eine unnahbar würdevolle Gestalt mit weißem Patriarchenbart, das Städtchen in einen Zustand erregter Feierlichkeit. Sein Beispiel machte unter Musikerkollegen Schule: Arrigo Boito (»Mefistofele«) wandelte hier Heilwasser schlürfend durch die Hallen, Ruggiero

Leoncavallo (»Der Bajazzo«), Maestro Arturo Toscanini, Enrico Caruso und Giacomo Puccini, der, im nahen Lucca geboren, hier große Teile der »Bohème« zu Papier brachte. Zu Beginn des 20. Jahrhunderts mauserten sich die Bagni di Montecatini, so der Ortsname bis 1928, zum Magneten für Prominente schlechthin. Künstlergrößen von Paul Cézanne bis Luigi Pirandello gaben sich in dem Städtchen, das seit 1855 mit der Bahn bequem erreichbar und sukzessive erweitert und modernisiert worden war, ein Stelldichein. Gabriele D'Annunzio und König Viktor Emanuel III. stolzierten mit großer Entourage durch die Alleen, später die Spitzen des saudi-arabischen Herrscherhauses, Persiens Schah und Edward von Windsor mit seiner Wallis Simpson. Fürst Rainier von Monaco und Grace Kelly feierten hier Honeymoon. Auch die große Garde Nachkriegshollywoods, von Orson Welles und Burt Lancaster bis Katherine Hepburn und Gary Cooper, gab sich die Ehre. Nicht zu vergessen die heimischen Leinwandhelden der Cinecittà, allen voran Marcello Mastroianni, und hinter der Kamera Federico Fellini, der dem italienischen Bad der Bäder in »8½« sogar ein filmisches Denkmal setzte.

In den späten 1960er Jahren und mehr noch den 1970er Jahren änderte sich das Publikum markant: Statt der Großen und Schönen dieser Welt kamen nun mehrheitlich Gäste, denen die Krankenkasse den Aufenthalt zahlte. Die bis heute staatliche und bis vor Kurzem sehr lethargische Thermenverwaltung jedoch verpasste den Zug der Zeit. Zwar ließ sie der Tettuccio-Therme 1989 vom römischen Stararchitekten Paolo Portoghesi einen spektakulären Anbau verpassen – die Sala Portoghesi, zwischen deren baumartig verästelten Holzsäulen seither Kongresse und Ausstellungen statt-

finden. Doch das Wellnessangebot ist, sieht man von der Beauty-farm im ersten Stock der Terme Excelsior ab, bis heute erstaunlich dürftig. Um Montecatini wenigstens mittelfristig auch auf dem europaweit boomenden Wellnessmarkt zu positionieren, hat das 2006 neu eingesetzte Management Portoghesis ebenfalls aus Rom stammenden, berühmten Branchenkollegen Massimiliano Fuksas mit der Erstellung eines Masterplans beauftragt. Zwei großzügig gestaltete Badelandschaften, eine auf dem Gelände der Terme La Salute und die andere, exquisitere integriert in die Bausubstanz der Terme Leopoldine, sollen in einigen Jahren vermehrt jüngere Besucher und Familien anlocken.

Der Massentourismus mag im Ortsbild Spuren hinterlassen haben, über die Traditionalisten die Nase rümpfen. Alles in allem aber wird nach wie vor Wert auf *eleganza* und *grandezza* gelegt: Man geht viel zum Friseur, zelebriert die nachmittägliche Promenade auf der Viale Verdi, den Einkauf in den Markenboutiquen am Corso Matteotti und die Einkehr zu Kaffee und Kuchen in der Pasticceria Giovannini oder im Gambrinus-Konzertcafé. In Luxusherbergen wie dem Grand Hotel & La Pace, dem Bellavista oder Croce di Malta befolgt man beim Five o'Clock Tea und Dinner geflissentlich das Gebot zur gepflegten Garderobe. Auch beim Trabrennen und im Golfklub draußen in Monsummano, gleich neben dem Geburtshaus Leonardo Da Vincis, geht es ziemlich elegant zu. Und wen doch einmal nach Tapetenwechsel und einem rustikaleren Ambiente gelüstet, der fährt mit der roten altehrwürdigen Standseilbahn hinauf nach Montecatini Alto. Dort erwarten ihn ein Stück malerisches Mittelalter mit Wehrmauern und -türmen, Burg, Kirchen und einer mustergültigen Piazza.

Montecatini Terme

Anreise
Auto: Autostrada A 1 bis Ausfahrt Firenze Nord, A 11 Firenze-Mare bis Ausfahrt Montecatini, alternativ A 15 (Parma–La Spezia), A 12 bis kurz vor Pisa, dann A 11.
Bahn: Bahnhof an der Strecke Florenz–Lucca–Viareggio.

Attraktionen
Kuranlagen mit Parks, Fußgängerzone, Rathaus, Teatro Verdi, Montecatini Alto, Tropfsteinhöhle Grotta Maona mit Tanzbar, Pinocchio-Park und Garten der Villa Garzoni in Collodi, Altstadt von Pescia, diverse Burgdörfer in der »Pesciatiner Schweiz«, Stadt- und Regionalmuseum sowie Villa Renatico Martini (Kunstmuseum) in Monsummano Terme, Papiermuseum in Pietrabuona, Montalbano, Vinci mit Geburtshaus Leonardos, Moorgebiet (Padule) di Fucecchio, Medici-Bauten in Cerreto Guidi, Pistoia, Lucca, Pisa, Florenz.

Aktivurlaub
Montecatini Golfplatz, Trabrennen im Ippodromo Sesana, Reiten, Radfahren, Tontaubenschießen, Trekking.

Essen und Trinken
Enoteca Da Giovanni, Via Garibaldi 25, Tel. 05 72-7 16 95, Mo. Ruhetag, Gourmettempel, hochpreisig, aber ausgesprochen exquisit, überraschend reichhaltiges Fischangebot.

Übernachten
Grand Hotel & La Pace *****, I-51016 Montecatini Terme, Via della Torretta 1, 138 Zimmer, Tel. 05 72-92 40, Fax 05 72-7 84 51, www.grandhotellapace.it. Flaggschiff der hiesigen Hotellerie, extrem gediegen in Ausstattung und Service, mit großem Park, Pool, Health Centre und Day Spa (u. a. Schoko-, Wein- und Trüffel-Therapie), Mitglied der »Leading Hotels of the World«.
Parma e Oriente ***, I-51016 Montecatini Terme, Viale Cavallotti 135, 52 Zimmer, Tel. 0572-7 21 35, Fax 05 72-7 21 37, www.hotelparmaoriente.it. Familiär geführtes, Traditionshotel, gute Küche, Pool mit Liegewiese, zentrale Lage, Zimmer im dritten Stock mit großen Terrassen.

Die Bäder
Alkalisches, salz- und schwefelhaltiges, zwischen 22 und 32 Grad Celsius warmes Wasser, vorrangig für Trinkkuren, daneben für Bäder, Fangopackungen, Hydromassagen, Dampf- und Aerosoltherapien usw. genutzt.
Terme Tettuccio, *Torretta* und *La Salute*: Trinkkuren mit Wässern der Quellen Rinfresco, Leopoldina, Regina und Tettuccio, tgl. 7.30–13 Uhr, 16–19 Uhr (saisonale Änderungen, Tettuccio: reduzierter Preis für Zutrittstickets nach 11 Uhr).
Terme Leopoldine, *Redi*: diverse Balneo- und Hydrotherapien.
Terme Excelsior: Wellness Centre im ersten Stock mit Sauna, Hamam sowie Beauty- und Wellnessangebot, ganzjährig Mo.–Sa. 9–20 Uhr, So. 9–14 Uhr, in den anderen Geschossen und im historischen Trakt vielfältiges Therapieprogramm.
Terme Grocco: Physiotherapie und Rehabilitation, einziges Thermalhallenbad der Stadt. Sämtliche Spa- und Therapieabteilungen geöffnet Mo.–Fr. 8–12, 15–19 Uhr, Sa. nur vormittags.
Grotta Giusti, die Therme im benachbarten Monsummano, www.grottagiustispa.com.

Informationen
Terme di Montecatini, I-51016 Montecatini Terme, Viale Verdi, 41, Tel. 05 72-77 81, www.termemontecatini.it.
Agenzia per il Turismo Montecatini Terme-Valdinievole, I-51016 Montecatini Terme, Viale Verdi, 68, Tel. 05 72-77 22 44, www.montecatinipromozione.com.

Im edlen Luxushotel »Reiter's Supreme Hotel« in Bad Tatzmannsdorf.

Richtig wohlfühlen

Kleines Thermen-, Bäder- und Wellness-ABC

Akupunktur
Bei dieser im Alten China entwickelten Heilmethode werden feine Nadeln an bestimmten Punkten des Körpers unterschiedlich tief in die Haut gestochen. Dadurch sollen innerhalb des Organismus Blockaden gelöst oder bestimmte Organe angeregt oder beruhigt werden.

Aquarobic
Diese Kombination aus Jogging und Aerobic wird im tiefen oder brusttiefen Wasser unter Zuhilfenahme diverser Trainingsaccessoires und Geräte praktiziert. Durch den Auftrieb des Wassers wird der Stütz- und Bewegungsapparat entlastet, die Gelenkigkeit erhöht und die Muskulatur entspannt. Vor allem jedoch trainiert man dabei äußerst effizient das Herz-Kreislauf-System.

Aromatherapie
Aus Wurzeln, Blüten, Blättern, Samen oder Holz extrahierte ätherische Öle, die wohltuend auf Körper und Psyche wirken, werden, je nach Anwendung, in Aromalampen verdampft oder bei Bädern, Massagen und Inhalationen benutzt und dabei über Haut und Atmung aufgenommen.

Ayurveda
Der Begriff entstammt dem indischen Sanskrit und setzt sich aus den Wörtern für Leben (Ayur) und Wissen (Veda) zusammen. Ayurveda bezeichnet die Sammlung der wichtigsten Lehrbücher der alten Heilkunde des Subkontinents, die den Menschen als komplexes Wesen in seiner Beziehung zur Umwelt versteht und sowohl physische als auch mentale, emotionale und spirituelle Aspekte in Betracht zieht. Als Kombination aus empirischer Naturlehre und Philosophie trachtet Ayurveda danach, Körper, Seele und Geist wieder in Einklang zu bringen und so ernsthaft Erkrankungen vorzubeugen. Ayurveda integriert dabei verschiedenartige Behandlungsformen, unter anderem Ganzkörper-Ölmassagen und Reinigungsrituale des Kopfes mit Öl, die helfen sollen, »psychischen Ballast« loszuwerden. Zentrale Bedeutung hat das Panchakarma, eine fünfteilige Entschlackungs- und Reinigungskur, die auf unterschiedliche Temperamente und die Doshas genannten Lebensenergien Vata (Wind und Luft), Pitta (Feuer und Wasser) und Kapha (Erde) abgestimmt ist.

Badekur
Sich im Wasser zu bewegen ist eine Urerfahrung des Menschen. Das heilende Bad ist spätestens seit der Antike integraler Bestandteil jeder Hochkultur. Nicht zufällig symbolisiert im christlichen Abendland das Ritual der Taufe die Läuterung von Körper und Seele und gleichsam eine geistige Neugeburt. Medizinisch wirken, abgesehen vom Reinigungseffekt, vor allem die Kälte- und Wärmereize. Sie und auch diverse durch spezielle Verfahren erzielte mechanische Reize auf die Haut beeinflussen die Funktion der inneren Organe, etwa die Herztätigkeit und Harnabsonderung, den Puls oder Blutdruck. Auch bewirken sie ganz allgemein eine Kräftigung und Abhärtung des Organismus. Man unterscheidet zwischen Voll- und Teilbädern, etwa dem Hand-, Fuß- oder Sitzbad, sowie besonderen Anwendungen wie zum Beispiel Moor-, Schlamm-, Aand-, Dampf-, Heißluft- oder hydroelektrischem Bad.

Biofeedback
Trainingsmethode, durch die der Patient mittels elektronischer Messung der Körperfunktionen den Entspannungsvorgang positiv zu beeinflussen lernt.

Brechelbad
Bei diesem seit alters im Alpenraum gebräuchlichen Dunstbad wird auf einem Ofen Wasser gemeinsam mit Kräutern verdampft. Die in der feucht-warmen Luft freigesetzten Aromen und ätherischen Öle entspannen die Muskulatur und wirken befreiend auf die Atemwege.

Fango
Mineralschlamm aus heißen Quellen vulkanischen Ursprungs, der – berühmt etwa im norditalienischen Kurort Abano Terme – kalt, körperwarm oder heiß für Packungen oder Bäder Verwendung findet.

Farblichttherapie
Als energetische Schwingungen können Farben auf den Organismus und die Psyche des Menschen ausgleichende und entspannende Wirkung ausüben. Indem man den Körper oder bestimmte Teile mittels Speziallampen bestrahlt, wird der Energiehaushalt wohltuend beeinflusst.

Feldenkrais
Bei diesem in den 1940er Jahren von dem Kernphysiker Moshe Feldenkrais entwickelten körpertherapeutischen Verfahren lernt man, überflüssigen Kraftaufwand aufzuspüren und in der Folge zu verringern. Zugleich werden Fehlhaltungen korrigiert und chronische Verspannungen gelöst. Im Vordergrund steht, bewegungsbehinderten und schmerzgeplagten Patienten zu ermöglichen, einen neuen, schonenden Umgang mit dem eigenen Körper zu erlernen.

Fünf Tibeter
Die ursprünglich von Mönchen im Himalaja angewandten Bewegungsabläufe sorgen, so man sie regelmäßig, also täglich etwa eine halbe Stunde, in Kombination mit bewusster Atmung praktiziert, für erhöhte Ruhe und Konzentrationsfähigkeit.

Fußreflexzonenmassage
Jedes unserer Organe ist über Nervenfasern mit ganz bestimmten Stellen unseres Fußes verbunden. Reagieren diese Zonen auf gewisse Berührungen mit Schmerz, weisen sie damit – nicht immer, aber häufig – auf ein Problem des entsprechenden Organs hin. Bei dieser speziellen Form der Massage werden die Nervenendpunkte so stimuliert, dass besagtes Organ prophylaktisch positiv beeinflusst wird oder ein Regenerationsimpuls an das bereits geschwächte Organ ergeht.

F.-X.-Mayr-Kur
Die vom gleichnamigen Arzt entwickelte »Milch-Semmel-Diät« entschlackt den Verdauungsapparat und gewöhnt ihn an geregelte Arbeit. Ergänzend wirken Darmgymnastik, Bauchatmung sowie von einem Arzt durchgeführte Darmmassagen.

Hamam
Türkisches oder orientalisches Bad mit typischen Räumen und spezifischen Ritualen, in dem mittels warmer Luft und kaltem

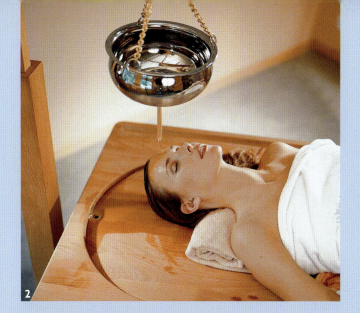

2

Wasser, Massage, Aromen und Musik eine Reinigung und wohltuende Entspannung erfolgt.

Heilfasten

Der zeitlich begrenzte Verzicht auf Nahrungsaufnahme, von dem schon bei Hippokrates die Rede ist, wird nicht nur in so gut wie allen religiösen Traditionen aus spirituellen Gründen propagiert. Auch aus Sicht der Mediziner spricht vieles dafür, zum Beispiel bei Rheuma und Übergewicht oder zur Behandlung von Erkrankungen der Haut und des Verdauungstrakts.

Heilquellen

Quellen, deren Wässer aufgrund ihrer medizinisch nachweisbaren krankheitsheilenden, -lindernden oder vorbeugenden Eigenschaften zu Trink- und Badekuren gebraucht werden können. Je nach chemischen und physikalischen Eigenschaften unterscheidet man Chloridwässer, zu denen etwa die stark kochsalzhaltige Sole zählt, Hydrocarbonatwässer wie etwa die natriumhaltigen »alkalischen« und die calciumhaltigen »erdigen« Wässer oder Sulfatwässer, die, mit Natrium angereichert, als »salinische« oder Glaubersalzwässer, mit Magnesium als Bitterwässer und mit Calcium als Gipswässer bezeichnet werden. Zu den spezifisch wirksamen Bestandteilen gehören unter anderem Eisen, Arsen, Jod, Schwefel, Radon und Kohlensäure. Letztere ist in sogenannten Säuerlingen enthalten. Heilquellen, deren natürliche Temperatur 20 Grad Celsius übersteigt, heißen Akratothermen, solche, die wärmer als 35 Grad sind, nennt man »hyperthermisch«.

Klangschalenmassage

Um Körper, Geist und Seele zu harmonisieren, werden bei dieser in der indischen Heilkunst seit Jahrtausenden angewandten Therapieform metallene Klangschalen unterschiedlicher Größe auf den Körper gelegt und angeschlagen. Feine Vibrationen sind die Folge. Sie lindern Stress, entkrampfen Muskeln und mobilisieren die selbstheilenden Kräfte des Körpers.

Klimakur

Der Aufenthalt in einem schonenden und milden Klima, das sowohl abrupte Wetter- und Temperaturwechsel als auch Schwüle und extreme Luftfeuchtigkeit oder -trockenheit ausschließt, ist vor allem zur Rekonvaleszenz nach schweren Erkrankungen angezeigt. Aufenthalte im milden Reizklima des Vor- oder Mittelgebirges stärken Herz, Kreislauf und Atmungsorgane – eine Wirkung, die sich im trocken-kühlen Reizklima des Hochgebirges noch verstärkt. Denn in Höhenlagen wird nicht nur mehr Sauerstoff im Blut transportiert, auch die Zahl allergieauslösender Keime und Pollen sinkt deutlich ab.

Kneippen

Die Mitte des 19. Jahrhunderts von Pfarrer Sebastian Kneipp entwickelten ganzheitlichen Naturheilmethoden umfassen Teil- und Vollbäder, Güsse, Wickel und Packungen mit Heilkräutern. In Kombination mit Vollwertkost und gesunder Lebensführung dient die Kneippkur der Abhärtung, Vorbeugung und Rehabilitation. Sie kann Schmerzen lindern, den Kreislauf anregen und bei Erschöpfung sowie vegetativen Störungen helfen.

Kohlensäurebad

Kurze, das heißt etwa 20-minütige Bäder in kohlensäurehaltigem Wasser senken Blutdruck, Herzfrequenz und auch den Stoffwechselprozess, indem über die Haut beträchtliche Mengen an Kohlendioxid in den Körper gelangen. Zugleich fördern sie die Viskosität des Blutes und beruhigen das Nervensystem.

Kryotherapie

Kältebehandlung, die jeweils nur wenige Minuten lang bei akuten Entzündungen verabreicht wird.

La-Stone-Therapie

Die auf dem Wissen indianischer Schamanen basierende Therapie wurde von der US-amerikanischen Heilmasseurin Mary Dolores Nelson entwickelt: Dabei werden runde, heiße Lavasteine auf

3

die hochenergetischen Stellen des zuvor mit Aromaölen eingeriebenen Körpers gelegt. Auf andere, zu Entzündungen neigende Körperpartien werden kalte Steine platziert. Der Temperaturkontrast lockert die Muskulatur, fördert die Durchblutung und Selbstheilungskräfte. Danach erfolgt eine Massage mithilfe warmer und kühler Steine.

Lomi Lomi Nui

Diese auf Hawaii entwickelte Entspannungsmethode ist ein Mix aus Gymnastik, Energiearbeit und Bindegewebsmassage. Verkrampfte oder blockierte Körperstellen werden mit viel Öl so lange massiert, bis die Energie wieder frei fließen kann. Zwecks Entspannung dehnt, zieht und schaukelt der Therapeut den Körper. Kopf und Gesicht werden sanft gedrückt. In ein warmes Tuch gewickelt, genießt der »Patient« nach der etwa 90-minütigen Behandlung eine lange Ruhepause.

Lulur

Bei diesem Entspannungs-, Schönheits- und Reinigungsritual, das auf Java seinen Ursprung hat, kommen bevorzugt Sandel-

1 Die Skulptur des Krückenbrechers im Balneotherapiehaus Irma in Piešťany. 2 Gesundheit, Schönheit und gesteigerte Vitalität bis ins hohe Alter, das ist der Mittelpunkt und das Ziel von Ayurveda. 3 Ausspannen in der Therme Bad Birnbach.

holz-, Zitronen- und Ingweröle zum Einsatz. Auf die den Stoffwechsel anregende Massage folgt ein Ganzkörperpeeling mit exotischen Gewürzen, eine Joghurtmaske zur Erfrischung der Haut und ein Blütenbad. Traditionelle Musik aus Indonesien intensiviert den entspannenden Effekt auf Körper und Seele.

Lymphdrainage
Diese sanfte, aber konsequente Streichelmassage von Gesicht und Körper sorgt dafür, dass die angestaute Lymphe, Gewebsflüssigkeit, schneller abfließt. Massiert wird mit sanften Pumpbewegungen entlang den Lymphbahnen. Das Resultat: Schlacke und Giftstoffe werden rascher entsorgt.

Magnetfeldtherapie
Hierbei werden mittels magnetischer Energien Störungen von Zellfunktionen reguliert und ganzheitlich Heilimpulse ausgelöst. Zu den wichtigsten Indikationen zählen Rheuma, Ischias, Durchblutungsprobleme, Rückenschmerzen, Neurodermitis und Migräne.

Moorkur
Unter diesen Oberbegriff fallen alle Behandlungen mit feinkörnigen oder gemahlenen Stoffen, die durch komplexe biologische oder geologische Prozesse mit gesundheitsfördernden Substanzen angereichert sind. Dazu gehören alle sogenannten Peloide, also Heilschlämme, Fango und Moor. Derartige Packungen wärmen gezielt bestimmte Körperregionen – etwa zur Behandlung von Rheuma und Gelenkschmerzen, Frauenleiden und hormonellen Störungen sowie Stress.

Nordic Walking
Von der Bewegungsform dem Skilanglauf sehr ähnlich, fördert diese Lauftechnik, bei der der natürliche Gang mit dem schwungvollen Einsatz von Gehstöcken kombiniert wird, Kreislauf und Körperkoordination. Neunzig Prozent der Muskeln sind in Bewegung, der Kalorienverbrauch erhöht sich im Vergleich zu jenem beim normalen Gehen um die Hälfte. Kniegelenke und Rücken werden geschont, Nacken und Schultern entspannt.

Pantai Luar
Diese uralte ostasiatische Massagetechnik – ihr Name lässt sich in etwa mit »an neuen Ufern« übersetzen – vertraut auf ihren thermophysikalischen Effekt. Der Körper wird zunächst mit warmem, duftendem Öl eingerieben und danach mit einem Kräuterstempel,

der in ein brühend heißes Spezialöl getaucht wurde, mit kurzen, schnellen Bewegungen massiert. Den Abschluss der ungemein entspannenden Prozedur bildet eine traditionelle Massage.

Pilates
In den USA entwickeltes, ganzheitliches Körpertraining, das Körpergefühl und Sensomotorik nachhaltig verbessert. Im Zentrum steht die Fokussierung auf die Körpermitte, genannt »Powerhouse«, von der die Übungen zur Dehnung und Kräftigung sämtlicher Muskeln und Gelenke sowie des Bindegewebes ausgehen.

Polarity
Spezielle Körpertherapie, die indische Heilmethoden mit klassischen westlichen Therapieformen kombiniert. Von der Vorstellung ausgehend, dass die körpereigene Energie stets zwischen zwei Polen fließt, ist es das Ziel, mittels bestimmter Bewegungen physische, seelische und geistige Blockaden zu lösen.

Qigong
Diese im alten China entwickelte Atem- und Meditationstherapie verbindet Konzentration mit bewusstem Atmen und der Ausführung eines Repertoires bestimmter Bewegungsfolgen. Ziel ist, den Fluss der Lebensenergie in den Körpermeridianen zu stärken, auf sanfte Weise Blockaden im Bewegungsapparat aufzulösen, den Stoffwechsel anzuregen und Stress sowie Bluthochdruck und Herzrhythmusstörungen vorzubeugen.

Rasulbad
Eingebettet in die Architektur orientalischer Bäderkultur verbindet diese Pflegezeremonie die bewährten Effekte abgestimmter Heilerden mit einer prickelnden Belebung der Haut. Reinigender »tropischer Regen« und pflegende Öle runden dieses sinnliche Erlebnis ab.

Reiki
Traditionsreiche japanische Heilmethode, bei der durch Handauflegen heilende Energie auf bestimmte Körperteile übertragen wird.

Römisch-Irisches Bad
Der Besucher durchwandert nacheinander eine Reihe unterschiedlich temperierter Räume mit teils trockener, teils feuchter Warmluft, darunter ein Dampfbad und eine Sauna. Zwischendurch erhält er Bürstenmassagen, taucht in kalte und warme Wasserbecken. Solcherart entspannt er, es werden die körpereigenen Kräfte und das vegetative Nervensystem gestärkt, der Stoffwechsel gefördert und die Haut gereinigt.

Sandbad
Hierbei wird der gesamte Körper in 37 bis 48 Grad Celsius heißen, groben Quarzsand gehüllt, was insbesondere Rheuma- und andere Gelenkbeschwerden merklich lindert.

Sauna
Saunieren kann man in vielerlei Variationen. Allen Saunabesuchen gemein ist der Wechsel aus Erwärmung des Körpers in einem kleinen Raum mit trockener 80 bis 100 Grad Celsius heißer Luft oder Wasserdampf, der durch periodisches Übergießen erhitzter Steine erzeugt wird, sowie anschließender drastischer Abkühlung an der Außenluft und in kaltem Wasser. Die Abfolge von Hitze und Kälte entspannt die Muskeln, das starke Transpirieren bewirkt eine porentiefe, jedoch schonende Körperreinigung.

Schrothkur
Die in der ersten Hälfte des 19. Jahrhunderts vom schlesischen Landwirt Johann Schroth entwickelte Kur umfasst drei Elemente: feuchtwarme Packungen, Trink- und Trockentage sowie eine Diät mit fett-, eiweiß- und salzfreier, jedoch kohlenhydratreicher Kost.

Die Kur wird zur Entwässerung und Entschlackung des Körpers sowie zur Senkung der Blutfettwerte und Eiweißüberschüsse empfohlen.

Shiatsu

Bereits seit mehr als drei Jahrtausenden wird in Japan diese Massagetechnik erfolgreich angewandt. Bei ihr arbeitet der Therapeut, je nach Verträglichkeit und Energiestau, mit Fingern, Handflächen, Armen und Füßen. Die Druckbehandlung soll Verspannungen und Blockaden abbauen und das Nervensystem beruhigen. Sie wird sowohl bei akuten Beschwerden als auch bei chronischer Müdigkeit und innerer Unruhe eingesetzt.

Solebad

Badekuren in Sole, also Wasser mit mindestens 1,45-prozentigem Gehalt an Kochsalz, üben eine starke Reizwirkung auf den gesamten Organismus aus. Sie regen etwa den osmotischen Stoffwechsel über die Haut an, helfen demnach speziell bei Hautleiden sowie, über den Weg der Inhalation, bei Atemwegserkrankungen.

Spa

Die lange Zeit im Englischen und neuerdings auch im Deutschen verwendete Bezeichnung für Heilbad leitet sich von dem berühmten, im ostbelgischen Waldgebiet des Hohen Venn gelegenen Badeorts Spa ab. Die Behauptung, es handle sich um die Abkürzung des lateinischen Mottos »sanus per aquam« (Gesundheit durch Wasser), ist weit verbreitet, aber nicht wirklich zutreffend.

Tai-Chi

Aus altchinesischen Kampftechniken hervorgegangene Bewegungskunst, bei der in meditativer Achtsamkeit weiche, ruhig fließende Bewegungsabläufe geübt werden. Neben der seelischen Harmonisierung wirkt Tai-Chi auch positiv auf Gelenke und Organe.

Thalasso

Das griechische Wort steht grundsätzlich für die »Heilbehandlung durch das Meer«. Dessen Wasser ist reich an Mineralstoffen, Vitaminen und Spurenelementen. Algen speichern diese Nährstoffe in ihrem Zellkern und geben sie bei therapeutischen Anwendungen an den menschlichen Organismus ab. Diese Wirkung findet vor allem bei rheumatischen und Hautkrankheiten, bei Übergewicht und Gewebeschwäche Verwendung, und zwar vorwiegend in Form von Wannenbädern und Algenpackungen.

Therme

Synonym für Thermalquelle (und auch Durchlauferhitzer), meint vorrangig aber jene antiken Badeanlagen, die schon die Griechen kannten, die Römer aber als soziale und kulturelle Treffpunkte meisterhaft zu bauen pflegten. Thermen sind seit dem 2. Jahr-

hundert v. Chr. in privaten Villen und auch schon als öffentliche Anlagen mit Kuppeln und Tonnengewölben nachweisbar. Sie bestanden normalerweise aus einem Umkleide- und einem Warmluftraum (Apodyterium und Sudatorium), weiterhin Warmwasserbad (Caldarium), Abkühlraum (Tepidarium) und Kaltwasserbad (Frigidarium). Kleine Anlagen verfügten außerdem über einen Säulenhof (Palästra), große wie die Thermen des Caracalla oder Diokletian in Rom besaßen mehrere Palästren, zudem ein Freibad (Natatio), Gärten mit Wasserspielen, Wandelgänge, Massage- und Gesellschaftsräume. Anfänglich wurden die Thermen mittels großer Feuerbecken erwärmt. Später diente dazu das sogenannte Hypokaustum, eine aus Hohlziegeln oder Kanälen im Stein- und Ziegelfußboden bestehende Warmluftzentralheizung.

Traditionelle Chinesische Medizin (TCM)

Diese angeblich etwa 6000 Jahre alte Heilkunde geht in ihrer ganzheitlichen Sicht davon aus, dass sowohl der menschliche Organismus als auch die Beziehung zwischen Mensch und Natur eine Einheit bilden. Die TCM umfasst unter anderem Behandlungsmethoden wie Akupunktur, Akupressur, Qigong und Phytotherapie, also die Behandlung mit Auszügen, Extrakten und Ölen von Pflanzen, insbesondere Kräutern, deren Blättern, Blüten und Wurzeln.

Trinkkur

Je nach Zusammensetzung und Verordnung haben Heilwässer die unterschiedlichsten Wirkungen. Jede Trinkkur ist eine Wohltat für Nieren und Harnwege und stimuliert den Mineralstoffwechsel. Magnesiumhaltige Wässer zum Beispiel helfen darüber hinaus, die überstrapazierte Muskulatur zu regenerieren. Jodwässer unterstützen die Erneuerung bei Fehlfunktionen der Schilddrüsen, natriumchlorid- und sulfathaltige Wässer wirken abführend und reinigend auf den Magen-Darm-Trakt und helfen Gal-

lenleiden zu lindern. Bicarbonate im Heilwasser tragen dazu bei, Blutdruckwerte zu senken und wirken außerdem einer Überproduktion an Magensäure entgegen.

Weintherapie

In Frankreich (wo sonst?) hat man die in Rotwein enthaltenen Antioxidantien als Schönheitsmittel entdeckt. Man badet in ihm, lässt ihn sich einmassieren. Und der Trester, also Kerne und Schale als feste Traubenreste, werden zu Packungen, Cremen, Ölen verarbeitet und auf die Haut appliziert.

Yoga

Jahrtausendealte, äußerst komplexe Lehre, die durch Meditation, Regelung des Atems und bestimmte Leibesübungen auf ganzheitliche Weise Körper, Geist und Seele in Einklang zu bringen trachtet. Dank dem ausgeklügelten System von Bewegungsabläufen, Körperstellungen (Asanas) und Atemtechniken wird der Muskelapparat gedehnt und gekräftigt und der Organismus dabei regeneriert.

1 und 2 Ruheraum und Sauna im Bad von Oeynhausen. 3 Schlangenquelle in der Parkkolonnade in Karlsbad, 1881 gebaut von den Wiener Architekten F. Fellner und H. Helmer.

Weitere Thermen und Bäder im Überblick

IN ÖSTERREICH

Längenfeld

Inmitten der Ötztaler Alpen begeistert diese aufregende Wasserwelt ihre Gäste. Der Aqua Dome – Tirol Therme Längenfeld bietet auf fast 50 000 Quadratmetern eine Kombination aus Badespaß, Sport, Spa und Gesundheit. Allein die futuristische Architektur inszeniert das Thema Wasser in völlig neuer Form: Vor dem gläsernen Kristall des Thermendoms »Ursprung« scheinen drei kreisrunde Schalenbecken zu schweben – umgeben von zwei Flussläufen im Freiluftbereich »Talfrische«. Kinder finden in der »Alpen Arche Noah« eine Badelandschaft mit Riesenrutsche, Spielwiese, Kletterwand und Kinderrestaurant. Die Saunawelt »Gletscherglühen« und die Spa-Oase »Morgentau« eröffnen ungeahnte Wellnessfreuden. Neben dem medizinischen Kompetenzzentrum »4health« und dem VIP-Klub »Hochplateau« umfasst der Aqua Dome außerdem ein Vier-Sterne-Superior-Hotel mit 140 Zimmern und Suiten sowie erstklassige Restaurants. Der gesamte Thermenkomplex ist

nach Prinzipien des Feng Shui ausgerichtet – ein Tribut an Wohlbefinden, Gesundheit, Vitalität und Lebenslust.
Indikationen: Gelenks- und Muskelerkrankungen, Osteoporose, Rheumatismus, Verspannungen, Herz-Kreislauf-Störungen, Nachbehandlungen von Knochenbrüchen, Wundheilungsstörungen, Lähmungen und Gefäßerkrankungen.
Anreise: aus Deutschland über Kufstein oder den Achenpass, Garmisch-Partenkirchen – Mittenwald bzw. Fernpass – Nassereith – Imst. Jeweils A 12 bis Austfahrt Ötztal, dann bis Langenfeld; mit der Bahn bis Bahnhof Ötztal, von dort per Bus nach Längenfeld. A-6444 Längenfeld im Ötztal, Oberlängenfeld 140, Tel. 05253-64 00, www.aqua-dome.at.

Geinberg

Österreichischer Charme und karibische Lebensfreude vereint die in die Hügellandschaft des oberösterreichischen Innviertels gebettete Therme Geinberg auf ideale Weise. In der großzügigen Thermenlandschaft mit 3000 Quadratmetern Wasserfläche kann man zwischen drei Wasserwelten (mit Thermal-, Frisch- und Salzwasser) und fünf Becken (mit Temperaturen zwischen 26 und 36 Grad Celsius) wählen. Meeresatmosphäre vermittelt die Karibik-Lagune mit weißem Sandstrand, Palmen und Poolbar. Neun Saunen und Dampfbäder umfasst die weiträumige Saunawelt. Als Extra werden mehrmals täglich Erlebnisaufgüsse geboten. Für Abkühlung nach dem Hitzebad sorgen die Eiswelt mit »Schneeparadies« sowie ein Kaltbecken im Saunagarten. Im Vitalzentrum entführen Gesundheitsexperten den Gast in eine ganzheitlich wohltuende Welt voll belebender Sinneserfahrungen. Sanfte Hände, hochwertige Naturprodukte und angenehme Ruhe wirken hier nachhaltig positiv auf Körper und Geist. Mit fundierten medizinischen Treatments können bewusst die Zeit angehalten, die eigenen Vorzüge betont und eine gesteigerte Lebensqualität erreicht werden. Unterirdisch mit der Therme und der Saunawelt verbunden ist das Vier-Sterne-Vitalhotel. Seine Leistungen reichen von der erweiterten Halbpension über innovative Vital- und Sportangebote bis hin zu Entspannung pur in Therme und Saunawelt. Auch in der hoteleigenen Relaxoase lässt sich sinnlicher Genuss perfekt zelebrie-

ren. Ein Verwöhnprogramm besonderer Art bietet das Floatarium: Bei einem Salzgehalt von 26 Prozent treibt man, ähnlich wie im Toten Meer, fast schwerelos an der Wasseroberfläche und erlebt dabei, abgeschirmt von Licht- und Geräuscheinflüssen, eine intensive körperliche und geistige Tiefenentspannung. Darüber hinaus werden in der Relaxoase Treatments wie Ayurveda, Alpienne oder Pantai Luar (TM) in einem Hamam und einer Salzgrotte geboten.
Anreise: von Osten A 1 bis Linz, weiter A 8 Richtung Passau bis Ausfahrt Ort/Innkreis, von Westen A 1 bis Ausfahrt Salzburg Nord, B 147/142 über Mattighofen und Altheim, alternativ via München, Landshut und Deggendorf (A 92/3) nach Passau, weiter A 8 bis Ausfahrt Ort, von Norden A 3 Nürnberg–Passau, A 8 via Linz ebenfalls bis Ausfahrt Ort; mit der Bahn bis nach Schärding, Braunau oder Ried, von dort (nach Anmeldung) jeweils kostenfreie Transfers. A-4943 Geinberg/OÖ, Thermenplatz 1, Tel. 07723-85 00-0, www.therme-geinberg.at.

Laa an der Thaya

Das geschichtsträchtige, für sein Bier berühmte Grenzstädtchen liegt etwa sechzig Autominuten von Wien entfernt im nördlichen Weinviertel und ist schon wegen seiner Burg und diverser gotischer Baudenkmäler einen Aufenthalt wert. Einen neuen Publikumsmagneten bildet seine Therme. Deren integriertes Vier-Sterne-Superior-Hotel präsentiert sich als topmodernes Wohlfühlhotel mit eigenen Thermal-, Sauna-, Beauty- und Fitnesslandschaften sowie attraktiven Seminarräumlichkeiten. Die »Brücke der Sinne«, eine spektakuläre, 44 Meter lange Glas-Panoramabrücke, gewährleistet die direkte Anbindung an die Therme Laa. Das Team rund um Stararchitekt Prof. Wilhelm Holzbauer legte höchsten Wert auf emotionales Wohlfühldesign. Formen, Farben und Materialien schaffen eine Symbiose aus Eleganz und Gemütlichkeit. Die Therme umfasst mehrere Thermalbecken mit bis zu 36 Grad Celsius warmem Wasser samt Inszenierungen mit Lichtspielen und Unterwassermusik, eine exklusive Saunawelt, das erlebnisreiche Kinderland sowie das umfangreiche Massage- und Verwöhnangebot der »Vital Oase«. In den Sommermonaten genießt man zudem das erfrischende Angebot des Sommerbades samt Sole- und Aktivbecken, Liegestühlen, Sonnenschirmen, einem abwechslungsreichen Sport-, Aktiv- und Relaxprogramm, Beachvolleyball und jeder Menge Spiel und Spaß für Kinder.
Indikationen: Herz-Kreislauf- und gynäkologische Erkrankungen, Degenerationen des Bewegungsapparats, bestimmte Augen- und Hauterkrankungen wie z. B. Neurodermitis und Psoriasis.
Anreise: von Westen A 1 via Linz bis Ausfahrt St. Pölten Ost, S 33 bis Krems, S 5/A 22 via Stockerau bis Ausfahrt Korneuburg, S 1/B 6 knapp 50 km bis Laa, aus dem Raum Wien A 22 bis Korneuburg, ab da identisch; per Bahn mehrmals täglich direkt ab Wien. A-2136 Laa a. d. Thaya/NÖ, Thermenplatz 1, Tel. 02522-8 47 00-7 33, www.therme-laa.at.

Loipersdorf

Im Herzen der Hügellandschaft der Oststeiermark hat sich dieser Pionier unter den Thermenbetrieben der Region zu einer außergewöhnlichen Urlaubsdestination entwickelt. Rund um das Element Wasser entstand eine facettenreiche Welt des Wohlbefindens, in der neue medizinische Auffassungen von Gesundheit und Vorsorge sowie alternative Methoden der Heilung ebenso Platz finden konnten wie moderne, genussvolle Formen der Badekultur. Ob in den lichtdurchfluteten Liegebuchten der Thermenlagune, in der abgeschirmten, luxuriösen Fünfsternewelt des Schaffelbades, im Watsubecken, dem Seepavillon oder einem anderen der 33 Badebecken, aber auch in der 1300 Quadratmeter großen Saunalandschaft: In dieser Therme lässt sich gesund und erlebnisreich urlauben. Ein großes Angebot an Hotels und Pensionen sorgt für ein Quartier nach Maß. Das 62 Grad Celsius heiße Thermalwasser wird aus einer Tiefe von 1100 Metern gefördert. Mit 7500 Milligramm gelösten mineralischen Inhaltsstoffen pro Liter umschmeichelt es 32 bis 38 Grad Celsius warm die Badenden mit besonderer Weichheit und entfaltet eine Fülle natürlicher Heilkräfte. In der »Therapiewelt« werden sowohl klassische Behand-

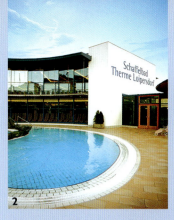

lungen (Akupunktur, Lymphdrainage, Fango und Moorbad, Kryo- und Elektrotherapie, Unterwasser-, Fußreflexzonen- und Bindegewebsmassage) als auch alternative Therapien (Lomi Lomi Nui, Shiatsu, Ayurveda, La Stone, Watsu und Klangschalenmassage) angeboten.
Indikationen: Gelenks- und Wirbelsäulenerkrankungen sowie allgemeine Erschöpfungszustände.
Anreise: aus dem Raum Wien A 2 bis Ausfahrt Ilz/Fürstenfeld, ab da 22 km auf B 319, aus Richtung München/Salzburg A 1/A 9 via Voralpenkreuz bis Graz, A 2 über Gleisdorf bis Ilz; per Bahn ab Graz und Wien bis Fürstenfeld, ab dort Transfer per Bus oder Taxi.
A-8282 Loipersdorf 152, Tel. 03382-82 04, www.therme.at.

Bad Waltersdorf

Eingebettet in die oststeirische Hügellandschaft, umfasst diese Heiltherme die 25 000 Quadratmeter große Wellnesslandschaft mit sieben Thermalbade- und Schwimmbecken, einem Saunadorf mit zwölf Kabinen (mit Felsensauna, Dampfbädern, Biosaunarium) und dem Styrian Spa. Das heiße Wasser quillt mit 62 Grad Celsius empor und wird auf 28 bis 37 Grad Celsius abgekühlt. Ein weitreichendes Gesund- heitsprogramm ist im Thermeneintritt inbegriffen und bietet täglich bis zu 14 Einheiten. Der Wellnesspark mit Yin-Yang-Pfad und Well-Fit-Einrichtungen rundet das Angebot ab. Im Styrian Spa genießt man Massagen, Kurpakete, Beautyprogramme sowie Anwendungen mit regionaltypischen Produkten. Direkt an die Therme angeschlossen ist das Vier-Sterne-Quellenhotel mit dem eigenen 3000 Quadratmeter großen Wellness-bereich »Quellenoase« mit Naturbadeteich, Aqua-Meditation und Saunadorf.
Indikationen: Das natrium-, chlorid- und hydrogencarbonathaltige Wasser wirkt entspannend, stärkt die Muskeln, strafft das Bindegewebe, ist entschlackend, aktiviert die Selbstheilungs- und Abwehrkräfte und wirkt unterstützend bei Behandlungen des rheumatischen Formenkreises und bei vegetativen Erschöpfungszuständen.
Anreise: A 2 bis Ausfahrt Sebersdorf/Bad Waltersdorf, aus München/Salzburg über A 1/A 9 via Voralpenkreuz bis Graz; mit der Bahn von Wien und Graz bis Bahnhof Bad Waltersdorf.
A-8271 Bad Waltersdorf, Thermenstr 111, Tel. 03333-5 00-1, www.heiltherme.at.

IN DER SCHWEIZ

Leukerbad

Inmitten der Walliser Bergwelt liegt der größte Thermalbade- und Wellnessferienort der Alpen. 3,9 Millionen Liter des 51 Grad Celsius warmen Thermalwassers sorgen in der Alpentherme Leukerbad täglich für Wohlergehen und Badevergnügen. Besonders nach erlebnisreichen Ausflügen in die umliegenden Berge sehnen sich die hiesigen Gäste nach Entspannung. Das Angebot ist riesig, umfasst 22 Thermalbäder, 15 Bergbahnen auf Torrenthorn und Gemmipass, ein Kinderskigebiet und einen Sessellift direkt am Dorfrand, außerdem Sportarena, Thermalquellen-Weg und -Steg sowie ganzjährig Unterhaltungs- und Kinderprogramme.
In der modernen Lindner Alpentherme steht nebst einem Sportbecken, Innen- und Außenthermalbad auch ein Römisch-Irisches Bad mit elf verschiedenen Stationen zur Verfügung. Noch mehr Abwechslung garantiert das Burgerbad, seines Zeichens größte Thermalbadeanlage der Alpen. Zehn verschiedene Pools laden zum unvergesslichen Badevergnügen ein. Weitere Thermalbäder findet man im Volksheilbad (mit unfiltriertem Thermalwasser) sowie im Rehazentrum und den Vier- und Fünfsternehotels.
Indikationen: Die Gips enthaltenden Mineralquellen lindern rheu-

matologische und neurologische Leiden und helfen nach Unfallfolgen. Zudem wirken sie harntreibend und gegen Verstopfung.
Anreise: A 1 bis Bern, A 6 bis Spiez, Richtung Kandersteg, Autoverladund Kandersteg-Goppenstein, Richtung Gampel, Leuk-Leukerbad; per Bahn (SBB) bis Leuk, von dort mit dem Bus (LLB) direkt nach Leukerbad.
CH-3954 Leukerbad, Info-Büro im Rathaus, Tel. 027-4 72 71 71, www.leukerbad.ch.

Yverdon-les-Bains

Am Fuß des Schweizer Jura liegt am südwestlichen Ufer des Neuenburger Sees das Thermalheilbad (Center Thermal) von Yverdon-les-Bains. Seit der Wiedereröffnung 1977 hat sich diese Oase der Ruhe im Waadtland (Vaud) fortwährend weiterentwickelt und bietet seinen Gästen eine Badelandschaft mit zwei großen Außen- und einem Innenbecken, die mit schwefelhaltigem, 28 bis 34 Grad Celsius warmem Thermalwasser gefüllt, mit Massagedüsen und einem Strömungskanal ausgestattet sind und durch einen Sprudel- und einen Champagnerpool ergänzt werden. Das Beauty-Center mit einer großen Auswahl an Schönheits- und Schlankheitspflegen, Massagen und Balneotherapien, der Fitnessbereich mit modernsten Geräten, die die höchsten Erwartungen erfüllen, sowie der Wellnessbereich mit Saunen, Dampfbädern, Außenwhirlpool und Ruheraum komplettieren das Angebot.
Im medizinischen Bereich sorgen die auf Rheumatologie und Sportmedizin spezialisierten Ärzte zusammen mit diplomierten Physiotherapeuten für eine optimale Betreuung. Für Patienten steht eigens ein Therapie-Thermalbecken zur Verfügung. Für Amateur- wie auch Spitzensportler gibt es speziell abgestimmte Tests mit dem »Swiss Olympic Medical Base«-Label.
Indikationen: neurologische Erkrankungen, Nachbehandlung nach Unfällen, orthopädische/neurochirurgische Operationen, Erkrankungen des Stütz- und Bewegungsapparats wie Rheuma, Spondylitis und Morbus Bechterew, posttraumatische Rehabilitation.
Anreise: A 1 von Bern Richtung Genf, Ausfahrt Yverdon Sud; mit der Bahn IC-Linie Basel oder Zürich via Biel/Bienne Richtung Lausanne und Genf.
CH-1400 Yverdon-les-Bains, 22, Avenue des Bains, Tel. 024-4 23 02 32, www.cty.ch.

Rheinfelden

Rheinfelden blickt auf eine reiche Vergangenheit zurück: Schon 1846, als hier am linken Rheinufer des Schwarzwaldes die ersten Solebäder eröffnet wurden, erlangte es internationale Berühmtheit. Heute ist das aargauische Städtchen insbesondere dank der Wellnesswelt »sole uno« ein beliebter Ort zum Gesundheittanken. Eine Hauptattraktion bildet das modern konzipierte Außenbad mit Strömungskanal, Inhalationsgrotte samt Wasserfall, Massageliegen und Bodensprudel. Sole uno bedeutet aktive und passive Entspannung – Baden in wohltuender Natursole inmitten eines Parks. Auch die Saunalandschaft wird höchsten Ansprüchen gerecht: Auf über 250 Quadratmetern finden Freunde des Heißlufrituals vom Sanarium über das Dampfbad bis zur finnischen Sauna sämtliche Wünsche erfüllt. Auch hier erwartet den Gast ein großzügiger Außenbereich mit zwei ganz speziellen Blockhäusern im Park: einer Erd- und einer Feuersauna – den Urformen Finnischer Saunakultur. Zusätzlich gibt es ein Hamam, das älteste in der Schweiz, in dem man beim Schwitzen und Schwatzen, Schrubben und Massieren die hektische Alltagswelt rasch vergisst.

1 Scheinbar schwebende Schalen mit Dampf im Aqua Dome, der Tirol Therme in Längenfeld. 2 Außenbecken der Therme Loipersdorf. 3 Der Strömungskanal im Schwimmbad Rheinfelden.

Indikationen: Lockerung bei Muskelschmerzen/-krämpfen, Verbesserung der Durchblutung, des Hautstoffwechsels, der Atmungs-, Gelenks- und Wirbelsäulenfunktion.
Anreise: A 3 bis Ausfahrt Rheinfelden Ost, auf den Hauptstraßen aus Richtung Kaiseraugst, Möhlin oder dem Grenzübergang immer braunen Wegweisern folgen; per Bahn an der Strecke Basel–Zürich, ab da Stadtbus Nr. 86 oder 15 Min. zu Fuß.

CH-4310 Rheinfelden, Roberstenstr. 31, Tel. 061-8 36 66 11, www.soleuno.ch und www.kurzentrum.ch.

IN DEUTSCHLAND

Thermenwelt Erding

Das nordöstlich von München gelegene Thermalheilbad lockt jährlich 1,5 Millionen Gäste an. 1999 eröffnet, wurde es 2006 erweitert und bietet seinen Gästen auf dem insgesamt über neunzig Hektar großen Areal das größte textilfreie Thermal-Saunaparadies Europas (ab 16 Jahre), eine Vitaltherme sowie die Familientherme und eine riesige Rutschenwelt namens Galaxy mit sage und schreibe 16 Hightechrutschen. Die komplett eigenständigen Bereiche sind von großen, im Sommer zu öffnenden Glaskuppeln überdacht. Diese sorgen für viel Licht und beste Luftqualität.
Die fluoridhaltige Schwefeltherme wird mit mehr als 60 Grad Celsius aus 2350 Metern Tiefe gefördert und in verschiedenen Becken mit Temperaturen zwischen 34 und 40 Grad Celsius angeboten. Ein Sauerstoffgarten, Wärme- und Farblichttherapie sowie Biosauna und Dampfbad für den Besuch in Badekleidung sorgen für Abwechslung. Weitere Wasserattraktionen: über siebzig Sprudelliegen, Massagedüsen, Nackenduschen und Bodensprudler, Strömungskanal sowie Sole- und Solebecken, Poolbar. Bei den ebenfalls im Eintrittspreis enthaltenen Aqua-Fitnessprogrammen steht Aktivität im Vordergrund, bevor großzügige Ruheoasen mit bequemen Liegen zur Entspannung einladen.
Indikationen: degenerative Gelenkschmerzen, Erkrankungen des Bewegungsapparats, Regeneration nach Unfall- und Sportverletzungen, Hauterkrankungen, Muskelverspannungen.
Anreise: etwa 36 km nordöstlich von München, A 9 Richtung Norden bis Ausfahrt Garching Süd, ab da B 388, A 94 Richtung Salzburg bis Ausfahrt Erding/Anzing, A 92 Richtung München, Ausfahrt Erding; öffentlich per Schnellbahn S 2 ab Zentrum München.
D-85435 Erding, Thermenallee 1–4, Tel. 08122-22 70-2 00, Galaxy Durchwahl 100, Saunaparadies Durchwahl 400, www.therme-erding.de.

Bad Wörishofen

Nur vierzig Autominuten südwestlich von München liegt der traditionsreiche Kurort Bad Wörishofen. Hier erwartet Erholungsbedürftige ein Thermalheilbad mit einem in Europa einzigartig exotischen Ambiente. Architektonisches Wahrzeichen ist die riesige, 18 Meter hohe, vollständig zu öffnende Glaskuppel. Wenn sie an warmen Sommertagen aufgefahren wird, scheint die Sonne in jeden Winkel des 5000 Quadratmeter großen, mit bis zu 15 Meter hohen Palmen bestückten Südseeparadieses. Das Thermal- wasser stammt aus tausend Meter Tiefe und ist als Heilwasser staatlich anerkannt. Es weist eine Gesamtmineralisation von mehr als 2200 mg/l und einen speziell hohen Gehalt an Jodit, Fluorid und Schwefel auf. In acht unterschiedlichen Becken wird bei Temperaturen zwischen 34 und 38 Grad Celsius schwefel-, jod- und solehaltiges Wasser angeboten. Über siebzig Sprudelliegen, Massagedüsen und Bodensprudler, ein Strömungskanal und eine Poolbar im Wasser sorgen für zusätzliche Entspannung. Farbthe-

rapie, Infrarotliegen, ein Kneipp-Parcours sowie die regelmäßig stattfindende Wassergymnastik sind im Thermeneintritt ebenso eingeschlossen wie das Sport- und Familienbad blue FUN mit zwei Kinderrutschen und 25-Meter-Sportbecken (28 Grad Celsius), das Erlebnisdampfbad und die – in Badekleidung zu nutzende – Sauna. Darüber hinaus können die Gäste Ayurveda, klassische- und Wellnessmassagen buchen. Auf Saunafans wartet die Saunaoase mit Kelohaus am Seeufer, die rustikale Stollensauna, die gemütliche Zirbelstube, Strandsauna und Löyly-Hütte am Palmenstrand sowie das Sonnendeck auf dem Natursee.
Indikationen: Osteoporose, Erkrankungen des Bewegungsapparats, Rehabilitation nach Gelenksoperationen, Regeneration nach Unfall- und Sportverletzungen, Muskelverspannungen.
Anreise: A 96, aus dem Raum München sowie Augsburg bis Ausfahrt Bad Wörishofen, danach Beschilderung ins Kurgebiet Nord.
D-86825 Bad Wörishofen, Thermenallee 1, Tel. 08247-39 93 00, www.bad-woerishofen.de.

Bad Wiessee

Schon 1922 erhielt der am bayrischen Tegernsee gelegene Ort Wiessee aufgrund der Heilkraft seiner Natrium-Chlorid-Quellen das Prädikat »Bad«. Deren Konzentration an Jod, Schwefel und Fluorid ist so hoch wie nirgends sonst in Deutschland. Die örtlichen Jod- schwefelbäder haben entzündungshemmende Wirkung. Auch lindern sie speziell bei degenerativen Veränderungen der Wirbelsäule den Schmerz, fördern die Durchblutung und unterstützen die Behandlung von Bluthochdruck. Aber Bad Wiessee lockt nicht nur mit seinem therapeutischen Angebot, sondern auch mit Wasser-, Dampf- und Saunaspaß im Bade Park. Dieser verfügt über Schwimmbecken, Solarien und unter freiem Himmel über eine 61 Meter lange Rutschbahn und Kinderwasserspiele. Der Gesundheitsbereich umfasst ein Sanarium, Finnische Saunen und Dampfbäder, außen zwei Blockhaussaunen und eine Finnische Kelosauna.
Indikationen: Erkrankungen der Atemwege, des Herz- und Kreislaufsystems sowie des rheumatischen Formenkreises, zudem Augen- und Hautkrankheiten.
Jodschwefelbad, D-83707 Bad Wiessee, Adrian-Stoop-Str. 37–47, Tel. 08022-8 60 80, www.bad-wiessee.de/jodbad.
Bade Park Bad Wiessee, D-83707 Bad Wiessee, Wilhelminastr. 2, Tel. 08022-8 62 60, www.bad-wiessee.de/badepark.
Anreise: vom Norden A 8 München–Salzburg bis Ausfahrt Holzkirchen, dann B 318/307; vom Süden über Inntal, Achenpass und B 307 oder Inntalautobahn und A 8 München–Salzburg, bis Ausfahrt Irschenberg, von dort über Miesbach an den Tegernsee.

Bad Füssing

Wunderschön im niederbayerischen Inntal, dem Passauer Land an der Grenze zu Oberösterreich, gelegen, ist der Kurort Bad Füssing. Das Heilbad ist einer Studie zufolge Deutschlands bekanntester Kurort. Seine Statistik weist 2,6 MIlionen Übernachtungen und rund 250 000 Gäste pro Jahr aus. Die Zahl der Tagesbesucher, die sich an 365 Tagen des Jahres in den Schwimmbecken und Bewegungskanälen der Therme I, der Europa Therme und des Johannesbades entspannen, wird auf rund 1,5 Millionen geschätzt. Das in den 1930er Jahren durch Zufall bei der Erdölsuche entdeckte Heilwasser ist der Erfolgsmotor für die glanzvolle Entwicklung des ehemaligen niederbayerischen Weilers zum Weltbad. 100 000 Liter des 56 Grad Celsius heißen Schwefelwassers strömen pro Stunde frisch und wirkstoffreich aus mehr als tausend Meter Tiefe in die über hundert Therapie- und Entspannungsbecken. Bad Füssinger Heilwasser wird aufgrund seiner europaweit einmaligen Wirkstoffkombination vor allem zur Behandlung von Erkrankungen des Bewegungsapparats eingesetzt. Auf vielen Gebieten der modernen Medizin ist der Ort Vorreiter. Sein Gesundheitsangebot reicht von chinesischen

Heilmethoden bis zur Hightechmedizin. Als WellVital-Ort punktet Bad Füssing auch als Wellnessanbieter. Der Bogen reicht von Ayurveda, Autogenem Training und den Fünf Tibetern über Klang- und Aromamassagen, Hatha Yoga und Tai Chi bis zur Heubodensauna oder zum Rosenblütenbad. Neben dem Heilwasser und optimaler therapeutischer und medizinischer Versorgung ist auch das dichte Unterhaltungs- und Kulturprogramm ein wesentliches Gestaltungselement für jeden Aufenthalt vor Ort.
Indikationen: rheumatische und Stoffwechselkrankheiten, Herz-, Kreislauf- und Durchblutungsstörungen, chirurgische Nachbehandlung, Lähmungen, Wirbelsäulen- und Frauenleiden, allgemeine Regeneration.
Anreise: A 3 Nürnberg–Wien bis Ausfahrt Pocking/Bad Füssing, ab da ca. 11 km; alternativ: B 12 München–Passau bis Ausfahrt Tutting/Bad Füssing, ab da ca. 5 km bis in die Ortsmitte; nächstgelegene Bahnhöfe: Pocking/Bad Füssing (6 km) und Passau (30 km).
D-94072 Bad Füssing, Rathausstr. 8, Tel. 08531-97 55 80, www.badfuessing.de.

Bad Steben
Die im bayerischen Staatsbad Bad Steben im Naturpark Frankenwald gelegene Therme ist eine Wohlfühloase par excellence. Eröffnet im Jahr 2004, lockt sie seitdem mit zahlreichen Attraktionen. In den beiden »Pavillons der Sinne« erwarten Klangduschen, Echoturm und Light- und Soundbecken die Besucher, die sich anschließend durch den Strömungskanal (mit Duftgrotte und Champagnerliegen) zu den Wasserfallduschen, der Schiefer-Dampfgrotte und der Vital-Halle treiben lassen können. In urigen Saunahütten kann nach Herzenslust aufgegossen und geschwitzt werden. Anschließende Abkühlung bietet zum Beispiel der Naturbadeteich im Saunagarten. Für die Erholung stehen der Edel-Lounging-Bereich mit Blütenpool, Samowar-Ecke und Wasserbetten sowie der Anfang 2007 eröffnete Schiefer-Stollen bereit. Einen weiteren spektakulären Meilenstein in der Bad Stebener Wohlfühlwelt markiert der im September 2007 eröffnete Wellness-Dome. Er begeistert gesundheitsbewusste Genießer unter anderem mit einer Sole-Inhalationsgrotte und -Lagune, einem Sole-Schwebebecken sowie Maulaffenbecken, Kneippanlage, Wasserfalldusche und einem Sand-Licht-Raum.
Indikationen (Heilmittelkombination Radon, Kohlensäure, Naturmoor): rheumatische und Herz-Kreislauf-Erkrankungen, Frauenleiden, Erkrankungen der Gelenke, des Stütz- und Bewegungsapparats, nervöse Erschöpfungszustände.
Anreise: A 9 München–Berlin, Ausfahrt Naila/Selbitz, dann ca. 14 km auf der B 173; mit der Bahn ab Hof/Saale bis Endstation Bad Steben.
D-95138 Bad Steben, Badstr. 31, Tel. 09288-9 60-0, www.therme-bad-steben.de.

Bad Oeynhausen
Das exotische, 1995 umgebaute Thermenbad wurde 2005 privatisiert und anschließend saniert. Heute bietet die Bali Therme ihren Gästen auf insgesamt 24 000 Quadratmetern ein Erlebnisbad, ein hochmodernes Fitnessstudio mit neuesten Techno-Gym-Geräten, zwei exzellente Restaurants sowie eine Wellnessabteilung, in der vorrangig asiatische Massagetechniken angeboten werden. Die Bali Therme wird von der größten Thermalsolequelle der Welt, dem Jordansprudel, gespeist. Highlight der Anlage ist die mit original balinesischen Einrichtungsgegenständen und Dekomaterialien ausgestattete Saunaanlage. Mit neun verschiedenen Saunen, einem Außen- und Innenbecken sowie großzügig gestalteten Ruheräumen und einem Saunagarten kann man bestens entspannen. Diverse Aufgussprogramme, spezielle Veranstaltungen wie etwa die einmal monatlich zugängliche Mitternachtssauna sorgen für Abwechslung.
Anreise: A 2 Berlin–Dortmund, weiter auf der A 30 bis Bad Oeynhausen; mit der Bahn bis Bahnhof Bad Oyenhausen an der Fernstrecke Berlin–Köln und von Osnabrück.
D-32545 Bad Oeynhausen, Morsbachallee 5, Tel. 05731-30 53-0, www.balitherme.de.

Bad Pyrmont
Das niedersächsische Staatsbad Pyrmont mitten im Weserbergland gehört zu den traditionsreichsten deutschen Bädern. Es kann auf 500 Jahre Erfahrung in Gesundheit und Wellness zurückblicken und zählt zu den führenden Badeorten Europas. Seinen guten Ruf verdankt es nicht nur der Vielfalt seiner Therapien, sondern vor allem der Heilkraft der zahlreichen örtlichen Mineralquellen – natürliche Heilung statt im Mittelpunkt. Die »Kompetenz in Gesundheit« spiegelt sich vorrangig in den vielen, indikationsbezogenen Rehabilitationprogrammen und den Kuraufenthalten wider.
Für körperliche und seelische Entspannung, aber auch Fitness sorgt die Hufeland-Therme. Herrlich gelegen bietet sie 28 bis 32 Grad Celsius warmes Solewasser, einen Strömungskanal, Hydro-Jet, Whirlpool und eine Gradierhütte. Abstand vom Alltag kann man auch in der Saunalandschaft gewinnen, die finnische Blockhäuser, Kelosauna, ein türkisches Hamam, ein Rasulbad und Ayurveda sowie ein Schneeparadies umfasst. Wasser-Shiatsu, eine Meersalzgrotte und der Klub HufelandFit runden das Angebot ab.
Hauptindikationen: chronisch-degenerative Wirbelsäulen- und Gelenkerkrankungen, rheumatische, gynäkologische, Haut- und Herz-Kreislauf-Erkrankungen.
Anreise: A 2 Dortmund–Hannover bis Ausfahrt Ostwestfalen/Lippe Richtung Lemgo, Barntrup, B 1 nach Bad Pyrmont; in der Gegenrichtung bis Ausfahrt Rehren, Richtung Hameln, B 83 über Emmerthal; A 44 Dortmund–Kassel bis Kreuz Wünnenberg-Haaren, A 33 bis Ausfahrt Paderborn-Elsen, B 1 Richtung Hameln; Gegenrichtung: bis Ausfahrt Warburg, B 252 Richtung Wöbbel, Schieder und Bad Pyrmont; A 7 Kassel–Hannover bis Ausfahrt Seesen, B 64 Richtung Hameln, Eschershausen, B 240 Richtung Hameln, B 83 Richtung Grohnde und Bad Pyrmont; mit der Bahn ICE bis Hannover, ab da Richtung Paderborn bis Bad Pyrmont.
D-31812 Bad Pyrmont, Am Forstweg, Tel. 05281-15 17 50, www.hufeland-therme.de.

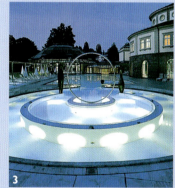

Badenweiler
Auf der Sonnenseite des südlichen Schwarzwaldes, etwa dreißig Minuten von Freiburg, Basel und Mulhouse, liegt der Ferien- und Kurort Badenweiler. Eine mediterrane Pflanzenwelt, Patrizierhäuser, klassizistische Fassaden und ein großer, nach englischem Vorbild angelegter Kurpark prägen die Atmosphäre der von den Römern gegründeten »Aqua Villae«. Herzstück Badenweilers ist die Cassiopeia Therme. Sie zählt mit ihren Thermalbädern sowie der neuen Saunalandschaft und Wellnessoase zu den schönsten Thermen Süddeutschlands. Badekultur bietet das Römisch-Irische Bad – eine Kombination aus Dampf- und Thermalbädern plus Seifenbürstenmassage. Hüllenlose Entspannung verspricht die Saunalandschaft mit ihren sechs Innen- und Außensaunen, Abkühlbalkon, Thermal-Nacktschwimmbecken (150 qm), Eisbrunnen usw. Die Wellnessoase verwöhnt mit einem Rasulbad, Hamam, Sand-Licht-Bad, Schönheitsbad und diversen Massagen.
Indikationen: Erkrankungen des Stütz- und Bewegungsapparates, Herz-Kreislauf-Erkrankungen, körperliche und psychisch bedingte Erschöpfungszustände.
Anreise: A 5 Karlsruhe–Basel bis Ausfahrt Müllheim-Neuenburg-Badenweiler, mit der Bahn ICE Station Freiburg/Breisgau mit Regionalzug Müllheim.
D-79410 Badenweiler, Ernst-Eisenlohr-Str. 1, Tel. 07632-7 99-2 00, www.cassiopeiatherme.de.

1 Relaxen bei einer türkischen Hamam-Massage in Bad Rheinfelden.
2 Luftbild von der Therme Bad Füssing. **3** Außenansicht der Cassiopeia Therme Badenweiler.

Register

Impressum

Der Autor:

Walter M. Weiss, 1961 in Wien geboren, studierte Geschichte, Publizistik und Politikwissenschaften und arbeitete viele Jahre als Chefredakteur namhafter Zeitschriften. Parallel dazu unternahm er ausgedehnte Reisen. Seine Arbeitsschwerpunkte sind die islamisch-asiatische Welt sowie die mitteleuropäische Kunst- und Kulturgeschichte. Weitere Informationen u. a. zu den mehr als 50 von ihm veröffentlichten Büchern unter: www.wmweiss.com

Der Fotograf:

Rainer Hackenberg, Werbefotograf und Grafiker, veröffentlicht Reportagen, Reiseberichte und Bildbände. Familiäre Wurzeln verbinden ihn mit Österreich und Böhmen. Besonders dort begeisterte ihn der Flair der Architektur aus der Zeit der k.u.k.-Monarchie. Mehr unter: www.hackenberg-foto.com

Einbandfotos:

Vorderseite, kleine Bilder: Shaolin-Mönch am Yin-Yang-Pool von Reiter's Supreme Hotel, Beautybereich im Hotel Therme in Vals, Thermalsee Hévíz, Schwimmen zwischen Lotusblumen.

Vorderseite, großes Bild: Bad Ragaz, Helenabad. – Rückseite: Terme Tettucio, Montecatini Terme Vordere und hintere Klappe innen: Darstellung der Hygieia, Therme Berzieri in Salsomaggiore.

Seite 1: Ausspannen in der Jodsalzhöhle in Piešťàny, Slowakei.

Bildnachweis:

Aqua Dome – Tirol Therme Längenfeld GmbH & Co. KG, Längenfeld: S. 186/1; Bad Kleinkirchheimer Tourismus Marketing GmbH, Bad Kleinkirchheim: S. 74/75 1–4, S. 76/77 1–3; Badenweiler Thermen und Touristik GmbH, Badenweiler: S. 189/3; ENGADIN/Scuol Tourismus Stradun, Scuol: S. 108/3, S. 110/2 und 3; Kurverwaltung Bad Birnbach: S. 183/3; Kurverwaltung Bad Füssing: S. 188/2; Kurzentrum Rheinfelden – Ort für Gesundheit, Zeit für Erholung; Bad Rheinfelden AG: S. 187/3, S. 188/1; Lindner Alpentherme Leukerbad: S. 183/2; Maharishi Ayurveda Privatklinik Bad Ems: S. 30/2; Spa Piešťàny: S. 1, S. 11/7; Staatsbad Bad Oeynhausen GmbH, Bad Oeynhausen: S. 184/1, S. 185/2; Thermalquelle Loipersdorf GmbH & Co KG, Loipersdorf: S. 187/2; Martin Thomas, Aachen: S. 178 (2) und Rückseite.
Alle anderen Fotografien stammen von Rainer Hackenberg.

Alle Angaben dieses Bandes wurden von den Autoren sorgfältig recherchiert und vom Verlag auf Stimmigkeit und Aktualität geprüft. Allerdings kann keine Haftung für die Richtigkeit der Informationen übernommen werden.
Für Hinweise und Anregungen sind wir dankbar.
Zuschriften an den:
Bruckmann Verlag, Produktmanagement, Postfach 80 02 40, D-81602 München,
E-Mail: lektorat@bruckmann.de

Produktmanagement:
Joachim Hellmuth
Textlektorat: Caroline Kazianka
Graphische Gestaltung:
Werner Poll, München
Herstellung: Bettina Schippel
Repro: Repro Ludwig, Zell am See
Printed and bound in Italy
by Printer Trento

Die Deutsche Nationalbibliothek – CIP-Einheitsaufnahme
Ein Titeldatensatz dieser Produktion ist bei der Deutschen Nationalbibliothek erhältlich.
© 2007 Bruckmann Verlag GmbH, München
Alle Rechte vorbehalten
ISBN 978-3-7654-4831-7